오직 예수 그리스도

ONLY

오직
예수
그리스도

유기성·김용의 외

JESUS

CHRIST

규장

차 례

서 문

"오직 그리스도는 만유시요 만유 안에 계시니라."

골로새서 3장 11절

"백약(百藥)이 무효(無效)". 백 가지 약이 있어도 아무런 도움이 되지 않는다는 뜻이다. 타락한 세상, 죄악의 광포한 회리바람에 중심을 잃고 휘둘리는 이 세대를 진리 안에서 세우고자 하는 현대 교회의 고민을 이렇게 요약할 수 있지 않을까? 옳은 것 하나 제대로 가르치기는 어려워도 죄와 못된 행동은 한 시간 만에도 정확히 습득한다. 아니 되살아난다고 함이 옳다.

  10년을 훈련받아도 세상으로 돌아서는 데는 10분도 채 걸리지 않는다. 거대한 골리앗처럼 버티고 서서 그 중심이 변할 것 같지 않아 보이는 케케묵은 교인들. 하나님을 경외함도, 거룩한 감격도 찾아볼 수 없는 외식만 남아 인간 냄새로 가득한 교회. 맥 빠지고 무기력한 이론뿐인 변질된 복음, 그리스도와 그의 진리를 대적하는 세속과 죄악의 세력들….

5

그 앞에서 초라한 내 모습, 교회의 모습을 바라보노라면 '예수 그리스도, 십자가 복음만으로는 안 된다. 현실은 어쩔 수 없어. 세상으로부터 인정받아야 해'라고 목까지 차오는 탄식을 억누르기 어렵다. 현실에 지치고 겁에 질린 사람들은 세상 눈치 보고, 두리번거리며 이론과 방법을 찾기에 급급하다. 그리고 이내 육적 자아의 욕구를 자극하는 자아사랑, 자기만족의 달콤한 향기로 다듬고 꾸민 예수님의 행복 시리즈 상품을 선택한다. 결코 넘어서는 안 될 세상과 교회의 경계를 허무는 복음의 대용품들을 취한다.

예수 그리스도!

빛이 임하면 어둠이 드러나듯 2000여 년 전 유대 땅에 말씀이 육신이 되어 역사 속에 오신 예수님. 그가 자기 백성 이스라엘에게 약속의 메시아로 나타나자 이스라엘에 큰 소동이 일어났다. 그들의 존재적 반응이 영적 실상을 드러냈다. 그들은 그럴듯한 여러 이유로 메시아이신 예수님을 배척하고 영접하지 않았다.

근본주의적, 정통주의를 표방한 바리새파는 교리적으로는 보수주의였으나 실제로는 외식하는 실존적 무신론자들이다. 또 자유주의, 세속주의의 종교가들인 사두개파 사람들은 드러내놓은 교리적 무신론자들이었다. 그 당시 백성들은 목자 잃은 양처럼 갈 바를 모른 채 모양은 하나님의 백성이나 구원받지 못한 명목상의 교인들이었다.

성전은 강도의 굴혈로 변해갔고 하나님의 이름은, 성경을 끼고 성전의 의식에만 집착하여 "주여! 주여!" 하는 유대인들에 의해 세상에서 모독과 경멸을 당했다. 그들의 배후에서 역사하던 종교적 망령은 어느 시대에나 진정한 복음을 떠난 교회들에게서 여지없이 발견되곤 했다. 특히 중세의 가톨릭으로 대표되는 교회의 타락은 '오직 예수 그리스도로만!'을 벗어난 변질된 복음의 결국이 어떤지를 보여준 역사적 실증이다. 그 암흑의 시대에 개혁의 횃불을 들고 외친 복음은 "오직 예수 그리스도, 오직 믿음"이었다.

새로운 무엇이 아닌 영원하고 참된, 오직 하나의 복음, 예수 그리스도였다. 그러한 열망으로 2015년 10월 7일, 2011년과 2013년에 이어 세 번째 〈다시 복음 앞에〉가 성남 선한목자교회에서 열렸다. 2011년의 '오직 복음으로', 2013년의 '오직 성경으로'에 이은 2015년 '오직 예수 그리스도'의 메시지가 2박 3일간 울려 퍼졌다. 전국 각지에서 '오직 예수 그리스도'를 외치는 수천 명의 증인들이 몰려들어 울고 웃으며 감격했다.

각 시간대의 주제명이기도 했던 '알파와 오메가', '다윗의 뿌리', '다윗의 자손', '신실한 증인', '일곱 금촛대를 거니시는 주', '목자이신 어린양', '만왕의 왕 만주의 주'이신 그 예수 그리스도만이 한국 교회의 소망이며 우리 모두의 전부임을 확인하는 시간이었다.

이 책은 집회 기간에 선포된 말씀 중 다섯 명 메신저의 두세 편의 메시지를 정리해 엮었다. 각각 다른 메신저들이지만 단 한 가지의 주제, 예수 그리스도 안에서 긴밀하게 서로 어우러지며 풍성해진 것은 주님을 알고자 하는 열망을 한 뜻으로 이끌어주신 하나님의 인도하심의 결실이다.

개회예배로 대회의 문을 연 선한목자교회 유기성 목사님은 예수 그리스도 앞에 '오직'이라는 수식어를 붙이려면 예수님과의 관계가 바로잡혀야 함을, 질그릇 안에 담긴 보배의 메시지로 선포했다.

메노 칼리서 목사님은 이스라엘에서 예수님을 믿는 그리스도인으로서, 구약성경에 나타난 예수 그리스도를 성삼위 하나님과 절기를 통해 다루었다.

이필찬요한계시록연구소의 이필찬 교수님은 요한계시록을 통해 종말의 시대에 교회 공동체란 무엇이며 무엇이어야 하는지를 세 번의 메시지를 통해 전달하면서 예수님과 복음과 교회가 하나임을 역설하셨다.

한국중앙교회의 임석순 목사님은 우리 시대의 열망은 결국은 부흥이라면서 우선될 것은 '내가 세상을 바꾸는 것'이 아니라 '예수님을 닮는 것'임을 설파했다.

순회선교단의 김용의 선교사님은 집회 마지막 시간에 세상으로 나아가는 성도에게 하나 더 필요한 계시가 있다면 바로 디베랴의 계시가 될 것이라고 전제, 디베랴 바닷가의 베드로처럼 주님을 따를 수 없는 연약함에도 불구하고 주님을 떠나서는 살 수 없는 존재로, 주님으로밖에 설명될 수 없는 존재가 된 우리가 오직 외쳐야 할 것은 예수 그리스도임을 다시 한 번 선포했다.

신구약을 넘나들고, 개인과 사회를 넘나들며, 국가와 민족을 넘나들면서 우리가 발견하게 되는 한 가지가 있다. 모든 것은 예수 그리스도로 시작되었고, 예수 그리스도로 성취되었으며, 앞으로도 영원히 그 이름이 영광스럽게 되어야 한다는 사실이다. 다른 대안은 없다. 다른 소망은 없다. 예수 그리스도 외에는 다른 길이 없다!

역사는 시작되었고, 이제 끝을 향해 내달리고 있다. 역사를 시작하신 분이 이제 끝을 내려 오신다. 그 발자국 소리가 점점 더 크게 들리며 우리의 가슴을 두드린다. 세상은 더욱 악해지고 어둠이 더욱 활개를 치는 이때야말로 빛을 더욱 갈망하는 때이며, 구원이 더욱 가까워진 때인 것이다. 그래서 더욱 외칠 이름, 예수 그리스도! 어떤 상황에서도, 어떤 조건에서도 결론은 오직 예수 그리스도!

마라나타! 주 예수여, 어서 오시옵소서!

복음기도동맹

질그릇 안에 담긴 보배

ㅣ유기성ㅣ

예수님이 어디 계시지?

나는 목사의 아들로 태어나 어렸을 때부터 예수님을 믿고 자랐다. 예수님에 대해서 수도 없이 많은 말씀을 들었다. 그러나 나에게 '오직 예수 그리스도'가 되지 않았다. 예수 그리스도에 대해서는 분명히 믿지만 '오직'을 붙이는 것은 나에게는 대단히 어려운 일이었다. 예수님에 대해서 많이 듣고 많이 안다고 해서 누구나 다 "오직 예수 그리스도"라고 할 수 있는 게 아니다.

우리가 예수 그리스도 앞에 '오직'이라고 고백할 수 있으려면 예수 그리스도를 바로 아는 눈이 뜨여야 한다. 예수님에 대해서 지식적으로 잘 아는 것도 중요하지만 예수님과의 관계가 매우 중요하다. 예수님과의 관계가 바로 되지 않는 사람은 "오직 예수 그리스도"가 될 수 없다.

11

우리는 태어나자마자 부모님의 돌보심 속에서 자랐다. 부모님이 어떤 분인지도 모르고, 그 품에 안겨서 자랐다. 그러다가 나중에 부모님에 대해서 알아가게 되었다. 우리가 예수님을 믿을 때도 똑같은 과정을 겪는다. 우리는 예수님에 대해서 잘 알고 난 다음에 예수님을 믿게 되는 게 아니다. 주님께서 말씀과 성령으로 어느 순간 우리에게 오신다. 우리가 주님을 알고 난 다음에 주님을 섬기는 게 아니다. 주님이 먼저 우리에게 말씀과 성령으로 오시는 것이다. 그런 다음에 예수님에 대해 알아가게 된다. 그리고 예수님이 얼마나 놀라우신 분인가를 알게 된다.

예수님과의 관계가 결정적이다. 성경은 이에 관해 우리에게 놀라운 진리를 말하고 있다.

우리가 이 보배를 질그릇에 가졌으니 이는 심히 큰 능력은 하나님께 있고 우리에게 있지 아니함을 알게 하려 함이라 우리가 사방으로 욱여쌈을 당하여도 싸이지 아니하며 답답한 일을 당하여도 낙심하지 아니하며 박해를 받아도 버린 바 되지 아니하며 거꾸러뜨림을 당하여도 망하지 아니하고 우리가 항상 예수의 죽음을 몸에 짊어짐은 예수의 생명이 또한 우리 몸에 나타나게 하려 함이라 우리 살아 있는 자가 항상 예수를 위하여 죽음에 넘겨짐은 예수의 생명이 또한 우리 죽을 육체에 나타나게 하려 함이라 고후 4:7-11

그러니까 그리스도인은 질그릇에 보배를 담은 존재이다. 우리 자신은 질그릇이고 우리 안에는 보배이신 예수님이 계신다. 이게 바로 예수님의 사람이다. 이 말씀은 "예수님이 도대체 누구시냐?"라는 걸 말하고 있지 않다. "예수님이 어디 계시느냐?" 이 말씀을 하고 있는 것이다.

나는 어릴 때부터 예수님에 대해서 굉장히 많이 들었다. 그러나 예수님이 어디 계신지는 몰랐다. "예수님은 어디 계시지?" 이것이 내게는 정말 갈급한 문제였다. 그런데 고린도후서 4장에서 너무나 분명하게 말해주고 계신다. 바로 예수님을 믿는 우리 안에 계신다는 것이다. 이것은 질그릇인 우리가 보배이신 예수님을 모시고 있다는 말이다.

예수님이 내 안에 살아 계신다는 사실을 분명하게 알게 되는 순간, 그 사람은 '예수님을 믿는 사람'이라고 할 수 있다. 그때 삶은 완전히 바뀌어버린다. 이 사실을 꼭 기억해야 한다. 예수님이 당신 안에 분명히 살아 계시다는 사실에 대해 완전한 확신을 갖게 될 때 예수님은 우리 인생을 뒤바꾸신다.

엉터리 고백

예수님에 대해서 정확하게 아는 것도 중요하다. 그러나 만약에 그 예수님이 지금 내 안에 살아 계신다는 사실을 확신하지 못한다면 예수님에 대해서 많이 아는 것이 도리어 혼란을 야기할 수 있다. 미국 풀러신학교 총장이신 마크 레버튼 교수님이 캘리포니아에 있는 버클리제일장로교회에서 담임목회를 할 때, 한 남자분이 찾아와 이렇게 말했다고 한다.

"나는 아주 성공적인 삶을 살아가고 있습니다. 그리고 나는 굉장히 바쁜 사람입니다. 그렇지만 한 5분 정도만 목사님과 이야기를 하고 싶습니다."

마크 레버튼 목사님이 그렇게 하자고 무슨 이야기냐고 했더니 그가 하는 말이 예수 그리스도에 대해서 좀 알고 싶다는 것이다. 아내가 이 교회를 다니는데, 저녁 식사 때마다 항상 예수님의 이야기를 하는데 자기는 예수님에 대해서 너무 몰라서 대화가 안 되니 예수님이 어떤 분인지 5분 안에 요점만 이야기해달라는 것이다. 그때 레버튼 목사님이 이렇게 대답했다고 한다.

"제가 도움이 될 수 있을지 잘 모르겠습니다. 저는 요점만 정리하는 재주가 없습니다. 그것이 제 특기도 아니고요. 또 하나는 제가 예수님에 대해서 요점만 정리해드린다고 하면 그 순간부터 선생님의 삶에는 굉장한 변화가 일어나게 될 것입니다. 권력이나 성공이나 돈이나 가정 등 삶의 모든 것이 전혀 다른 시각으로 보이게 될 것입니다."

그랬더니 이 분이 굉장히 당황해하면서 말했다.

"나는 그렇게 되는 것을 원치 않습니다. 그저 아내와 저녁 먹을 때에, 예수님에 대해서 뭔가 대화가 되기 위해서 예수님이 어떤 분인지 요점만 알고 싶었을 뿐입니다."

학원에서 공부를 가르쳐주듯 예수 그리스도에 대한 요점 정리를 바란다면, 예수 그리스도에 대한 어떤 새로운 관점을 소개해줄 필요가 있을까? 그건 아무 의미가 없다. 지금 당신이 관심을 가져야 될 것은 그 예수 그리스도께서 내 안에 살아 계시다는 사실이다. 물론 많은 그리스도인들이 "예수 그리스도가 내 안에 계십니다"라고 고백한다. 그러나 실제로는 믿지 않는다. 정말 믿는다면, 예수님은 그의 삶을 변화시켰을 것이다.

예수님을 믿고 삶이 변화되는 핵심은 그분이 놀라우신 분이시기도 하고, 복음이 놀랍기도 하지만, 예수님이 내 안에 살아 계시기 때문이다. 어떤 이들은 이렇게 고백한다.

"저는 예수님이 제 안에 계시다고 믿습니다."

참 좋은 고백 같지만 사실은, 아주 엉터리다. 이것은 정확한 고백이 아니다. 사실상 그는 예수님이 자기 안에 계시다는 것을 믿지 않고 있는지도 모른다. 생각해보자. 당신이 집에 부모님을 모시고 사는데 "저는 우리 집에 부모님이 계시다고 믿습니다"라고 하는가? 이렇게 말하는 사람은 없다. "부모님이 집에 계십니다"라고 할 것이다. 그런데 왜 우리는 예수님에 대해서 말할 때는 "예수님이 내 안에 계심을 믿습니다"라고 할까?

그것은 애매하기 때문이다. 예수님이 내 안에 계시다는 것을 교리적으로만 알고 있기 때문이다. 분명히 믿음을 고백하는 것이지만, 사실 확신이 없는 고백이다. 예수님이 내 안에 계신다고 믿는 정도밖에 안 되니까, 삶이 안 바뀐다. 만일 그게 아니라면 "예수님이 내 안에 계신다는 것을 믿고 싶습니다"라는 뜻일 수는 있다. 그럴 수는 있다.

실제로 "내 안에 예수님이 계십니다"라고 고백하지 않았기 때문에 그 놀라우신 주님, 그 놀라운 십자가가 내 삶을 바꾸지 못하는 것이다. 진짜 예수님이 당신 안에 살아 계신 것이 믿어지면 당신은 매순간이 놀라울 것이다.

얼마나 놀라운 복음인가!

이 세상을 살아가는 동안에 예수님이 내 안에 계신 것처럼 놀라운 일은 없다. 여인이 결혼해서 임신하면 이 여인에게 이보다 더 충격적인 사실이 없다. 당장 남편에게 전화를 걸어서 "여보, 나 임신했어!"라고 말할 것이다. 정자와 난자가 합해서 하나밖에 없는 아주 작은 세포가 자궁에 착상되는 순간을 임신이라고 한다. 처음에는 본인도 의식하지 못한다. 실제로 특별한 변화도 없다. 그럼에도 아주 작은 세포가 여인의 자궁에 착상이 된 이 사건은 그 여인의 삶 전체를 뒤바꾼다. 그리고 10개월 뒤에는 한 생명체가 태어나는 것이다. 예수 그리스도께서 진짜 내 안에 오셔서 살아 계신다는 것은 한 여인이 아기를 잉태한 것과는 비교가 안 되게 우리 인생에 놀라운 변화이고 기적이다. 있을 수 없는 일이다. 오직 하나님이 우리를 사랑하시기 때문에 우리에게 일어난 일이다.

정말 예수님이 당신 안에 오셨다는 것 때문에 충격을 받고 그것 때문에 놀라고 기뻐하고 감격했는가. 많은 분들이 이 엄청나고 놀라운 사실을 교리로만 알고 있다. 엄마는 아이가 태중에 임신되어서 자랄 때에, 그때부터 항상 그 아이 생각을 한다. 몸가짐도 전처럼 하지 않는다. 음식도 조심해서 먹고 감기에 걸려도 약을 먹지 않는다. 심지어 마취를 하지 않고 맹장수술을 하는 어머니도 있다.

아이가 태어난 다음에 그 어머니의 모든 관심은 아이에게 있다. 어느 날 이 엄마는 아이가 "엄마"라고 했다면서 사람들 앞에서 다시 해보라고 하는데 아이는 안 한다. 그러면 엄마는 거짓말쟁이가 되어버린다. 또 하루는 엄마 말로는 아이가 일어났다고 하면서 아이에게 일어나보라고 하는데 아이는 계속 기어다니기만 한다. 여전히 엄마는 거짓말쟁이가 된다. 그런데 한 일주일만 지나면 그 아이가 "엄마"라고 말하고 일어나서 걸음마하는 것을 사람들이 다 보게 된다. 어떻게 엄마는 그 아이가 "엄마"라고 했고, 일어난 것을 알 수 있을까? 항상 그 아이만 바라보고 있었기 때문이다. 그러니까 이 아이에게 일어나는 변화를 엄마는 금방 알 수 있다.

우리가 내 안에 오신 예수님에 대해서 이래야 한다. 이 일이 얼마나 놀라운 일인가를 알아야 한다. 예수 그리스도께서 우리를 위해서 십자가에서 죽으셨을 뿐 아니라 부활하셔서 우리 안에 오셨다. 이 사실이 우리에게 얼마나 놀라운 복음인지를 알아야 한다. 또 그 복음에 합당한 믿음을 가지고 반응해야 한다. 그때에 우리 안에 오신 예수님은 우리의 삶을 완전히 변화시키신다. 내 안에 살아 계신 예수님을 내가 진짜 믿게 될 때, 내가 변화시킬 수 없었던 나를 그 예수님은 변화시키신다.

믿음 없는 그리스도인

17세기에 경건한 목사였던 월터 마샬이 쓴 《성화의 신비》라는 책에 이런 이야기가 나온다. 그가 당시의 믿음으로는 자기의 죄에 대한 승리를 도무지 얻을 수가 없었다. 그래서 항상 죄책감에 휩싸여 살았다. 하나님이라는 존재가 두려웠다. 자기 자신에 대한 절망에 빠지고 있었다. 당시 교회에서 가르치는 가르침으로는 도무지 승리를 경험할 수가 없었다. 그가 이 문제로 너무 괴로워하다가 청교도 신학자였던 토마스 굿윈을 찾아간다. 그리고 그 분을 만나서 자기 안의 솔직한 이야기를 털어놓았다. 양심을 무겁게 하는 죄, 습관적으로 짓는 죄에 대해 고백했다. 그러자 그 분이 이렇게 대답했다.

"자네는 지금 자네가 짓고 있는 가장 나쁜 죄에 대해서 빼놓고 이야기하고 있네. 불신앙의 죄 말일세. 자네는 지금 자네의 죄악을 용서하시고, 자네의 본성을 거룩하게 하시는 주 예수 그리스도를 진정으로 믿고 있지 않네."

그때 월터 마샬이 충격을 받았다. 자기는 자기가 짓는 죄가 육체적인 음란이나 거짓말이나 거듭나지 못한 어떤 성품의 죄라고 생각했던 것이다. 그런데 자기가 상상도 못해본 끔찍한 죄, 무서운 죄를 모르고 있었다는 것이다. 그는 자기의 모든 죄를 용서하실 뿐 아니라 자신의 본성 자체를 완전히 바꾸어주실 예수 그리스도를 실제로 믿고 있지 않았다는 것이다.

많은 그리스도인들이 자기가 변화될 것을 믿지 못한다. 가족들이 변화될 것을 믿지 못한다. 자기 교회가 변화될 것을 믿지 못한다. 변화되었으면 좋겠다는 생각만 하지, 믿어지지 않는다. 왜 믿어지지 않을까? 아직 주 예수님을 믿고 있지 않기 때문이다. "나를 변화시키실 분은 예수 그리스도이시다. 사랑하는 내 가족을 변화시킬 수 있는 분이 예수 그리스도이시다. 우리 교회를 변화시킬 분이 예수 그리스도시다." 말은 이렇게 한다. 그런데 믿지 않는다. 왜냐하면 여전히 자신을 믿고 있기 때문이다. 그러니까 자신이 변화되고, 가족이 변화되고, 교회가 변화될 것이 믿어지지 않는다.

우리 믿음의 대상은 예수 그리스도이시다. 예수 그리스도에 대해서 우리가 뭘 더 어떻게 믿어야 하는가? 우리는 예수님에 대해서 잘 안다. 예수님은 하나님이셨는데, 우리를 구원하기 위해서 사람이 되시고, 종으로서 우리를 섬겼다. 그분은 우리를 위해서 십자가에서 대속의 피를 흘리셨고, 죽음에서 부활하시고 승천하셨다. 우리는 이런 예수님에 대해 알고 다 믿는다. 너무나 분명히 믿는다. 그런데 내가 변화될 것을 믿지 못한다. 내 가정이 변화될 것이 믿어지지 않는다. 내 교회가 변화될 것이 믿어지지 않는다. 뭐가 문제인가. 핵심은 그 예수님이 내 안에 오셔서 정말 살아 계시다는 사실이 아직도 분명하지 않기 때문이다.

아브라함이 믿은 것

하나님이 독자 이삭을 바치라고 하셨을 때 아브라함이 순종한다. 성경은 그것을 믿음이라고 말했다. 히브리서 11장 17절에서는 "아브라함은 시험을 받을 때에 믿음으로 이삭을 드렸으니 그는 약속들을 받은 자로되 그 외아들을 드렸느니라"라고 한다. 독자를 하나님께 번제로 바치는 그 일을 성경은 믿음이라고 한다. 그런데 그 믿음이 무엇인지를 19절에 설명한다.

"그가 하나님이 능히 이삭을 죽은 자 가운데서 다시 살리실 줄로 생각한지라."

아브라함은 무엇을 믿었는가? 이삭을 번제로 드리면 죽는다. 그런데 하나님은 그 이삭을 반드시 다시 살려내실 것을 믿었다. 대단한 믿음이다. 그런데 한번 생각해보자. 그것이 그렇게 대단한 믿음인가? 당신은 하나님이 죽은 자를 다시 살려내실 것을 못 믿겠는가? 정말 예수님을 믿는다면 "하나님이 죽은 자를 다시 살리실 수 있다"는 사실이 안 믿어지는 사람은 없을 것이다. 아브라함이 가지고 있는 믿음이 하나님이 죽은 자를 다시 살리실 거라는 그 믿음 때문이었을까?

나는 아브라함의 믿음이 하나님의 능력에 대한 확신이었다고만은 생각하지 않는다. 죽은 자를 다시 살리시는 하나님이라는 믿음은 마귀도 가지고 있다. 그런데 야고보서 2장 19절에 보면, 마귀는 하나님을 믿지만 두려워 떤다고 한다. 하나님의 능력을 알면 알수록 더 두려워 떨게 된다.

하나님이 죽은 자를 다시 살리시는 분이라는 그 믿음만으로 아브라함이 이삭을 번제로 바친 건 아니다. 아브라함이 가지고 있었던 믿음은 그 능력의 하나님이 자신에게 선하신 하나님이라는 사실이 믿어졌기 때문이다. 하나님은 나에게 선하신 하나님이시다. 죽은 자를 다시 살리시는 그 하나님이 나에게는 선하신 하나님이라고 믿어지니까 이삭을 바치라는 말씀 앞에서 순종할 수 있었다.

우리는 예수 그리스도가 너무 놀라우신 분인 걸 안다. 그는 만왕의 왕이시며 만주의 주시다. 그런데 우리는 그 예수님을 믿지만 나 자신의 문제 앞에서 두려움과 염려를 극복하지 못한다. 예수님의 능력에 대해서 우리가 더 배워야 할까? 그렇지 않다. 하나님은 능력의 하나님이신데, 그 하나님은 진짜 나에게 사랑의 하나님이신가? 이 점이 분명하지 않은 것이다. 하나님이 당신에게 사랑의 하나님이신가? 하나님은 당신에게 선하신 분이신가? 어떻게 확신할 수 있는가? 내 안에 오셨으니까. 내 안에 오셔서 살아 계신 분이시니까. 이것이 얼마나 놀라운지 모른다.

예수님이 내 안에 오셔서 살아 계신 분이라는 사실이 진짜 믿어질 때 예수님의 그 놀라우심이 내 삶 전체를 뒤바꾸게 될 것이다. 하나님의 그 엄청난 능력이 내 삶 전체를 뒤바꿀 것이다. 어떤 두려운 일 앞에서도 순종할 수 있다. 하나님은 나에게 선하신 하나님이시다.

내 안에 사신 주님을 볼 때

남편이나 아내를 보고 감탄하고 있는가? '감탄할 거리가 있어야 하죠.' 여전히 이렇게 생각하고 있지는 않은가. 당신의 아내와 남편 안에 예수 그리스도께서 같이 계신다. 이것이 얼마나 큰 감탄거리인가? 우리는 예수님이 우리 안에 계시고, 내 남편 안에, 아내 안에 있다는 사실에 대해서 얼마나 무시하며 살고 있는지 모른다. 우리가 그 사실에 대해서 믿고 감탄하기 시작할 때부터 역사가 일어난다. 부모님이나 자녀들은 어떤가. 예수님이 부모님과 함께 계시고, 자녀들 안에 계시다는 사실에 대해서 우리는 너무나 무관심하다. 자신에 대해서 오늘도 감탄했는가? 지금도 감탄하고 있는가?

내 안에 계신 주님, 이것은 너무나 놀라운 일이다. 예수 그리스도께서 내 안에 임하셨고, 내 안에 살아 계신 주님이라는 사실, 질그릇 속에 보배를 담은 존재라는 사실을 알게 되면 더는 나의 약함 때문에 슬퍼하거나 좌절하지 않는다. 우리가 슬퍼하고 좌절하고 낙심하고 절망하는 이유는 질그릇 같은 나만 보고 있기 때문이다. 질그릇인 내 존재만 보니까 실망스럽고, 슬프고, 낙심되어 좌절한다.

성경은 분명히 우리가 질그릇이라고 했다. 질그릇이 '난 왜 질그릇일까' 하면서 실망할 이유가 없다. 우리의 문제는 질그릇 안에 있는 보배이신 예수님을 보지 못하는 것이다. 내 안에 계신 예수 그리스도를 믿는 눈이 뜨이면 내 연약함이 더는 아무 문제가 되지 않는다.

미국 뉴욕에서 정신과 의사로 개업하고 계신 어느 집사님이 한국에 잠깐 나왔던 길에 우리 교회에서 예배를 드렸다. 그 분이 가시면서 나를 가리켜서 이렇게 쓰신 것을 봤다. "앞에서 보아도 목사고, 옆에서 보아도 목사고, 뒤에서 보아도 목사다."

나는 그 글을 읽고 절망했다. 내가 가진 열등감이었기 때문이다. 나는 노래도 잘하고 싶고, 춤도 잘 추고 싶고, 운동도 잘하고 싶고 공부도 잘하고 싶었다. 노래를 부르면 가수처럼 부르고, 춤을 추면 댄스를 전공한 사람처럼 추고, 운동을 하면 운동선수처럼 하고 싶고, 공부를 하면 천재처럼 하고 싶었다. 그래서 앞에서 봐도 목사고 뒤에서 보아도 목사라는 것이 내가 가지고 있는 열등감이었다. 나는 아무것도 잘하는 게 없다. 그냥 목사밖에 할 게 없다.

지금은 담담하게 이야기할 수 있지만, 어린 시절부터 성장하면서 신학교에 가고 목회를 하면서 그건 나에게 너무나 큰 열등감이었다. '나는 아무것도 잘하는 게 없어, 나는 재주가 없어.' 그런데 지금은 감사하다. 아무것도 할 수 없었기 때문에 예수님만 붙잡고 사는 것 같다. 잘하는 게 없으니까 계속해서 예수님만 바라보는 것밖에 할 게 없다.

주님 앞에 섰을 때에 주님은 나에게 많은 것을 요구하지 않는다는 것을 알았다. 예수 그리스도 그분만 더 아는 일은 평생을 해도 행복한 일이다. 어떤 일이 이보다 더 행복할 수 있을까? 어떤 일이 이보다 더 안전할 수 있을까?

예수 그리스도, 살아 계신 주님, 나와 함께하시고 내 안에 계신 주님을 내가 안다는 것은 나의 약함이 더는 문제가 되지 않고, 그렇게 행복한 것이다. 당신이 예수 그리스도를 바라볼 수 있게 되면, 어떤 환란도 문제되지 않는다.

"우리가 사방으로 욱여쌈을 당하여도 싸이지 아니하며 답답한 일을 당하여도 낙심하지 아니하며 박해를 받아도 버린바 되지 아니하며 거꾸러뜨림을 당하여도 망하지 아니하고"(고후 4:8,9).

이것이 바로 사도 바울이 말하고 싶은 것이었다. 우리가 질그릇 속에 보배를 가졌다는 것이 도대체 어떤 의미가 있는가? 욱여쌈을 당해도, 답답한 일을 당해도, 박해를 받아도, 거꾸러뜨림을 당해도 우리는 망하지 않는다. 그것이 예수 그리스도께서 내 안에 오셔서 살아 계시는 축복이다.

우리 교회에 한 장로님이 계신다. 그 장로님은 《지선아 사랑해》의 작가 이지선 자매의 어머니이시다. 지선 자매는 음주운전자가 운전하는 차에 의해 교통사고를 당해 차가 불타면서 그로 인해 전신화상을 입었다. 지선 자매가 병원 중환자실에 있을 때, 하루에 3번, 30분 동안의 면회시간에 어머니가 딸을 만나러 갔다.

딸은 시종일관 엄마의 눈을 본다. 자기가 지금 어떤 상태인지, 살아날 수 있겠는지, 고침을 받을 수 있는지 엄마의 눈을 보고서 판단하는 것이다. 그러니까 엄마는 중환자실에 들어가서 밖에서 일어난 일을 아주 재미있게 이야기한다. 딸에게 일어난 일은 아무것도 아니라는 것처럼 태연하게 눈빛 하나 흔들림 없이 딸을 돌보아주고는 중환자실을 나오는 복도에서 주저앉고 만다. 30분 동안 딸이 자신의 눈을 보고 심각한 상태를 눈치채지 못하게 하려고 하루에 세 번, 쇼 아닌 쇼를 한 것이다.

그런데 지선 자매가 일반병실에 오게 되면서 상황이 달라졌다. 이제는 하루 종일 같이 있어야 하는 것이다. 그 말은 하루 종일 아무렇지 않은 것처럼 딸을 대해야 한다는 것이다. 장로님이 고백했다. "예수님을 믿었기 때문에, 예수님을 바라보았기 때문에 가능했어요." 그러나 도무지 낙심되고 절망스런 마음을 주체할 수 없는 순간이 있었다고 한다. "하나님, 감사한 척할 수 없어요. 진짜 감사한 게 있어야 감사하지, 언제까지 감사한 척할 수는 없잖아요." 이렇게 부르짖을 때 하나님이 지혜를 주셨다. "한 가지만 찾아봐. 감사할 이유를 매일 한 가지만 찾아봐."

'그렇구나. 하나만 찾아보자. 뭐가 감사하지?' 그래서 첫 번째 감사제목을 찾았다. "발은 씻길 수 있잖아. 하나님 너무 감사합니다." 그날은 온종일 딸을 보면서, 감사할 수 있었다. 두 번째 감사한 제목은 "엄지손가락 하나는 남아 있잖아. 하나님 감사합니다"였다. 그다음 날은 "눈은 다치지 않아서 볼 수 있잖아. 하나님 너무 감사해요"라고 했다. 하나님이 계속 감사할 이유를 매일 하나씩 주셔서 그렇게 그 시간을 이겨왔다고 한다.

우리와 함께하시는 주 예수 그리스도, 내 안에 살아 계신 주님, 그 주님은 우리를 어떤 상황에서도 낙심하지 않고, 꼬꾸라지지 않고, 싸이지 않고, 망하지 않게 만들어주신다. 그래서 우리 안에 오신 것이다. 우리

24

는 예수님을 막연하게 믿는 것이 아니다. 우리는 예수님을 교리로만 믿는 것이 아니다. 복음은 예수님 그분 자체이시다. 그분이 지금 내 안에 오셔서, 내 안에 살아 계신다.

낙망하지 않는 기도의 삶

누가복음 18장 8절에 "인자가 올 때에 세상에서 믿음을 보겠느냐?"라고 했다. 주님이 다시 오실 때에 이 세상에 믿음을 찾아보기 어려울 거라는 뉘앙스다. 이렇게 믿는 사람이 많은데 대체 주님은 무슨 믿음을 말씀하신 걸까.

누가복음 18장 1-8절은, 불의한 재판관에게 간청하는 가난한 과부 이야기이다. 이 과부가 억울한 일을 만나 재판관을 찾아가 재판을 해달라고 간청한다. 돈이 없으니까 뇌물을 줄 수도 없다. 이 불의한 재판관은 뇌물을 받지 않고는 판결을 내리지 않는다. 그래서 과부의 억울한 사연을 들어주지 않는다. 과부는 계속 재판관을 찾아가서 조르는 일밖에 할 수 없다. "나를 위해서 좀 선처해주세요. 내 억울한 사정을 좀 들어주세요." 나중에는 이 불의한 재판관이 하도 질리고 너무 귀찮아서 과부의 사정을 들어주었다는 것이 비유의 핵심이다.

그런데 이 비유를 말씀하신 이유가 나온다.

"예수께서 그들에게 항상 기도하고 낙심하지 말아야 할 것을 비유로 말씀하여"(눅 18:1).

예수님이 말씀하신 믿음이라는 것이 항상 기도하며 낙심하지 않는 것

25

이다. 항상 기도하고 낙심하지 않을 수 있을까? "기도 24·365"(열방을 위해 매일 1시간씩 정한 시간에 기도하는 기도운동)가 있다. 나도 세계 열방에 주의 복음이 전해지고 우리 주님이 다시 오실 때까지 매일 한 시간씩 기도하기로 작정하고 기도하고 있다. 이 기도를 하려면 항상 기도하고 낙심하지 않는 믿음이 필요하다. 우리가 기도하면서 얼마나 낙심되는 일이 많은지 모른다. 기도는 했는데 응답이 없고, 기도했는데 이루어지지 않고, 어떤 때는 더 악화된다. 그런데 어떻게 계속 기도할 수 있을까.

낙망하지 않는 기도의 삶은, 기도의 응답을 바라보면 못한다. 기도 응답을 바라고 기도하면 결국 낙망하게 된다. 항상 기도하되, 낙망하지 않으려면 기도 응답이 아니라 주 예수님을 바라보아야 한다. 지금 내 안에 계시고 살아 계신 예수님을 바라볼 수 있는 눈이 뜨이지 않으면 못하는 일이다. 그러므로 예수님이 마지막 때에 찾아보려 하시는 믿음의 핵심은 주 예수님을 바라보는 눈이 뜨인 사람이다.

종으로 팔려간 요셉이 "빨리 아버지 집으로 돌아가게 해주세요"라고 얼마나 기도했겠는가. 그런데 그 기도는 이루어지지 않았다. 아무리 기도해도 이루어지지 않는다. 정말 놀라운 것은 요셉은 응답되지 않는 기도를 드리지만 낙망하지 않았다. 그 증거가 있다. 요셉의 얼굴이 괜찮았고, 일도 열심히 잘했다. 낙망한 사람은 그럴 수 없다. 항상 집에 돌아갈 것만 기도하고, 그게 이루어질 날짜만 기다리는 사람은 절대로 주인 눈에 드는 종이 될 수 없다. 항상 우울하고 속상하고 밥맛도 없고 짜증만 나는 종을 가정총무로 세울 주인은 없다. 그런데 보디발이 요셉을 가정총무로 삼았다. 그 말은 요셉이 낙망하지 않았다는 증거다. 기도는 하나도 이루어지지 않았고 계속 이루어지지 않고 있고 이루어질 가능성도 없어 보인다. 그런데도 요셉은 일을 열심히 하고 얼굴도 우울하지 않고 낙망하지 않았다. 이유가 무엇인가?

여호와께서 요셉과 함께하시므로 그가 형통한 자가 되어 그의 주인 애굽 사람의 집에 있으니 그의 주인이 여호와께서 그와 함께하심을 보며 또 여호와께서 그의 범사에 형통하게 하심을 보았더라 창 39:2,3

하나님이 함께하시는 것이 핵심이다. 그런데 이상하게 집에 보내달라는 기도만 안 이루어진다. 다른 것은 다 놀랍게 역사해서 그 주인이 볼 수 있을 정도였는데 말이다. 요셉은 거기서 답을 얻었다. "주님이 나와 함께 계시는 것으로 충분하다." 감옥에 억울하게 들어갔으니 얼마나 기도를 많이 했겠는가. 그런데 이 역시 응답이 안 됐다. 그러나 요셉은 낙망하지 않았다. 그러니까 다른 죄수들을 돌보며 간수장의 눈에 들었을 것이다. 여호와가 같이 계셨다.

하나님이 왜 예수 그리스도가 질그릇 같은 내 안에 계시게 하셨을까? 하나님에 의해서 우리의 기도가 지금 당장 이루어지지 않을 때, 낙망하지 않기 위해서다. 우리에게 연단이 오고, 시련이 오고, 핍박이 올지라도 우리가 낙망하지 않게 하시기 위하여 예수님을 보내신 것이다. 그러므로 그 예수님을 바라보는 눈이 뜨이면 비로소 이것이 믿음이 되는 것이다. 예수님이 우리 안에 오셨는데, '아, 나는 아직 잘 모르겠어요'라고 생각하고 있는가. 다음 말씀을 기억하라.

우리가 항상 예수의 죽음을 몸에 짊어짐은 예수의 생명이 또한 우리 몸에 나타나게 하려 함이라 우리 살아 있는 자가 항상 예수를 위하여 죽음에 넘겨짐은 예수의 생명이 또한 우리 죽을 육체에 나타나게 하려 함이라 고후 4:10,11

보배이신 예수님을 모시고 사는데, 내가 그 사실을 경험하지 못한다면 그 이유는 무엇일까. 내가 아직도 나를 예수의 죽음에 넘겨드리지 않고 있다는 뜻이다. "나는 죽었습니다." 이것은 놀라운 고백이다. 한번은 페이스북에서 내 설교에 대한 논쟁이 있었다. 어떤 분이 내 설교를 너무 느려서 못 듣겠다는 것이다. "이 설교는 할아버지 할머니나 듣지 혈기왕성한 젊은이들이 들을 수 없다." 거기에 어떤 분이 댓글을 달았다. "나는 은혜를 받았다. 정말 그렇게 느리게 들린다면 1.5배속으로 들으라." 아내가 나에게 괜찮냐고 물어봤다. 사실 기분이 좋지는 않았다. 그러나 하나님은 말씀으로 나의 문제를 다루어주셨다. 고린도전서 1장 27-29절 말씀이었다.

"그러나 하나님께서 세상의 미련한 것들을 택하사 지혜 있는 자들을 부끄럽게 하려 하시고 세상의 약한 것들을 택하사 강한 것들을 부끄럽게 하려 하시며 하나님께서 세상의 천한 것들과 멸시받는 것들과 없는 것들을 택하사 있는 것들을 폐하려 하시나니 이는 아무 육체도 하나님 앞에서 자랑하지 못하게 하려 하심이라."

나는 약한 것은 죄라고 생각했다. 그런데 성경을 보니까 하나님은 약한 자를 들어 쓰셨다. 이 사실이 처음에는 받아들여지지 않았고 믿어지지 않았다. 그러나 이해해서 믿을 수 있는 게 아니라는 생각을 하게 되었다. 성경을 펼쳐들고 울었다. 그게 그렇게 울 일인가 싶을 정도로 많이 울었다. 하나님은 약한 자를 일부러 쓰신다. 약한 자와 멸시받는 자를 택하여 사용하신다. 그러면 된 것이다.

"나는 죽었습니다. 하나님 앞에서 내 생각을 십자가에 못 박았습니다. 하나님께서 나같이 달변가도 아니고 느려 터져서 할머니 할아버지만 듣는 설교를 하는 사람이라도 쓰시겠다고 한다면 충분합니다."

받아들이기로 했다. 정말 믿기로 했다. 그리고 엄청나게 달라졌다. 믿어지지 않을 정도로 여기저기서 말씀 전하는 사명을 감당하게 되었다. 이제 몇 년 후면 은퇴하게 된다. 이렇게 빨리 올지 몰랐다. 나는 나이 먹는 것이 굉장히 두려웠다. 그런데 하나님이 말씀하셨다.

"약해지는 것을 두려워하지 마."

내가 약해지면 예수님은 더 분명하게 드러나신다. 질그릇 같은 우리 안에 보배이신 예수님만 오시면 우리의 약함은 오히려 주의 영광을 드러낸다. 주님을 붙잡으라. 그 예수님 안에서 당신이 온전히 새로워질 것을 기대하라.

내 안에 거하시는
그리스도

유기성

Only Jesus Christ

Only   Jesus   Christ

죽었다는 것의 의미

많은 그리스도인이 성경에서 말하는 '죽음'의 의미를 잘 모른다. 사람은 누구나 복음 앞에 자신을 비추고 자아의 절망을 보게 되면 예수 그리스도의 십자가에서 자아가 죽는 경험을 하게 된다. 그런데 문제는 얼마 안 가서 다시 살아난다는 것이다.

"목사님, 저 안 죽었나 봐요."

"왜 안 죽었냐고 생각하느냐?"

"혈기도 여전히 있고 성질도 있고 음란한 욕망도 여전하고 이기적인 욕구도 여전히 있는 걸 보니깐 안 죽은 것 같아요."

예수 그리스도 안에서 우리의 죽음을 이해하는 데 어려움이 여기 있다. 내가 죽었다는 것이 도대체 무슨 말인지 알아야 한다. 또 많이 질문하는 것이 하나 있다.

"목사님, 사도 바울이 갈라디아서 2장 20절에서는 죽었다고 해놓고 나중에 보니깐 '나는 날마다 죽노라'고 했는데 그 말은 안 죽었다는 거 잖아요. 이미 죽은 사람이 왜 또 날마다 죽나요?"

사도 바울이 '날마다 죽노라'고 한 말은 그의 사역 자체가 언제 죽을지 모를 순교 상황 속에 있다는 뜻이지 갈라디아서 2장 20절이나 로마서 6장에 나오는 옛사람의 죽음과 같은 맥락의 표현이 아니다. 똑같이 '죽는다'는 표현을 하니깐 혼란스러운 것이다. 죽음을 정확하게 이해해야 한다. 그래야 비로소 예수님과 동행하면서 '오직 예수 그리스도' 된 삶을 살 수 있다.

성경이 말하는 죽음은 옛사람의 죽음이지 우리 육신의 죽음을 말하는 게 아니다. 많은 이들이 십자가의 복음을 듣고, 옛사람의 죽음을 듣고 굉장히 큰 충격을 받는다. 그리고 여기서 복음의 영광을 보고 구원의 빛을 발견한다. 단순히 속죄함이 아닌 나 자신이 죽었다는 사실에 대해 놀라며 복음에 눈을 뜬다. 그런데 아직도 완전한 이해를 하지 못한 게, 그걸 육신의 죽음이라고 생각한다. 그래서 '나는 죽었다'고 고백하면 더는 혈기도 없고 정욕도 없고 음란함도 없는 상태가 될 거라고 생각한다.

그런데 실제로 자기 안을 보니 똑같은 것이다. 혈기도, 음란함도 욕심도 그대로 다 있다. 그러니깐 안 죽었다고 생각한다. 이제 더는 화도 안 나고 욕심도 안 생기고 밉지도 않고, 불필요한 생각도 안 해야 '내가 죽었구나'라고 생각할 텐데 그렇지 않으니깐 '내가 죽었다고 했는데, 안 죽었나보다'라고 생각하는 것이다.

성경이 말하는 자아의 죽음은 옛사람의 죽음이다. 이 옛사람은 육신의 종노릇을 하는 존재다. 옛사람은 자유함이 없이 완전히 죄의 종이다. 그래서 죄가 이끄는 대로 살 수밖에 없다. 아담과 하와가 선악과를 따먹고 원죄가 생기면서 우리는 죄에 종노릇하는 존재가 된 것이다. 그걸 옛사람이라고 한다. 예수 그리스도께서 십자가에 죽으신 것은 바로 이 때문이다. 죄에 종노릇하는 우리의 옛사람이 예수님과 함께 십자가에서 죽은 것이다. 그 말은 무슨 뜻인가?

죄덩어리 육신은 여전히 우리 속에 있다. 우리가 실제로 육신이 죽을 때 혹은 예수님이 다시 재림하실 때 우리 몸도 온전히 구속함을 받게 된다. 그때는 더는 육신이 죄의 통로가 되지 않겠지만, 그전에는 여전히 육신은 배가 고프면 탐식이 생기고 재물을 보면 탐욕이 생기고 유혹을 받으면 음란함의 도구가 된다. 그 육신은 여전히 우리 속에 있다. 그런데 우리의 옛사람이 죽었기 때문에 더는 육신에 끌려다니며 살지 않아도 된다는 뜻이다. 새 생명이 되었다는 뜻은 우리 안에 예수님의 생명이 임하셨다는 것, 그 예수님을 따라 살 수 있는 자가 되었다는 것, 로마서 6장 6절에서 말하듯이 우리가 다시는 죄의 노예가 되지 않게 하려는 것이다. 이것이 복음이다.

우리와 연합하여 십자가에 죽으신 것은 예수님이 죽으신 것과 동시에 우리도 죽었다는 뜻인데, 그 말은 우리가 다시는 죄의 노예가 되지 않게 하려는 것이다. 로마서 6장 7절에 보면 "이는 죽은 자가 죄에서 벗어나 의롭다 하심을 얻었음이라"라고 했다. 죽은 사람은 이미 죄의 세력에서 해방되었다. 새번역 성경에서도 분명히 "죽은 사람은 이미 죄의 세력에서 해방되었습니다"라고 말한다. 더는 죄가 주인 노릇하지 못하게 됐다는 말이다. 그러면 당신이 정말 예수님을 믿고 구주로 영접했다면, 더는 죄의 세력에게 종노릇하지 않게 된다.

이것을 로마서 6장 4절에서는 장례를 치렀다고 설명한다. "그러므로 우리가 그의 죽으심과 합하여 세례를 받음으로 그와 함께 장사되었나니." 장례는 슬픈 것이다. 그런데 이 말씀에서 말하는 장례는 우리가 이미 다 치렀다. 예수님이 십자가에 죽으실 때 우리 옛사람도 죽었으니까. 옛사람이 죽은 장례식이다. 그러므로 이 장례식은 기쁨의 장례식이다. "십자가에서 나의 옛사람이 죽어버렸다." 이 믿음이 분명해야 한다.

당신이 죽었다고 고백할 때 그것은 옛사람을 죽이려고 '노력할' 필요가 없다는 뜻이다. 이미 하나님이 십자가에서 다 이루어놓으셨다. 우리가 할 일은 '아멘'뿐이다. 하나님이 행하신 그 놀라운 일들로 인해서 하나님을 찬양하고 감사하는 것뿐이다. 그렇게 우리 옛사람은 예수님의 십자가에서 이미 처리가 되었다. 로마서 6장 11절에서 사도 바울은 아주 강력하게 권한다. "이와 같이 너희도 너희 자신을 죄에 대하여는 죽은… 자로 여길지어다."

이제 우리에게 할 일은 이것밖에 없다. '나는 죄에 대해서 죽은 자야.' 무슨 뜻인가? 죄의 유혹, 거짓의 유혹, 음란한 유혹, 탐욕의 유혹, 이기적인 생각들의 유혹이 올 때, 이렇게 말하는 것이다. "나는 죽었어! 죄야, 나는 더는 너의 종이 아니야!" 만약에 누가 당신의 물건을 가져가려고 하면 조금도 망설이지 않고 말할 것이다. "그거 내 거예요." 만약에 당신의 집에 낯선 사람이 들어오려고 하면 "우리 집이에요. 오지 마세요"라고 할 것이다. 당신 안에 육신이 다시 주인 노릇하려고 할 때도 마찬가지다. 우리가 일본에 나라의 주권을 잃어버렸던 적이 있다. 그리고 해방이 되었다. 일본이 다시 우리나라에 주권을 행사하려고 하면 온 국민이 벌 떼같이 일어난다. 우리가 죄에 대해서 반드시 그렇게 해야 한다.

예수님의 십자가 복음을 진짜로 믿었다고 해서 저절로 죄를 안 짓게 되는 게 아니다. 화도 안 나고, 혈기도 안 나고, 항상 거룩한 생각만 들고 늘 성경만 보고 싶게 되지 않는다. 육신은 당신을 또 지배하려고 한다. 그때 당신은 말해야 한다. "너는 나의 주인이 아니야. 네가 나를 이렇게 유혹할지라도 너는 나를 지배할 수 없어. 나는 이미 죽었어."

그러면 로마서 6장 14절은 죄가 당신을 다스릴 수 없을 것이라고 약속한다. 죄가 무섭도록 당신을 지배하려고 오겠지만 기억해야 한다. 절대로 죄는 당신을 강제로 지배할 수 없다. 우리가 스스로 죄를 따라가는 것이다. 지금 끊지 못하는 습관적인 죄가 있는가? 계속 무너지는 유혹이 있다면 기억해야 한다. 죄는 당신을 강제로 죄짓게 만들 수 없다. 죄가 그리스도인을 강제로 지옥으로 끌고갈 수 없다. 예수님의 십자가 때문이다.

그 사실을 분명하게 기억해야 한다. 로마서 6장 12,13절에 보면 죄가 당신의 죽은 몸을 지배하지 못하게 하라고 한다. "너는 나를 지배할 수 없어." 이렇게 이야기하라는 것이다.

몸의 정욕에 굴복하는 일이 없도록 해야 한다. 우리가 굴복하니까 끌려가는 것이다. 13절을 새번역 성경으로 보면 "여러분의 지체를 죄에 내맡겨서 불의의 연장이 되게 하지 마십시오"라고 한다. 내가 자신을 죄에 내다 맡기니까 또 죄를 짓는 것이다. 그렇게 하지 않아도 된다. 이미 우리는 옛사람이 죽어버렸기 때문에 죄가 우리의 주인 노릇을 할 수 없다.

그런데 여기까지만 알면 대단히 어려운 문제가 된다. 실제로 내가 죄에 대해서 이미 죽었다는 사실은 반쪽 진리이기 때문에 온전한 승리를 얻기가 어렵다. 그래서 로마서 6장 11절 상반절에서는 우리가 죄에 대하여 죽은 자로 여기라고 말한 뒤에 바로 후반절에서 "그리스도 예수 안에서 하나님께 대하여는 살아 있는 자로 여길지어다"라고 말한다.

당신이 예수 믿고 완전히 변화된 삶을 살기 위해서는 반드시 죄에 종노릇하던 옛사람은 이미 죽었음을 기억해야 한다. 그리고 예수 그리스도 안에서 하나님에 대하여는 살아 있다고 고백해야 한다. 이 고백 여부가 예수 안 믿는 사람과 믿는 사람의 차이다. 하나님에 대하여 살아 있다는 말이 바로 로마서 6장 4절에서 말하는 새 생명 안에서 사는 것이다.

"이는 아버지의 영광으로 말미암아 그리스도를 죽은 자 가운데서 살리심과 같이 우리로 또한 새 생명 가운데서 행하게 하려 함이라."

예수 믿으면 옛사람이 죽고 새 생명 가운데서 산다. 새 생명은 하나님을 향하여 살아 있는 것이다. 하나님을 향하여 살아 있다는 뜻이 뭘까? 예수 그리스도가 생명이 되셔서 내 안에 오셨다. 여기까지 분명히 알게 될 때에 비로소 '아, 내가 진짜 죽었구나. 내가 진짜 새 생명의 삶을 사는구나' 하는 걸 알게 된다.

예수전도단에 짐 다니엘이라는 사역자가 있다. 지금은 연세가 굉장히 많으신데, 어릴 때 하나님을 체험하고 일찍부터 사역자의 삶을 살게 된다. 그 일화도 대단히 재미있지만 여기서는 핵심 이야기만 하려고 한다. 그가 신학교에 가서 공부도 하고 열심히 전도도 하고, 사역도 했다. 이 모든 일을 감당하다가 지쳐서 과로로 쓰러졌다. 그러자 엄청난 낙심이 찾아왔다.

'하나님이 나를 버리셨구나. 하나님이 나와 함께 계시다면 다 잘할 수 있어야지, 왜 하나님은 나에게 공부도 잘하고 전도도 열심히 하고 사역도 잘할 수 있는 힘을 주시지 않을까? 나를 버리셔서 그렇지.'

몸이 아픈 것보다 하나님이 자신을 떠나서 쓰러졌다고 생각했기에 매우 부끄러워했다. 자신은 완전히 실패한 사역자라고 생각했다.

그런데 한 낯선 자매가 문병을 왔다. 어떻게 오셨냐고 물었더니 하나님이 당신에게 가서 한 말씀을 전해주라고 해서 왔다면서 골로새서 1장 27절 말씀을 읽어주었다.

"하나님이 그들로 하여금 이 비밀의 영광이 이방인 가운데 얼마나 풍성한지를 알게 하려 하심이라 이 비밀은 너희 안에 계신 그리스도시니 곧 영광의 소망이니라."

자매는 짐 다니엘의 손을 잡고 한 마디 말을 전한 뒤 떠났다.

"짐, 당신 안에 계신 그리스도 그분만으로 충분합니다."

강력한 말씀이었다. 짐 다니엘이 병실에서 읊조리듯 말했다.

"내 안에 계신 그리스도! 내 안에 계시다면, 주님 어디 계세요?"

그때 주님의 음성이 들렸다.

"내가 너와 함께 있다, 짐. 나는 너를 절대 떠나지 않을 거야."

짐 다니엘이 또 묻는다.

"제가 무엇이 잘못된 겁니까?"

"네가 잘못된 게 아니야. 내가 네게 원하는 것은 내가 네 안에 거하는 것같이 너도 내 안에 거하기를 원하는 거야. 너는 내게 수고와 봉사와 시간을 주려고 하지만 내가 원하는 것은 네가 주는 선물이 아니야. 바로 너란다, 짐. 나는 너를 위해 나 자신을 주지 않았느냐. 이제 너도 네 자신을 내게 다오. 나와 대화하고, 나를 사랑하며, 나와 함께 있는 것을 즐거워할 수 없겠니?"

"그렇지만 제가 할 일이 너무 많아요."

"네가 할 수 없는 일은 내버려둬. 그렇지만 지금 네가 할 수 있는 게 있어. 나를 경배할 수 있잖아. 너는 그것만 하면 돼. 그러면 내 안에서, 너를 통해서 일은 내가 할 거야."

그때 짐 다니엘이 깨달았다. 그동안 열심히 주님을 기쁘시게 해드리려고 노력하고 또 노력했는데, 사실 주님을 기쁘시게 하는 것은 주님을 위해서 하는 노력이나 어떤 열심이 아니라 자기 자신이라는 것을.

"노력이 아니라 신뢰야. 열심보다 순종이란다. 내게 가까이 오너라. 나는 너와 교제하려고 기다리고 있단다. 내가 네 안에 거하고 네가 내 안에 거함을 믿으라."

짐 다니엘은 그때부터 병상에서 자기가 할 수 있는 것을 했다. 아무것도 할 수 없는 줄 알았는데, 자기가 할 수 있는 게 하나 있었다고 한다.

"몸은 비록 쇠약해져 있었지만 나는 예수님을 경배하였다. 그렇게 했을 때 나는 더는 외롭지도, 공허하지도 않음을 깨달았다. 며칠 동안 나는 주님의 임재하심과 영광이 내 위로 흘러넘치는 것을 느꼈다. 나는 먼

곳에 떠났다가 다시 돌아온 좋은 느낌이었다. 나는 격려를 받고, 용납 받았으며, 사랑받았다. 주님은 내 영을 소생시키시고, 내 구원의 기쁨을 새롭게 하신다."

나는 죽고 예수로 사는 십자가의 복음을 안다면, 내가 죽었다는 사실도 분명하게 알아야 하지만 예수로 사는 것을 분명하게 알아야 한다. 많은 사람들이 이 점을 명확하게 모르고 있다. 우리가 가지고 있는 복음의 비밀의 가장 중요한 부분은 내 안에 거하시는 그리스도다.

> 이 비밀은 만세와 만대로부터 감추어졌던 것인데 이제는 그의 성도들에게 나타났고 하나님이 그들로 하여금 이 비밀의 영광이 이방인 가운데 얼마나 풍성한지를 알게 하려 하심이라 이 비밀은 너희 안에 계신 그리스도시니 곧 영광의 소망이니라 우리가 그를 전파하여 각 사람을 권하고 모든 지혜로 각 사람을 가르침은 각 사람을 그리스도 안에서 완전한 자로 세우려 함이니 이를 위하여 나도 내 속에서 능력으로 역사하시는 이의 역사를 따라 힘을 다하여 수고하노라 골 1:26-29

이 사실을 분명히 기억해야 한다. 우리가 가지고 있는 복음의 비밀은 바로 내 안에 계신 그리스도다. 죄의 종노릇을 하던 옛사람이 죽은 것도 놀라운 일이다. 이것도 정말 좋은 일이다. 그러나 우리에게 더 놀라운 일이 일어났는데 그것은 내가 새 생명을 소유하고 있다는 것이다. 그 새 생명은 다름 아닌 내 안에 거하시는 예수 그리스도다.

오순절, 성령으로 인해 예수 그리스도는 제자들의 마음속에 임하시게 되었다. 그때부터 교회가 시작되었다. 그리고 세계복음화가 시작되었다. 그 120명의 제자들도 훌륭한 사람들이지만 핵심은 그들 속에 예수 그리스도가 임하셨다는 것이다. 우리도 똑같다. 우리가 온전한 삶을 살 수 있는 것은 우리 안에 계신 그리스도 때문이다.

"우리가 그를 전파하여 각 사람을 권하고 모든 지혜로 각 사람을 가르침은 각 사람을 그리스도 안에서 완전한 자로 세우려 함이니"(골 1:28).

우리 안에 그리스도가 오신 것은 우리를 완전한 자로 세우시려는 것이다. 우리가 예수를 믿으면 더는 죄의 종노릇을 하지 않는다. 그리고 하나님이 기뻐하시는 삶을 살 수 있게 된다. 우리의 노력으로 그렇게 하라는 것이 아니다. 만날 '나는 죽었다' 이러고만 있으라는 것도 아니다. 우리 안에 거하시는 그리스도를 알라고 하는 것이다.

예수님이 정말 우리 안에 거하시게 되면 우리 인생은 완전히 바뀌게 된다. 예수님을 믿으면 삶이 변한다. 진짜 복음이면 삶은 변할 수밖에 없다. 삶이 변하지 않으면 복음이 아니다. 삶이 변하지 않으면 예수님을 믿은 게 아니다. 그런데 많은 그리스도인들이 이 말이 믿어지지가 않는다. 오히려 이 말씀 때문에 자기 정죄감에 빠진다.

'나는 변하지 않았는데, 그러면 나는 믿은 게 아닌가.'

'내가 아는 복음은 복음이 아닌가.'

'어떻게 내가 변할 수 있는가?'

정말 예수님을 믿으면 사람이 변화될 수 있을까? 변할 수 있다. 예수님을 믿으면 삶이 완전하게 변하게 되어 있다. 한번 상상해보라. 당신이 다니는 교회 담임목사님을 집에 모시고 산다고 생각해보자. 당신의 생활이 안 변할까? 가장 먼저 반찬이 달라지고, 생활 패턴이 달라질 것이다. 텔레비전 보는 것도 쉽지 않을 것이다. 날마다 가정예배를 드리기 시작하고 부부싸움을 하기도 어려울 것이다. 담임목사님만 우리 집에 와서 사셔도 우리 삶이 다 바뀔 텐데, 예수님이 진짜 내 안에 계시면 불평과 원망도 자리 잡을 수가 없다. 누구를 미워할 수도 없고, 무슨 더러운 생각을 할 수도 없다. 진짜 복음은 반드시 삶을 변화시킨다! 노력하라는 말을 할 필요가 없다.

결코 이전처럼 살 수 없다

요즘도 혼전임신은 아이나 엄마에게 엄청난 대가를 요구한다. 2000년 전에 유대 땅에 10대 소녀였던 마리아가 예수님을 잉태했을 때 그녀에게 얼마나 큰 어려움으로 다가왔을지는 쉽게 상상할 수 있다. 이건 마리아에게 청천벽력 같은 소식이다. 마리아의 친척 중에 나이가 많아서 아이를 임신한 엘리사벳이 있었다. 세례 요한의 어머니다. 엘리사벳이 임신했을 때는 온 마을이 기뻐했다. 해산했을 때, 온 마을이 축하잔치를 벌였다. 나이 많은 여자가 임신한 것은 축복해줄 수 있다.

그러나 결혼하지 않은 소녀가 임신한 것은 끔찍한 일이다. 당사자인 마리아는 얼마나 힘들었을까. 요셉이 호적 등록을 하려고 베들레헴까지 만삭의 아내를 데리고 갔던 이야기를 알 것이다. 어떤 성경 주석가는 요셉 혼자 가서 등록하고 와도 되지만 동네 사람들이 마리아를 보는 시선 때문에 도무지 혼자 두고 갈 수가 없어서 어렵지만 해산 때가 가까운 마리아를 데리고 베들레헴으로 갈 수밖에 없었을 것이라고 설명하기도 한다. 마리아에게 있어서 이런 상황은 너무나도 어려웠을 것이다. 이것이 예수님을 내 마음속에 영접하는 것이다. 마리아는 육신 속에 예수님을 잉태했지만, 마음속에 예수님을 영접한다는 것은 우리에게도 많은 변화를 가져온다.

당신은 정말 예수님을 영접했는가? 당신의 옛사람이 예수님과 함께 죽고, 부활하신 주님과 함께 연합했는가? 예수님이 진짜 당신에게 오셨는가? 그러면 당신은 마리아의 심정을 이해할 수 있을 것이다. 예수님이 내 안에 오시는 순간 우리는 이미 전과 같은 삶을 살 수가 없다.

한국 교회 문제는 성도 수가 줄어드는 게 아니다. 진정 예수님을 마음에 모시고 사는 그리스도인을 보기 힘들다는 것이다. 우리가 많은 성도를 만나지만 정말 예수님을 마음에 모시고 사는 성도를 보기가 어려운 것이 우리의 가장 큰 숙제이다.

《하나님인가, 세상인가》의 저자이자 미국 크로스포인트교회의 담임목사인 피트 윌슨이 다음과 같은 에피소드를 나눴다. 목사님에게는 세 아들이 있는데, 식사기도를 할 때마다 서로 기도를 안 하겠다고 싸웠다고 한다. 어느 날 둘째 아들에게 기도를 하라고 했는데 둘째 아들이 측은한 눈으로 아빠를 보며 말했다.

"아빠, 저도 하고 싶어요. 정말이에요. 그런데 오늘 저녁에 너무 배고파서 못하겠어요. 다른 사람이 해야 될 거 같아요."

"그래도 네가 해라. 오늘은 네가 기도할 차례잖아."

할 수 없이 기도를 시작했는데, 이게 웬일인가! 그 아들이 너무나 기도

하고 싶었던 것처럼, 그러니까 하나님을 너무나 사랑하고, 너무나 감사하고, 하나님의 말씀대로 살고 싶어서 안달이 난 것처럼 기도를 하는 것이 아닌가! 조금 전에 기도 안 하겠다고 싸운 것은 하나님이 전혀 모르시는 것처럼 기도를 시작하자 싹 달라지는 아들의 기도를 듣고 기가 막혔다는 것이다.

우리도 그렇지 않나 생각해본다. 대표기도를 할 때 갑자기 말투가 달라진다. 평소 하던 말의 내용도 달라진다. 하나님이 얼마나 어색해하실까. "너 좀 이상하다, 좀 징그럽다. 아까 이야기하던 사람이랑 너무 다르다. 그냥 하던 대로 해라." 이러시지 않을까? 하나님이 나를 안 보고 계시다가 대표기도를 할 때만 보시는 것이 아니다. 내 안에 늘 계시는 그리스도께 내가 말씀드리는 것이다. 그러니 평소 하는 이야기하고 기도가 다를 수 없다. 그런데 우리는 다르다고 착각하며 산다.

어느 교회 목사님이 문제가 생겼다며 이런 말을 했다. 교인 하나가 갑자기 은혜를 받았다고 하면서 다른 사람의 마음에 있는 것이 보인다는 것이다. "지금 이런 생각하고 있지요? 당신 어제 무슨 일 있었지요?" 이렇게 말하면서 정말 귀신같이 알아맞히는데, 이게 귀신의 역사인지, 성령의 역사인지 교회 안에서 논란이 벌어졌다는 것이다. 그래서 목사님에게 분별을 받으려고 오겠다고 하는데 그 목사님이 무섭다는 것이다. "목사님 마음에 뭐가 있지요? 목사님 지난주에 이런 일이 있었지요?" 이렇게 나오면 교인들이 다 모였는데, 어떻게 하냐는 것이다.

나는 그 목사님의 심정을 충분히 이해할 수 있다. 목사에게 있어서 정말 위기다. 그런데 이게 바로 우리의 현실이다. 내 안에 계신 예수님은 전혀 안 무서운데, 귀신의 역사로 다른 사람의 마음을 읽는다고 하면 이상하고 무섭다는 게 말이 되는 일인가. 예수님을 마음에 영접해서 정말 내 안에 예수 그리스도가 사시는 것이라면 세상없는 사람도 무섭지 않다. 내 마음에 예수님을 모시고 산다는 것 자체가 내 모든 삶이 변화를 받았다는 것이다.

우리는 어른이 되고 난 다음에 왕이 없어졌다. 아이들에게는 여전히 부모님이 왕이다. 왜 다 어른이 되고 싶어 할까? 자기 마음대로 살고 싶어서다. 그러나 예수님을 믿는 사람은 다르다. 우리 안에는 왕이 계신다. 예수님을 믿는 사람은 마음에 왕을 모시고 사는 사람이다. 우리는 어디에서든지 "내 안에 왕이 계십니다"라고 고백해야 한다. 내 안에 계신 그리스도는 나의 왕이시다. 이것이 우리의 삶을 완전히 바꾼다.

이 점에 대해서 분명히 해야 한다. 그래서 24시간 예수님을 바라봐야 한다. 예수님은 내 마음에 계시고, 그분은 나의 왕이시다. 나는 암 투병하는 분의 이야기를 읽었다. 그 분은 암이 생기고 난 다음에 인생이 바뀌었다고 한다. 먹는 것도 달라지고 생활 패턴과 대인관계가 완전히 달라졌다고 한다. 암에 조금이라도 문제를 일으킬 만한 생활양식을 다 바꾸기 시작한 것이다. 몸에 암에 생기는 것만 가지고도 인생이 이렇게 바뀔 수 있다.

내 안에 예수 그리스도가 오셨는데, 사람이 변할 수밖에 없지 않겠는가. 주님께서 제자들을 파송하실 때 이렇게 말씀하셨다.

"보라 내가 너희를 보냄이 양을 이리 가운데로 보냄과 같도다"(마 10:16).

이것이 우리의 영적 상황이다. 우리가 이 세상을 사는 것은 어린양이 이리 가운데 사는 것과 같다. 어린양이 이리 가운데서 어떻게 살 수 있을까? 큐티하는 양은 살까? 성경 통독하는 양은 이리가 안 잡아먹을까? 새벽기도 나오는 양은 괜찮을까? 제자훈련하는 양은 안전한가?

어린양이 이리 가운데서 사는 길은 하나다. 목자와 함께 있는 것이다. 그래서 24시간 예수님을 바라보라는 것이다. 이것이 우리가 사는 길이다. 우리가 온전해지는 길이다. 그리고 우리 사역 자체에 비로소 능력이 나타나게 된다.

"이를 위하여 나도 내 속에서 능력으로 역사하시는 이의 역사를 따라 힘을 다하여 수고하노라"(골 1:29).

우리가 무슨 책임을 맡든지 그 능력의 원천은 우리 속에서 능력으로 역사하시는 예수 그리스도 그분이다. 우리가 하는 것이 아니다. 그래서 우리가 항상 "주님이 하셨습니다"라고 고백하는 것이다. 오순절 마가다락방에 모인 120명의 성도에게 성령이 임하셨을 때, 세상 사람들이 보기에는 아무것도 변화된 것이 없었다. 그들 속에 예수님이 임하셨지만 세상 사람들의 눈에 그들은 여전히 초라하고, 능력 없고, 수적으로도 많은 사람들이 아니었다. 그러나 그들이 세상을 뒤집기 시작했다. 핵심은 거기 있다. 그들 속에 임한 그리스도! 그분이었다.

어렵고 힘든 건 당연하다

사람들이 나를 보고 목회를 잘한다고 하는 이야기를 듣는다. 나는 동의하지 않는다. 내가 제일 못하는 게 목회다. 그런데 사람들이 자꾸 목회를 잘한다고 해서 왜 저렇게 이야기할까 생각하다 깨달아진 것이 있었다. 나는 아버님과 할아버님이 모두 목사님이셨다. 어려서부터 아버님이 목회하는 걸 보고 자랐다. 내가 보기에 아버님은 목회 현장에서 굉장히 힘들어하셨고 나에게 교회는 무서운 곳이었다.

목사의 아들로서 교회 어른들이 싸우는 것이 그렇게 두려웠다. 어느 정도 어려웠느냐면 내가 신학교 다닐 때, 어머니께서 심장병으로 세상을 떠나실 정도였다. 나는 어릴 때부터 목회가 얼마나 어렵고 목회자가 얼마나 시달리는지, 교인들이 얼마나 무서운지 보면서 자랐다. 그래서 나는 목사가 되기 싫었다. 아버님이 하나님께 나를 바쳤다고 해서 도망도 못 가고 목사가 됐다. 목사 안수 받기 전날 하염없이 밤거리를 걸었다.

'내일 안수하시는 목사님들이 내 머리에 손을 얹는 행위가 끝난 뒤에는 도망도 못 가는데.'

도살장에 끌려가는 소의 심정으로 목사 안수를 받으러 갔다. 결국 목사 안수를 받았던 이유는 도망갈 용기가 없어서였다. 함께 안수받았던 어떤 목사님은 감격스러워서 펑펑 우셨는데 나는 그 분을 정말 이해할 수가 없었다.

이러한 이유들로 인해 나는 목회하면서 어려움이 생기면 당연하다는 생각을 했다. 나를 힘들게 하는 분을 만나면 어릴 때 보던 그 장로님, 권사님이 떠오르면서 반가운 마음이 들 정도였다. '어떻게 목사에게 이렇게 할까? 어떻게 교회에서 저렇게 할 수 있나?' 이런 마음이 안 들었다. '당연히 그렇지, 이게 목회지.' 도리어 누가 나에게 잘해주면 정말 부담스러웠다. 제발 그렇게 하지 마시라고 했다. 내 앞에서는 이렇게 말하고 다른 데서 딴소리할 거면 솔직하게 여기서 말씀하시라고 했다. 누가 뭐를 해주려고 하면 몇 번이고 사양을 했다.

나에게는 교회가 부흥이 되는 것 자체가 두려움이었다. '이게 뭐야? 이건 아니잖아.' 내가 어릴 때부터 본 목회는 그런 게 아니었다. 힘든 것은 당연하고, 잘되는 게 오히려 이상하다고 생각하는 나를 보고 사람들은 목회를 잘한다고 한다.

예수님이 말씀하셨다.

"누구든지 나를 따라오려거든 자기를 부인하고 자기 십자가를 지고 나를 따를 것이니라"(마 16:24).

이건 목사에게만 주는 부름이 아니다. 우리 모두에게 해당되는 말씀이다. "누구든지!" 주님의 제자가 되려거든 자기를 부인하고 자기 십자가를 지고 주님을 따라야 한다. 당신도 고생은 당연한 거라고 생각하고 한번 살아보라. 그게 사실이다. 힘든 건 당연한 거지, 절대로 이상한 게 아니다. "하나님 나는 왜 이렇게 힘든가요?" 이렇게 묻지 말라. 성경을 다시 보자. "누구든지 나를 따르려거든 자기를 부인하고 자기 십자가를 지고 나를 따를 것이니라." 하나님께 나는 왜 이렇게 힘드냐고 따지는 것은 그만하자. 그런 길인 줄 알고 시작한 것 아닌가.

어렵고 힘든 건 당연하고 잘 풀리고 편안한 것이 이상한 일이다. "자기를 부인하고 따르라면서 왜 자꾸 돈이 벌리는 거죠? 왜 이렇게 승진이 되는 거죠? 왜 자꾸 나는 이렇게 편해지는 거예요?" 이럴 때 금식에 들어가야 한다. 하나님의 부름이 아니고 약속도 아니니까. 그렇게 하면 자기 스스로 실족하지 않고 남들도 믿음이 좋다고 할 것이다.

요셉이 총리가 되고 난 다음에 그가 죄 지었다는 기록이 없다. 요셉은 절대로 벼락출세를 당연하게 여기지 않았다. 그는 총리가 되고 난 다음에 틀림없이 자기에게 주어진 이 일이 사명이지 하나님이 주신 축복이라고 생각하지 않았다. 아버지와 형제들이 다 왔을 때, 요셉은 아버지 야곱에게 왕궁에서 가능하면 멀리 떨어져 살게 해달라고 왕에게 말하라고 했다. 대부분 다 왕궁에 살고 싶어 한다. 다 서울에서 살고 싶어 하듯이. 하지만 요셉은 알았다. 왕궁이 영적으로 좋은 땅이 아님을.

빌립보서에서 바울은 자기에게 유익하던 것을 다 배설물로 여겼다고 했다.

> 그러나 무엇이든지 내게 유익하던 것을 내가 그리스도를 위하여 다 해로 여길 뿐더러 또한 모든 것을 해로 여김은 내 주 그리스도 예수를 아는 지식이 가장 고상하기 때문이라 내가 그를 위하여 모든 것을 잃어버리고 배설물로 여김은 그리스도를 얻고 빌 3:7,8

배설물을 버려봐서 알 것이다. 아깝거나 미련이 남거나 고민이 되거나 슬퍼서 우는 사람은 아무도 없다. 배설물처럼 버렸다는 것은 정확한 느낌이 온다. 바울은 세상에서 유익하던 것을 다 배설물처럼 버렸다. 내가 고생을 당연하게 여긴 것과는 차원이 다른 이야기이다. 사도 바울은 완전히 다른 차원의 이야기를 하고 있다.

어떻게 그게 가능할까? 바울 안에 계신 그리스도, 그것이 세상의 모든 유익한 것보다 비교할 수 없이 좋았기 때문이다. 빌립보서 3장 8,9절에서 바울은 "내 주 그리스도 예수를 아는 지식이 가장 고상하기 때문이라 내가… 그리스도를 얻고 그 안에서 발견되려 함이니"라고 말한다. 내 안에 계신 그분을 바라보는 눈이 뜨이고 나면 이 세상에 굉장히 유익하던 것, 좋던 것, 바라던 것이 다 배설물처럼 여겨진다.

돈 백만 원을 버리라고 한다고 선뜻 버릴 수 있는 사람은 없다. 그런데 1억과 백만 원, 둘 중에 하나만 택해야 된다고 하면 백만 원을 금방 버린다. 우리가 왜 세상에 연연해하는가? 예수 그리스도를 교리로만 알고 있기 때문이다. 내 안에 계신 그리스도를 진짜 모르기 때문이다. 가장 중요한, 예수 그리스도를 모르니깐 세상 것에 연연하게 된다.

주님께서 어느 날 나에게 "너는 교회에서 생활비를 받으니까 나가서 말씀을 전할 때는 사례비를 받지 말라"고 하셔서 그때부터 사례비를 받지 않는다(억지로 주면 교회에 헌금을 해서 하나님이 쓰시고 싶으신 곳에 쓰기는 하지만). 사례비를 받지 않으면서부터 내가 너무나 많이 변한 것을 보게 됐다. 우선 설교하기가 싫다(설교하는 게 쉬워 보이지만 엄청 힘들다. 앉아서 은혜 받는 게 훨씬 편하다). 사례비를 안 받으니까 어디 가서 말씀 전하는 것이 나에게 기쁨이 아니었다.

그때 알았다. 내가 얼마나 대가를 바라고 사역을 했는지. 내가 얼마나 돈을 좋아하는지. 사례비를 받을 때 항상 관심이 간다. '얼마일까?' 사례비로 설교를 평가받는다고 생각했다. 사례비를 많이 주면, '내 설교가 그렇게 좋았던 모양이구나'라고 생각하고, 적게 주면 '내가 이 정도밖에 취급을 못 받는구나'라고 여겼다. 내 마음에 문제가 있음을 깨달았다.

하나님이 나에게 사례비를 받지 않게 하신 것은 재물에 대한 욕심을 다루려고 하심도 있었지만 기가 막힌 축복을 주시려고 하심임을 알았다. 그것은 이제 말씀을 전하러 갈 때 오직 말씀 그 자체에만 내 모든 관심이 가기 시작했다는 점이다. 말씀을 준비하고 항상 깨닫게 됐다.

'내가 가장 수지맞았구나.'

하나님이 내게 깨닫게 하신 말씀을 정해진 시간에 다 전하지 못한다. 자르고 또 잘라서 정해진 시간 내에 말씀을 전한다. 하나님이 말씀을 전하는 나를 위해서 엄청난 은혜를 깨닫게 하셨다. 하나님이 주신 말씀에 가장 먼저 은혜 받는 사람이 나다. 만약에 내가 오늘 설교하지 않았다고 한다면 우선 이 은혜를 내가 깨닫지 못했을 것이다. 말씀을 전해야 했기 때문에 말씀을 준비했는데 하나님이 나에게 먼저 은혜를 주신다.

'이것을 돈으로 따지면 얼마나 클까?' 어느 집회에 가서 말씀 준비한 것을 마무리하고 기도하면서 생각해보았다. "하나님, 오늘 이 저녁설교가 돈으로는 얼마에 해당이 되나요? 이걸 어떻게 돈으로 계산할 수 있지요?" 나는 이미 사례비를 받아도 엄청나게 받고 산다. 상상이 안 될 사례비를 받고 사는 것이다. 말씀을 전할 때마다 하나님이 나에게 계속해서 새로운 은혜를 주신다.

'하나님, 충분합니다. 오늘 교인이 단 한 사람만 왔다 할지라도 저는 충분합니다. 수많은 사람들이 모인 자리에서 꼭 설교하지 않아도 충분합니다. 제가 말씀을 준비하는 중에 받은 은혜만으로도 충분해요. 심지어 내가 말씀을 전했는데 사람들이 나에게 돌을 던진다 할지라도, 하나님 저는 충분합니다.'

마음을 관리하라

내 안에 계신 그리스도를 보는 눈이 뜨이고 나면 우리의 사역 전체가 달라진다. 그런데 어떻게 하면, 내 안에 계신 그리스도가 교리가 아니고 실제 체험이 될 수 있는가? 어떻게 하면, 내 안에 예수님이 계신다는 것을 지식으로만이 아니라 실제로 경험할 수 있을까?

이를 위해서는 '마음'이 얼마나 중요한지를 알아야 한다.

예수님이 내 안에 거하신다고 하면, 어디에 거하실까? 내 마음이다. 안타깝게도 많은 그리스도인들이 마음이 얼마나 중요한지를 제대로 모른다. 그래서 마음을 내버려둔다. 하지만 절대로 외모는 그렇게 하지 않는다. 어떤 열악한 환경에서도 씻고 꾸미는 것은 열심히 한다. 우리는 사람을 그렇게 의식한다. 다른 사람에게 흉하게 보이지 않고, 무시당하지 않으려고 몸부림을 친다. 그런데 마음은 그냥 내버려둔다. 외모를 꾸미는 것과 비교가 안 될 만큼 무신경하게 들어오는 생각을 통제하지 않는다. 이게 얼마나 어리석은 일인지 깨달아야 한다.

예수 그리스도는 내 마음에 계신다. 나의 왕이신 예수님이 계신 내 마음을 소중하게 지키지 않으면 마귀가 안다. 예수님이 우리의 마음에 임하시는 걸 알고 장난을 친다. 우리 마음을 완전히 쓰레기장으로 만들어 버린다. 그러니까 예수님을 믿고도 그렇게 마음과 생각에 시달림이 많은 것이다. 이해가 안 되는 생각에 계속 시달리게 된다. 마귀가 원하는 것은 나를 괴롭히려고 하는 것도 아니고 떨어트리려고 하는 것도 아니다. 마귀가 원하는 것은 오직 하나다. 내 마음에 예수 그리스도가 와 계신 것을 알지 못하게 만드는 것이다. 그래서 하루 종일 전혀 주님을 생각하지 않고도 사는 것이다. 그리스도가 나의 왕이라고 하면서도 아침에 눈을 떴을 때 주님을 생각하지 않고, 밥을 먹을 때도 주님을 생각하지 않으며, 잠들 때까지 주님을 생각하지 않은 채, 그렇게 일주일을 산다.

목사로서 부끄러운 고백이지만 예배를 드릴 때도 예수님을 생각하지 않고 드릴 수 있다. '교인이 얼마나 왔나, 안내는 제대로 서나, 성가대 찬양은 잘 준비되었나, 설교는 제대로 듣고 있나' 등. 다른 것을 신경 쓰며 예수님을 한 번도 생각하지 않은 채 예배도 인도할 수 있다.

바로 이것이 내 안에 계신 그리스도라는 엄청난 축복을 실제로 누리지 못하는 이유다.

"그중에 이 세상의 신이 믿지 아니하는 자들의 마음을 혼미하게 하여 그리스도의 영광의 복음의 광채가 비치지 못하게 함이니 그리스도는 하나님의 형상이니라"(고후 4:4).

마귀가 마음을 혼미하게 하니깐 믿음이 안 생긴다. 로마서 1장 28절에 많은 사람들이 마음에 하나님 두기를 싫어한다고 한다. 예수님을 마음에 모시고 사는 것이 부담스러운 사람이 있다. '내가 진짜 예수님을 이제부터 마음에 모시고 살 수 있을까?' 이럴 때 정신을 똑바로 차려야 한다. 왜 그런 마음이 들까? 주님이 내 마음에 오셨다고 했는데, 내가 그것을 기뻐하지 않기 때문이다.

'그저 돈이나 많이 벌게 해주시고 우리 애들 좋은 대학이나 들여보내주세요. 내 몸 건강하게만 해주세요. 우리 교회나 부흥시켜주세요. 마음에 오시는 것은 너무나 부담스러워요.'

자신도 모르는 사이에 완전히 마귀에게 속고 있다. 우리는 주님이 오시면 자유가 없어진다고 생각한다. 하고 싶은 걸 못한다고 생각한다. 완전히 속고 있다. 만약 우리 집에 독약이 있다. 그런데 집 안에 아무도 없고 보는 사람도 없다. '아무도 없으니 마셔볼까?' 이렇게 생각하는 사람은 없다. 만약 그런 생각이 들면 병원에 가봐야 한다. 그런데 음란물은 어떤가? 그건 왜 유혹이 될까? 얼마나 마귀가 우리를 미혹하고 있는지 알아야 한다. 아무도 없어서 독약을 마시는 것이 아니라는 정도의 분별력이 있는 것처럼, 죄에 대해서도 마땅히 그러해야 한다. 그런데 우리 마음의 거의 반 이상을 뺏기고 있다.

가룟 유다가 예수님을 그냥 판 게 아니다. "마귀가 벌써 시몬의 아들 가룟 유다의 마음에 예수를 팔려는 생각을 넣었더라"(요 13:2). 이 말씀에서 알 수 있듯이 마귀가 작정을 하고 당신의 마음속에 이 생각, 저 생각 집어넣고 있다는 사실을 깨달으면 소름이 끼칠 것이다. 마귀가 작정하고, 당신이 예수님과 친밀한 관계를 갖지 못하고 평생 위선적이고 이중적으로, 형식적이고 율법주의적으로 육신의 종노릇하며 살다가 끝나게 하려고 이 생각, 저 생각 넣어주고 있다. 소름 끼칠 일이다. 가룟 유다는 이것을 몰랐다. 그래서 마귀가 주는 생각을 품어버리고 말았다. 그러자 사탄이 그 속에 들어가버린다. 결국 예수를 팔아버리고 말았다. 우리 안에 오신 예수 그리스도를 생명처럼 지켜야 한다. 기뻐하며 진짜 소중하게 여겨야 한다.

은혜는 수련회나 집회 현장에서만 받는 게 아니다. 예수 그리스도 그분 자체가 은혜다. 집회가 중요한 게 아니다. 많은 강사들이 말씀을 전하고, 찬양을 함께 부르며, 놀라운 간증들을 듣지만 예수 그리스도는 그 모든 강사와 간증과는 비교할 수 없을 정도로 풍성하신 분이다. 이제 가정과 직장, 일터와 교회에서 예수님과 함께 살 수 있느냐가 문제다.

이제부터 우리가 반드시 훈련해야 할 것은 내 안에 계신 예수 그리스도와 동행하는 것이다. 그래서 나는 24시간 주님을 바라보는 일기를 쓰라고 권면한다. 계속 주님을 바라보는 훈련이 필요하다. 우리가 워낙 마귀가 주는 생각에 묶여 살았고 속고 살면서 주님을 바라보며 살지 않았기 때문에 진짜 주님을 바라보아야 될 때 주님을 바라보지 못한다. 그것은 전적으로 그렇게 살아보지 않았기 때문이다.

그래서 성도들에게 눈뜰 때부터 잠들 때까지 내가 얼마나 주님을 생각하는지, 일기를 쓰고 서로 나누게 한다. 많은 사람들이 영성일기를 나누는 걸 힘들어한다. 주님을 바라보지 못하고 마음을 마귀에게 뺏겨서 비참하게 된 사람을 만나본다면 차라리 일기를 쓰고 나누는 것이 좀 수고스럽고 부담스러워도 더 낫다는 걸 알게 될 것이다. 마음이 시험에 빠지고 주님과의 관계가 영원히 끊긴 것 같은 영적 어둠에 깊이 빠져본 사람은 꾸준히 주님을 바라보는 생활을 하려고 할 것이다.

그분이면 충분하다

한 청년이 나에게 상담 메일을 보내왔다.

저는 모태신앙입니다. 부모님이 목회를 하시고 저는 지금 장교입니다. 그러나 저는 거듭나지 못했습니다. 저는 어려서부터 귀가 따갑도록 하나님과 인격적인 만남을 가져야 한다고 들었습니다. 그러나 제겐 그런 체험이 없습니다. 대학에 들어가서 선교단체에 들어갔습니다. 여기저기 모임도 나가보고 수련회도 가고, 단기선교도 가고, 예수전도단 DTS 훈련도 받아보았지만 하나님을 만나지 못했습니다. 구원의 확신, 죄 사함의 확신도 없습니다.

하나님을 만나려면 자아가 죽어야 된다고 해서 어떻게 하면 죽는 걸까 고민하며 몇 날 며칠을 기도해도 안 죽었습니다. 하나님의 거룩하심 앞에서는 나의 죄인 됨이 너무도 분명하게 깨달아지고 깨어질 수밖에 없다고 하기에 하나님의 거룩하심을 알게 해달라고 기도했지만 아무 일도 없었습니다. 성령의 조명하심이 없이는 이런 것들이 불가능하다고 해서 진정으로 성령을 갈망해 보았지만 또다시 낙심이 되었습니다.

'아 믿음이 없었구나' 해서 믿음을 구해보기도 하고, 말씀은 들음에서 나온다기에 말씀도 읽어보지만 축 늘어진 생활을 계속하고 있습니다. 일과가 끝나면 시간을 정해두고 기도하려고 애쓰지만 그 시간이 부담스럽고 어쩔 줄 몰라 중언부언하며, 부르짖으려고 노력해보아도 잘 되지가 않더라고요.

교회 다니는 기간이 늘어나면서 느끼는 것은 주위들은 이야기밖에 없는 것 같습니다. '이런저런 이론들이 이게 다 무슨 생명이 되는가? 정말 생명이 내 안에 있어야 된다. 성령님이 계셔야 된다'는 생각은 하지만 구해도, 구해도 미지근한 모습의 저를 발견하고 마네요. '이런 미지근한 태도를 보면서 하나님이 나를 치시면 어쩌나? 마지막 때가 가까워오는 이 시대에 오늘 당장 죽거나 주님이 오신다면 정말 자신이 없는데. 내가 아브라함과 이삭의 자손인가, 아니면 이스마엘 육신의 자녀인가?' 이런 문제로 떨고 있는 저를 보면 더욱 조급한 마음이 듭니다.

분명히 하나님은 계시는데 성령님은 나를 나보다 더 만나고 싶어 하신다는데, 저에게 어떤 치명적인 문제가 있는 건가요? 마음이 강퍅하다든가 교만하다든가 아니면 내가 스스로 보지 못하지만 하나님의 역사를 방해하는 불신앙으로 뭉쳐 있다든가 단지 의지력이 없거나 하는 것들이요. 열심히 하나님께 묻는다고 하지만 그저 혼자 중얼거리고 있는 판국입니다.

상담해본 사람 중에 제일 강적이었다. 안 해본 게 없이 추천해줄 수 있는 모든 걸 다해보고 안 된다는 것이다. 이걸 어떻게 해야 하는가. 어떤 방법으로도 안 믿어진다는데….

하루는 내가 집에 들어갔는데 둘째 딸이 방에서 혼자 울고 있었다. 고등학교에 올라가서 입시 스트레스가 몰려오니깐 스스로 마음이 추슬러지지 않는 모양이었다. 나는 딸아이 머리에 손을 얹고 기도했다.

"하나님, 우리 딸에게 힘을 주세요. 공부가 기쁨이 되게 해주세요. 주님께서 우리 딸과 같이 계시지요. 도와주세요."

간절히 기도하고 난 다음에 딸의 반응을 기다렸다. 나는 딸이 "아빠, 너무 고마워요. 그렇게 기도해주셔서 힘이 돼요. 제가 다시 한 번 해볼게요"라고 할 줄 알았다. 목사 딸이라면 당연히 그래야 하지 않겠는가. 우리 교인들 중에 내가 기도해주기를 바라는 분들이 얼마나 많은데. 그런데 딸이 나를 보면서 눈을 동그랗게 뜨고 말했다.

"아빠! 정말 예수님이 내 안에 계신 거예요? 아빠는 진짜 예수님이 마음에 계신 게 믿어져요? 나는 안 믿어져요. 예수님이 정말 내 안에 계신 게 맞아요? 그런데 왜 나는 모르겠지요? 아빠는 정말 예수님이 있는 걸 알고 그렇게 믿는 거예요?"

눈물이 그렁그렁 맺힌 얼굴로 소리를 지르는 딸을 보면서 '아, 우리 교인들이 말은 안 해도 저렇게 말하고 싶겠구나'라는 생각이 들었다. 내가 24시간 주님을 바라보라고 설교할 때, 교인들이 착해서 말은 안 하지만 아마 마음속으로는 이렇게 소리 지를지도 모른다.

"목사님, 진짜 예수님이 목사님 마음에 계신 게 믿어집니까? 난 안 믿어지는데요, 진짜 예수님이 내 안에 계시기는 한 겁니까?"

내가 할 수 있는 일은 딸을 위해서 기도해주는 것밖에 없었다. 그렇게 소리 지르고 우는 딸의 머리에 다시 손을 얹고 기도했다.

"하나님, 눈을 열어주세요. 우리 딸이 정말 주님이 마음에 계신 것이 믿어지게 해주시고, 만나게 해주세요."

그로부터 2년 후, 딸이 고등학교 3학년이 되었다. 학교에 데려다주는데, 갑자기 "아빠, 너무 고마워요"라고 하는 게 아닌가. 나는 학교에 데려다주는 게 고맙다는 건 줄 알고 "아이, 뭐. 당연히 아빠가 해야지" 그랬더니 이런 말을 했다.

"그게 아니고요, 아빠. 제가 솔직히 고등학교 올라와서 신앙적으로 굉장히 회의가 들었어요. 하나님이 안 계신 것 같았어요. 기독교에 대해서 이런저런 이상한 글을 인터넷에서 볼 때마다 오히려 그 말이 더 솔깃하게 느껴졌어요. 그런데 하나님이 안 계시다고 결론 내리지 못했어요. 아빠를 보면 예수님이 마음에 계시다고 하니까 안 계시다고 단정 짓지 못했어요. 하지만 정말 예수님이 내 마음에도 계시다고 믿어지지도 않아서 그냥 결론을 못 내리고 지내왔어요."

그런데 딸이 고3 때, 교회에서 전 교인에게 주님을 바라보는 기도를 매일 하도록 도전했다.

"하나님께 무조건 믿어지게 해달라고 말하지만 말고, 어느 날 성령이 정말 폭포수같이 부어지는 그런 때가 올 거라고 기다리지만 말고, 이미 주님이 내 마음에 계신 것을 믿고 겨자씨만한 믿음이 있다면 그렇게 주님을 생각하는 삶을 한 번 살아보시고 기록을 해보세요."

전 교인에게 영성일기를 쓰는 일을 도전했고 고등부에서도 시작했다. 이때 딸아이도 도전받아 영성일기를 쓰기 시작한 것이다.

"영성일기를 매일 쓰면서 마음에 확신이 없었어요. 그저 떠오르는 생각들, 내 마음에 일어나는 여러 가지를 글로 쓰다 보니까 '이게 뭐지? 내 안에 이런 생각들이 있네? 아, 주님이신가? 주님이시구나! 내 안에서 이렇게 말씀하시는구나. 내 안에서 이렇게 역사하시잖아' 이런 사실을 알게 되었어요. 아빠, 이제는 알겠어요. 예수님이 내 안에도 계시고 계속해서 말씀하신다는 걸요. 이제는 제가 믿을 수 있어요. 아빠, 너무 고마워요."

딸을 데려다주고 돌아오면서 울었다. 무엇을 감추겠는가. 한 집에 같이 사는 딸이 '나는 아빠의 모든 비밀을 알고 있어요. 폭로할 거예요' 이럴 수도 있지 않은가. 믿음이 좋다는 부모님 때문에 오히려 상처를 받아서 하나님으로부터 떠난 사람들도 있고, 내 딸이 믿음이 힘들어서 하나님을 부인할 지경까지 갔는데, 나로 인해서 믿음을 지켰다고 하니 정말 상상할 수 없는 축복이었다.

어떻게 그렇게 할 수 있었을까? 계속해서 주님을 바라보려고 했던 것, 내 안에 계신 주님을 생각하고 또 생각할수록 주님은 더욱 분명해졌다. 주님을 생각하지 않고 사는 것 자체가 어려워졌다. 그거 하나뿐이다. 그리고 그것이 모든 것을 바꾸었다. 지금 이 순간 복음의 비밀을 정확하게 붙잡아야 한다. 우리 안에 계신 그리스도, 그분이면 충분하다. 세상이 어떠하든 간에 우리에게 어떤 문제가 오든지 간에 만왕의 왕, 오직 예수 그리스도 그분이 내 안에 계신다면 충분한 삶, 그런 삶을 살기를 기도한다.

종말의 시대에
복음과 교회

이필찬

Only Jesus Christ

Only Jesus Christ

복음과 예수는 밀접한 관계가 있다. 복음의 중심에 예수가 있다. 복음을 만나는 것은 예수를 만나는 것이다. 그런 의미에서 요한계시록이야말로 복음의 말씀이다. 요한계시록 1장 1절은 이렇게 시작한다.

"예수 그리스도의 계시라…."

이 말은 '예수님이' 계시한 책일 뿐 아니라 '예수님을' 계시한 책이라는 뜻이다. 그래서 요한계시록을 읽을 때 우리는 필연적으로 예수님 외에 그 어떤 것도 만날 수가 없다. 처음부터 끝까지 예수 그리스도이기 때문이다.

이 예수님을 여러 가지 방법으로 이야기할 수 있지만, 요한계시록은 그중에서 중요한 두 개의 키워드를 제시하고 있다. 바로 '종말과 교회'다. 히브리서 1장 1,2절에 보면 '옛적에 선지자들을 통하여 여러 부분과 여러 모양으로 우리 조상들에게 말씀하신 하나님이 이 모든 날 마지막에는 아들을 통하여 우리에게 말씀하셨다'고 한다. 여기서 '이 모든 날 마지막'은 종말을 뜻한다. 구약에서도 하나님은 여러 가지 인물과 사건을 예로 들어 말씀해오셨는데 그것은 다 종말을 준비하신 것이다. 마지막으로 누구도 대신할 수 없는, 또 누구도 그분 대신 이야기할 수 없는 하나님의 말씀, 그것은 바로 아들 예수 그리스도다. 예수님의 오심과 그분의 사역은 종말에 하신 하나님의 말씀이다. 그래서 종말을 말할 때 예수님을 빼놓고 말해서는 안 되고, 말할 수도 없다.

이 구절에서 말하는 예수님의 오심은 초림이다. 예수님이 오신 사건을 통해서 하나님은 그동안 준비하셨던 모든 예비적이고 준비적인 것을 총망라해서 말씀하셨다. 그래서 예수님의 초림은 종말적인 사건이다. 그런데 그 종말이 아직 완성되지 않았다. 완성은 재림 때 될 것이다. 그래서 우리는 시작된 종말과 완성된 종말 사이에 살고 있다. 요한계시록은 바로 이 종말의 시대를 살고 있는 교회에게 하신 말씀이다. '종말의 시대에 교회는 무엇이고 무엇이어야 하는가?'라는 주제에 초점을 맞춰서 세 개의 본문을 살펴볼 것이다. 맨 처음 다룰 본문은 요한계시록 12장이다.

종말의 때, 교회의 영적 전투

요한계시록 12장의 주제는 종말의 시대에 우리 교회가 직면하는 영적 전투 현장을 보여준다. 이 장을 찬찬히 살펴보면서 대략적인 줄거리를 잡아가도록 하겠다.

하늘에 큰 이적이 보이니 해를 옷 입은 한 여자가 있는데 그 발아래에는 달이 있고 그
머리에는 열두 별의 관을 썼더라 이 여자가 아이를 배어 해산하게 되매 아파서 애를 쓰
며 부르짖더라 하늘에 또 다른 이적이 보이니 보라 한 큰 붉은 용이 있어 머리가 일곱
이요 뿔이 열이라 그 여러 머리에 일곱 왕관이 있는데 그 꼬리가 하늘의 별 삼분의 일
을 끌어다가 땅에 던지더라 용이 해산하려는 여자 앞에서 그가 해산하면 그 아이를 삼
키고자 하더니 여자가 아들을 낳으니 이는 장차 철장으로 만국을 다스릴 남자라 그 아
이를 하나님 앞과 그 보좌 앞으로 올려가더라 그 여자가 광야로 도망하매 거기서 천이
백육십 일 동안 그를 양육하기 위하여 하나님께서 예비하신 곳이 있더라 계 12:1-6

1절에 세 등장인물이 나온다. '여자, 용, 여자가 낳은 아이'다. 이 세
캐릭터 사이에서 긴장관계가 발생한다. 용이 아이를 삼키려고 기다리고
있다. 이어서 두 번째 문단을 살펴보자.

하늘에 전쟁이 있으니 미가엘과 그의 사자들이 용과 더불어 싸울새 용과 그의 사자들
도 싸우나 이기지 못하여 다시 하늘에서 그들이 있을 곳을 얻지 못한지라 큰 용이 내쫓
기니 옛 뱀 곧 마귀라고도 하고 사탄이라고도 하며 온 천하를 꾀는 자라 그가 땅으로
내쫓기니 그의 사자들도 그와 함께 내쫓기니라 내가 또 들으니 하늘에 큰 음성이 있어
이르되 이제 우리 하나님의 구원과 능력과 나라와 또 그의 그리스도의 권세가 나타났
으니 우리 형제들을 참소하던 자 곧 우리 하나님 앞에서 밤낮 참소하던 자가 쫓겨났고
또 우리 형제들이 어린양의 피와 자기들이 증언하는 말씀으로써 그를 이겼으니 그들은

죽기까지 자기들의 생명을 아끼지 아니하였도다 그러므로 하늘과 그 가운데에 거하는 자들은 즐거워하라 그러나 땅과 바다는 화 있을진저 이는 마귀가 자기의 때가 얼마 남지 않은 줄을 알므로 크게 분내어 너희에게 내려갔음이라 하더라 계 12:7-12

7절부터 12절까지가 두 번째 문단이다. 여기서도 대표적으로 두 개의 캐릭터가 등장하는데 '미가엘과 용'이다. 첫 번째 문단과 동일하게 여기서도 적대적 긴장관계가 형성된다. 용과 미가엘이 전쟁을 한다. 그렇다면 세 번째 문단으로 넘어가보자.

용이 자기가 땅으로 내쫓긴 것을 보고 남자를 낳은 여자를 박해하는지라 그 여자가 큰 독수리의 두 날개를 받아 광야 자기 곳으로 날아가 거기서 그 뱀의 낯을 피하여 한 때와 두 때와 반 때를 양육받으매 여자의 뒤에서 뱀이 그 입으로 물을 강같이 토하여 여자를 물에 떠내려가게 하려 하되 땅이 여자를 도와 그 입을 벌려 용의 입에서 토한 강물을 삼키니 용이 여자에게 분노하여 돌아가서 그 여자의 남은 자손 곧 하나님의 계명을 지키며 예수의 증거를 가진 자들과 더불어 싸우려고 바다 모래 위에 서 있더라

계 12:13-17

13절부터 12장 끝까지가 세 번째 문단이다. 앞 문단에 등장했던 여자와 용이 다시 등장한다. 앞의 적대적 긴장관계가 계속 이어지는데 파트너가 바뀌었다. 여기서는 용이 여자를 박해한다.

세 문단으로 나누어서 12장을 살펴보았다. 여기서 한 번도 빠지지 않고 등장하는 캐릭터가 용이다. 용이 무엇인지는 9절에 의심할 여지없이

친절하고 정확하게 설명되어 있다. 용은 사탄, 마귀, 옛 뱀이다. 세 문단에서 각각 적대적 긴장관계가 발생했는데 처음에 용이 여자가 낳은 아이를 삼키려고 했고, 두 번째에서는 용이 미가엘과 전쟁하며, 세 번째에서는 용이 여자를 핍박한다.

한 번도 빠지지 않고 용이 계속 등장하면서 바뀔 때마다 싸우고 전쟁하며 잡아먹으려 하고 다투려 하는 걸 관찰할 수 있다. 사탄이 개입돼서 발생하는 긴장 상태를 바로 영적 전투, 영적전쟁이라고 한다. 그리스도인이라면 누구나 언제든 영적 전투 현장에 노출되어 있다. 이 본문은 바로 그러한 현장을 보여주고 있다. 그렇다면 이것은 우리에게 매우 중요하고 도움이 되는 말씀임에 틀림없다. 더 자세히 살펴보도록 하자.

영적 전투의 첫 번째 현장, 예수님 탄생 시

영적 전투의 첫 번째 현장은 바로 예수님의 탄생의 순간이다. 1,2절에 하늘에 큰 이적, 더 정확한 표현은 표적이라는 말이 될 수 있다. 어떤 진리를 표현해주기 위해서 소개되는 사건이나 내용들을 표적이라고 한다. 하늘에 큰 표적이 보이는데, 그 내용을 보니 해를 입은 한 여자가 있다. 그 발아래는 달이 있고 머리에는 열두 별의 관을 썼다.

한번 상상해보자. 머리에는 열두 별의 관이 있고 해를 옷처럼 입고 있는 여자. 해를 입는 건 불가능하다. 하지만 상상 속에서는 가능하다. 따스한 가을 햇살 아래 있으면 해를 입고 싶은 생각이 든다. 동서고금을 막론하고 해와 달과 별은 긍정적인 이미지다. 많은 이들이 해와 달과 별을 보며 시를 짓고 노래를 부르고 춤을 췄다. 성경에서도 대체로 긍정적인 의미로 사용된다. 그렇다면 발아래 달이 있고 머리에 별의 관을 쓰고 해를 입은 이 여자는 매우 긍정적인 대상임을 알 수 있다.

하지만 이것만 가지고는 여자가 무엇인지 잘 알 수 없다. 그런데 본문 속에 여자의 의미에 대한 힌트가 딱 하나 있다. 열두 별! '12'라는 숫자를 들으면 무엇이 생각나는가? 일 년 열두 달, 연필 한 다스? 성도라면 먼저 12지파와 12사도가 생각나기 마련이다. 구약의 이스라엘은 12지파의 기초 위에 세워졌다. 신약에서는 예수님이 12명의 사도를 뽑으셨다. 그리고 사도행전 1장에 보면 베드로가 오순절 사건이 있기 직전에 마가의 다락방에서 사도의 수를 12명으로 채우는 작업을 한다. 오순절 사건은 공식적으로 교회가 출범하는 사건이다. 교회의 공식적인 출범 직전에 사도가 12명이 되어야 했던 것이다.

왜 사도가 12명이어야 할까? 그것은 예수님이 이 땅에 오셔서 축복하신 이스라엘이 교회 공동체를 통해서 세워졌는데 그것은 구약 12지파를 통해서 이루어진 이스라엘의 성취로 12사도를 통해서 교회를 세우시겠다는 목적 때문이다. 그래서 구약의 12지파 다음에 신약의 12사도는 짝이 맞아야 한다. 12명의 사도들에 의해서 세워진 교회는 구약 이스라엘의 약속이고, 오늘날 교회는 약속의 성취이다.

하나님이 종말에 대해 말씀하셨는데 그중 가장 중요한 게 교회를 세우는 것이다. 그래서 우리 한 사람 한 사람이 너무 소중하다. 예수님이 피 흘려 세우신 교회이기 때문이다. 어쨌든 12라는 숫자를 통해서 하나님의 백성과 관련된 무엇이 예상된다는 걸 알 수 있다.

좀 더 자세히 살펴보기 위해 창세기 37장 9,10절 말씀을 참고할 수 있다. 요셉이 꿈을 꿨다. 꿈을 꾸고 기억이 나면 누구한테 가서 말을 하고 싶어지는데 요셉도 예외가 아니었다. 아버지한테 가서 말을 했다. "아버지, 해와 달과 열한 별이 내게 절을 했어요." 아버지가 요셉의 꿈 이야기를 듣고 기분이 나빴다. 해를 아버지인 자신으로 해석하고 달은 엄마, 열한 별은 형제들로 해석했던 것이다. 역사적으로 이 일은 이루어졌다. 여기서 집중할 것은 해와 달과 열한 개의 별에 요셉까지 포함시키면 별이 12개다. 성경에서 해와 달과 12개의 별이 동시에 한 본문에 나오는 것은 이 본문이 유일하다. 물론 해와 달과 별은 나올 수 있지만, 별이 12개가 나오는 경우는 이 본문밖에 없다.

우연치 않게 이 본문을 통해서 해와 달과 12별의 의미를 살펴보니, 요한계시록 12장 1절에 나오는 여자의 모습을 하고 있는 '12별의 관을 쓰고 해를 옷 입고 있고 발아래에 달이 있다'는 이미지가 명확해 보인다. 야곱과 그 어머니, 12명의 아들을 통해서 12지파가 생겨났고 12지파를 통해서 구약의 이스라엘 백성이 이루어졌다. 그러고 보니 해와 달과 12개의 별을 연결시킬 수가 있다. '머리에는 12개의 별과 해를 옷 입고 있고 발아래에 달이 있다'는 것과 이미지가 일치되면서 이 본문을 배경으로 그 이미지가 명확해지는 12지파를 통해서 세워진 구약의 이스라엘이라고 말할 수 있다.

그런데 이 여자가 아들을 낳는데 장차 철장으로 다스릴 남자다. 시편 2편 9절은 "네가 철장으로 그들을 깨뜨림이여 질그릇같이 부수리라 하시도다"라고 한다. 여기서 '철장으로 만국을 다스린다, 철장으로 저희를 깨뜨린다'는 말씀은 "너는 내 아들이라 오늘 내가 너를 낳았도다"(7절)라는 말씀과 함께 구약의 백성들이 메시아를 기대하면서 불렀던 노래 가사다. 그래서 시편 2편은 메시아 시편이라고도 한다.

본문에서 여자가 아들을 낳았다고 할 때 이 아들을 설명하기를 장차 철장과 함께 다스릴 남자라고 함으로써 이 남자가 구약 시편 2편 7절과 9절 말씀을 배경으로 할 때 기대되어왔던 메시아로 오실 예수님을 가리킨다. 신약성경에 보면 이 시편 2편 7절과 9절이 예수님과 관련해서 자주 사용된다. 그래서 신약성경에 근거해서 시편 말씀이 메시아로 '오실 예수님'과 관련해서 예수님의 오심의 의미를 설명하면서 자주 사용되었기 때문에 이 본문을 보고 철장과 다스릴 남자는 메시아로 '오실 예수님'이라고 금방 이해할 수 있다.

그러면 여자는 이스라엘, 아들은 예수님, 여자가 아들을 낳았다는 것은 이스라엘을 통해서 예수님이 오셨다는 말이 된다. 이걸 잘 보여주는 것이 마태복음 1장이다. 아브라함부터 시작해서 낳고 낳고 끝에 예수님이 태어난다. 예수님은 동정녀 마리아를 통해서 오셨고 동시에 구약에서 하나님의 유구한 역사를 통해서 준비하시고 예비하시며 정밀하게 계획하신 결과로 오셨다. 예수님은 하나님의 계획 속에서 그 성취의 열매로 이 모든 날 마지막에 말씀하신 결과로 오신 것이다.

그런데 이사야서 66장 7,8절을 보면 어떻게 해서 이사야서 말씀이 요한계시록 12장 5절 말씀의 배경으로 사용되었는지를 볼 수 있다.

시온은 진통을 하기 전에 해산하며 고통을 당하기 전에 남아를 낳았으니 이러한 일을

들은 자가 누구이며 이러한 일을 본 자가 누구이냐 나라가 어찌 하루에 생기겠으며 민족
이 어찌 한순간에 태어나겠느냐 그러나 시온은 진통하는 즉시 그 아들을 순산하였도다

사 66:7,8

여자가 아들을 낳으니 이는 장차 철장으로 만국을 다스릴 남자라 그 아이를 하나님 앞
과 그 보좌 앞으로 올려가더라 계 12:5

계 12:5	사 66:7,8
여자가 아들을 낳으니 (ἔτεκεν υἱὸν ἄρσεν)	7) 시온은…남아를 낳았으니(ἔτεκεν ἄρσεν) 8) 그러나 시온은 진통하는 즉시 그(녀의)(시온의)아들을 순산하였도다 (ἔτεκεν Σιων τὰ παιδία αὐτῆς)

꼭 글을 몰라도 된다. 글자의 모양만 보라. 모양이 똑같다는 것은 이
말씀의 언어들이 이사야서의 말씀의 언어를 사용하고 있다는 뜻이다.
특별히 '시온은 남아를 낳았다'에서 시온은 구약에서 이스라엘이다. 보
통 이스라엘이 구약에서는 여성으로 사용된다. 그러니까 시온은 여자로
바꿔 말할 수 있다. 여자가 남자를 낳았다. 여자가 아들을 낳았는데 남
자까지 넣어서 번역을 해야 한다. 아들 남자를 낳았다. 똑같은 문구가
이사야서에 있다. 여자가 아들을 낳았다고 하는 이 문구는 매우 단순한
문장이지만 여기에 구약 이사야서 66장 7,8절이 내재되어 있다. 이사야
서 말씀을 잘 살펴보았을 때, 여자가 아들을 낳았다는 말의 의미를 좀
더 풍부하게 이해할 수 있다.
　시온은 구약에서 이스라엘이며 고통으로 아이를 낳았다. 보통 여인이

출산할 때 고통이 있다. 그러나 이 부분은 그런 일반적인 원칙을 빼버린다. 여자가 출산할 때 고통이 있고 또 시온이 고통을 당하는데 남자를 낳았다. 이때 이 남자는 이사야서 본문에서는 메시아를 가리킨다. 그리고 시온을 통해서 메시아가 올 것을 약속하신다. 그런데 이 일을 하나님이 하시기 때문에 그 누구도 방해할 수 없고 어떠한 저항도 하나님의 계획을 이루는 데 방해가 될 수 없다. 하나님이 하시니 신속하게 그 계획이 이루어질 것이다.

8절에 보면 "이러한 일을 들은 자가 누구이며 이러한 일을 본 자가 누구이냐 나라가 어찌 하루에 생기겠으며 민족이 어찌 한순간에 태어나겠느냐"라고 한다. 처음에는 시온이 남자를 낳을 것이다. 이스라엘을 통해서 메시아가 올 것이다. 그다음에 나오는 주제는 나라와 민족이다. 일반적으로 말하면 나라와 민족은 하루아침에 생길 수가 없다. 우리 민족도 30년 동안 일제하에서 많은 고통을 겪다가 독립했다.

지금도 많은 소수 민족들이 독립하기 위해 애쓰고 피 흘리지만 독립하지 못하는 안타까운 일들이 있다. 나라와 민족이 독립한다는 것은 주변 국가들의 이해관계가 있기 때문에 하루아침에 가능한 것이 아니다. 당연한 이야기를 왜 하는가? 그것은 '하나님이 하시면'이라는 말의 행간에 있는 의미 때문이다. 하나님이 하시면 나라와 민족이 하루아침에 될 수 있다! 이스라엘을 통해서 오시는 메시아가 하나님나라를 세우시고 하나님나라의 백성을 불러 모으게 될 것이다. 하루아침에 가능하다. 왜냐하면 하나님이 하시니깐. 이러한 내용이 지금 여자가 아들을 낳았다는 사건에서 성취하는 것이다.

이사야서는 이 비전을 보면서 종말의 성취를 내다보고 있다. 종말에 이러한 일이 일어날 것이다. 요한계시록에서 요한은 이 말씀을 받아다가 설명한다. 예수님의 탄생을 통해서 이사야가 종말적으로 기대했던 하나 님나라가 도래했다. 메시아가 와서 하나님나라를 세우고 그 나라의 백 성을 불러 모은다. 그때 하나님나라의 백성은 교회가 된다. 바로 나와 당신이다. 이 말씀을 정리하면 '여자가 아들을 낳았다'(계 12:5)이다.

이스라엘을 통해서 예수님을 낳으시는데 이사야서 66장 7,8절 말씀을 정리하면 이렇다. '종말에 하나님이 이스라엘을 통해서 메시아를 보 낼 것이다. 누구도 이 계획을 방해할 수 없다. 하나님이 하시니 마치 여자가 아들을 낳을 때 고통 없이 낳는 것처럼 이루어질 것이다.' 그리고 메시아가 와서 하나님나라를 세우시고 그 나라의 백성을 세우신다. 그 일을 오직 예수 그리스도가 하신다. 그래서 예수 그리스도의 오심은 이사야가 바라봤던 종말적 비전의 성취요, 하나님나라의 도래요, 메시아의 오심이요, 또 그 속에 하나님나라의 백성이 돌아오는 교회를 이루게 되는 종말적 사건이다.

옛적에 선지자들을 통하여 여러 부분과 여러 모양으로 우리 조상들에게 말씀하신 하나 님이 히 1:1

히브리서 1장에 1절에서 본 것처럼 이 모든 것을 마지막에 아들을 말씀하셨다는 구체적인 내용을 관찰하고 있는 것이다. 그런데 여기서 문 제가 발생한다. 용이 여자가 해산하면 그 아이를 삼키려고 했다. 사탄이 예수님의 탄생을 원천적으로 봉쇄하려는 것이다.

용과 네 마리 짐승

여기서 잠깐, 왜 사탄을 용이라고 했을까? 우리 동양 문화에서는 용이 좋은 것인데 성경에서는 용을 사탄으로 표현하고 있다. 시편 74편 13절에서는 "주께서 주의 능력으로 바다를 나누시고 물 가운데 용들의 머리를 깨뜨리셨으며"라고 한다. 이 바다를 나누셨다는 게 홍해사건이고, 홍해 앞에서 용들의 머리가 깨진 사람들이 애굽 병사들이다. 두 번째 에스겔서 29장에서는 이렇게 말한다.

> 너는 말하여 이르기를 주 여호와께서 이같이 말씀하시되 애굽의 바로 왕이여 내가 너를 대적하노라 너는 자기의 강들 가운데에 누운 큰 악어라…겔 29:3

여기에 나오는 큰 악어를 영어 성경에서는 용이라고 했다. 이 번역을 참고해서 분명 바로를 용이라고 해석하는 것이다. 두 본문에 보면 애굽의 바로 왕과 병사들을 일컬어서 용 또는 용들로 표현했다고 볼 수 있다. 이 안에서 하나님을 대적하고 하나님의 백성을 핍박하는 가장 대표적인 세력이 애굽의 바로 왕이다. 그래서 구약에서 가장 대표적인 구원 사건이 출애굽이고, 신약에서 가장 대표적인 악의 세력은 사탄이니깐 사탄에 대해 구약을 배경으로 해석하고 있는 것이다. 사탄을 용이라고 표현함으로써 이것을 읽는 독자들이 구약의 바로 왕과 병사들을 다 포함해서 생각하게 했다. 하나님을 대적하던 악의 세력에 대한 이해가 더 넓어지고 사탄의 활동에 대한 의미가 더 풍부해진다.

중국의 상징이 용이라고 해서 중국을 사탄의 나라라고 말하면 안 된다. 어떤 사람이 태몽으로 용꿈을 꿨는데 사탄의 꿈이니깐 금식기도를 많이 하라고 하면 실족한다. 그건 상관이 없다. 문화와 성경은 구분할 줄 알아야 한다. 문화적인 공간과 성경의 표현들과는 구분할 줄 알아야 품격 있는 기독교가 된다.

한 가지 더 말하자면 용의 모습이 열 개의 뿔과 일곱 머리라고 했다. 열 개의 뿔과 일곱 머리의 의미 역시 구약을 통해 살펴볼 필요가 있다. 다니엘서 7장을 보면 네 마리 짐승이 나오는데 그중 넷째 짐승의 뿔이 열 개다. 셋째 짐승을 보면 머리가 넷이라고 되어 있다. 고도의 수학을 해 보자. 네 마리 짐승이 있다. 셋째 짐승의 머리가 네 개라고 했으니 네 마리 짐승의 머리를 다 합치면 몇 개일까? 일곱 개다.

또 하나 넷째 짐승의 뿔이 열 개다. 그럼 네 마리 짐승의 뿔을 다 합치면 몇 개일까? 열 개다. 왜냐하면 아무 말이 없으면 뿔이 없다는 거니까. 그런데 머리는 아무 말을 안 해도 하나씩 있는 것이다. 뿔은 선택 사항이지만 머리는 무조건 있어야 한다. 그러면 '열 개의 뿔, 일곱 개의 머리' 하면 구약에 대한 지식이 굉장히 풍부한 사람들은 다니엘서 7장의 네 마리 짐승을 연상한다. 이 네 마리 짐승이 갖고 있는 의미를 용에게 적용시킨다. 네 마리 짐승이 가지고 있는 의미를 한마디로 표현하면 애굽의 바로와 병사들이 했던 행동들과 똑같다. 하나님을 대적하고 하나님의 백성을 핍박하는 악의 세력이다. 그러니까 이 사탄을 설명하는 데 구약의 두 가지 소스를 다 넣은 것이다. 하나님과 애굽의 왕과 백성들, 또 하나는 다니엘서 7장의 네 마리 짐승. 그럼으로써 사탄에 대한 풍부한 지식을 설명해준다.

실패한 사탄의 역사

하나님을 대적하고 하나님의 백성을 짓밟는 그 용이 지금 어떤 행동을 보이고 있냐면 여자가 낳는 아이를 삼키려 하고 있다. 예수님의 탄생을 사탄은 원천적으로 봉쇄하려 한다고 이해할 수 있다. 실제로 신약성경에 보면 헤롯 대왕이 2세 이하의 모든 아이를 죽였을 때 그 타깃이 예수 그리스도였다. 우리가 요한계시록 본문을 모르고 헤롯 대왕의 행위를 보게 되면 그냥 전제군주의 잔악한 살인 행위였다고 생각할 수 있지만, 이 본문을 통해서 예수 그리스도의 탄생을 방해하려는 사탄의 역사가 배후에서 헤롯 대왕을 충동질했다고 해석할 수 있다.

이와 같이 예수님의 탄생의 순간은 영적 전투의 현장이었다. 예수님의 탄생을 축하하는 성탄절을 의미 있게 보내기 위해서 영적 전투 현장을 다시 한 번 회상해볼 필요가 있다. 보통 성탄절이면 목동들이 있고 '하늘에는 영광, 땅에는 평화' 하면서 잔잔한 분위기를 생각한다. 이면에는 예수님의 탄생을 방해하려는 사탄의 역사가 치열하게 작동했다는 걸 기억하면서 성탄절을 보내면 참 좋겠다.

이러한 사탄의 역사가 실패했다. 5절에 보면 '그 아이를 하나님 앞과 보좌 앞으로 올려가더라'라고 한다. 사탄이 예수님의 탄생을 원천적으로 방해하려고 했지만 그 시도는 실패로 끝나고 만다. 예수님의 승천을 통해서 예수님이 이 땅에 오신 목적을 온전히 이루셨다. 사역의 마침표는 재림을 통해서 이루어지겠지만, 그 승천은 예수님의 공생애를 완성하는 마침표라 할 수 있다.

그런데 6절을 보면 '그 여자가 광야로 도망하매 거기서 1,260일 동안 그를 양육하기 위하여 하나님께서 예비하신 곳이 있더라'라고 한다. 5절에서 용, 여자, 아이의 세 캐릭터가 각각 사탄, 구약의 이스라엘, 예수님의 의미를 갖는 것을 가지고 이 내용을 기억해야 한다. 이 내용 속에서 용이 여자가 낳는 아이를 삼키려고 기다리고 있다. 다시 말해 예수 그리스도의 오심의 사역을 원천봉쇄하려고 하였던 사탄의 시도는 아이가 하늘로 올려짐으로써 실패로 끝난다. 그렇게 여자와 용이 남게 된다. 지금 여자는 출산 가운데서 기진맥진해 있는 상태에서 용이 딱 버티고 있다. 여자가 할 수 있는 유일한 방어는 도망가는 것이다. 그러니까 이 내용을 해석하면, 아이가 하늘로 올라가는 걸 우리가 예수님의 승천이라고 부를 수 있다.

광야에서의 훈련 기간

여자는 광야로 가서 양육을 받는다. 여자는 구약의 이스라엘을 상징한다. 그런데 이 여자가 갖는 의미에 조금 변화가 생긴다. 처음에 구약의 이스라엘로 시작했는데 5절에서 아이가 태어난다. 예수님의 오심으로 구약의 이스라엘은 어떻게 되는가? 앞에서 이 약속에서의 구약의 이스라엘이 신약의 교회가 성취된다고 했다. 그래서 1절에서 여자가 갖는 의미로서 이스라엘이라는 것은 5절에서 예수님의 탄생을 통해서 그 의미가 교회로 발전하게 된다. 이걸 읽어내야 한다. 그러니까 5절 이후의 여자는 예수님의 탄생으로 인하여 구약의 이스라엘로 그대로 남아 있는 게 아니라 신약의 교회로 성취되어서 그 의미가 발전된다.

5절 이후의 여자는 바로 교회의 이야기다. 오늘날 나와 당신을 의미하는 신약의 교회다. 그래서 아이가 하늘로 올라가고 그때로부터 1,260일 동안 광야에서 양육을 받는다. 예수님이 승천하시고 교회가 하나님의 양육을 받는데 이 본문에서는 그 기간을 1,260일이라고 했다. 예수님이 승천하시고 나서 광야와 같은 이 세상에서 나와 당신이 언제까지 하나님의 양육을 받는가? 당연히 재림 때까지다. 그래서 1,260일은 초림부터 재림까지를 의미하는 상징적인 수라고 말할 수 있다.

여자는 구약의 이스라엘을 상징하다가 이제 신약의 교회까지 그 의미가 포함된다. 아이는 예수님(메시아), 용은 사탄이다. 이 이야기가 상징적 이미지를 통해서 전개되고 있다. 그렇다면 1,260일도 문자적으로 해석하면 안 되고 상징적으로 해석해야 한다. 다른 건 상징적으로 해석해놓고 1,260일만 문자적으로 해석하면 모순이다. 1,260일의 시작은 언제인가. 예수님이 하늘로 올라가고 나서부터니까 승천이다. 양육을 받는 대상은 여자다. 교회가 예수님이 승천하시고 내가 세상 끝날까지 너희와 함께할 것이라고 말씀하신다. 양육을 해주시는데 재림 때까지 해주시겠다는 것이다. 그래서 이 양육의 방법으로 예수님이 하늘로 올라가시면서 성령을 보내주셨다. 성령님을 통해서 우리가 하나님을 알게 된다.

그렇다면 왜 1,260일이라는 수를 정했을까? 추적해보니 다니엘서 7장과 12장에 등장한다. 먼저 다니엘서 7장 말씀을 살펴보자.

그가 장차 지극히 높으신 이를 말로 대적하며 또 지극히 높으신 이의 성도를 괴롭게 할 것이며 그가 또 때와 법을 고치고자 할 것이며 성도들은 그의 손에 붙인 바 되어 한 때와 두 때와 반 때를 지내리라 단 7:25

여기서 한 때는 1년이고, 두 때는 2년이고 반 때는 반년이다. 한 달을 30일로 계산하면 곱하기 30을 해서 1,260일이 나온다.
또 하나는 다니엘서 12장에 나온다.

내가 들은즉 그 세마포 옷을 입고 강물 위쪽에 있는 자가 자기의 좌우 손을 들어 하늘을 향하여 영원히 살아 계시는 이를 가리켜 맹세하여 이르되 반드시 한 때 두 때 반 때를 지나서 성도의 권세가 다 깨지기까지이니 그렇게 되면 이 모든 일이 다 끝나리라 하더라 단 12:7

여기서 등장하는 이 기간도 관련이 있다. 이 본문에 나오는 대상은 두 가지인데, '성도의 고난'과 '종말'이다. 성도가 고난을 받을 것인데, 이 양육 때가 지나면 끝날 것이다. 이 두 가지가 콘셉트이다. 이 두 가지의 개념을 요한은 초림 혹은 승천부터 재림까지의 기간을 적용하고 있다. 성도의 고난과 초림 사건, 종말의 시작이다. 재림은 종말의 완성이다. 재림만 종말이 아니다. 예수님의 성육신, 예수님의 공생애, 예수님의 십자가 사건, 부활, 승천이 초림을 구성하고 있다. 히브리서 1장 2절에서 '이 모든 날 마지막에 하나님이 아들로 말씀하셨다'고 했다.

이사야서 66장 7,8절을 배경으로 여자가 아들을 낳았다는 것을 설명했다. 이는 이사야가 종말을 이야기하고 있는 말씀이다. 종말을 얘기하면서 메시아가 올 것이고, 하나님나라가 도래할 것이며, 그 나라의 백성이 이 나라에 들어오게 될 것이라고 말한다. 하나님이 하시니까 그 어떤 방해도 있을 수 없다. 이사야가 그런 비전을 보고 있는데 그것을 요한은 바로 예수님의 탄생의 순간에 적용함으로써 예수님의 탄생이 바로 메시아의 오심이고, 하나님나라의 도래며, 그 나라의 도래로 인해서 그 나라의 백성들이 그 나라에 들어오게 될 것을 말하고 있다. 종말적 사건이다.

그런데 종말이 완성은 아니다. 종말은 재림 때 완성된다. 우리가 바로 초림과 재림 사이에 시작된 종말과 완성될 종말 사이에 살고 있는데 지금 이 본문에서는 이 시대를 광야로 규정하고 있다. 광야에서 생존할 수 있는 유일한 방법은 우물 파고 농사짓고 사업하는 게 아니다. 그렇게 되면 거기는 광야가 아니다. 광야에서의 유일한 생존법은 하나님의 양육을 받는 것이다.

'광야와 양육' 하면 생각나는 게 이스라엘 백성들이 애굽에서 나와서 살았던 40년이다. 우리는 민수기, 출애굽기, 신명기를 통해서 그들이 어떤 오류를 범했고, 하나님이 원하시는 것이 무엇인지에 대해서 너무나 잘 알고 있다. 지금 요한계시록에서는 그러한 삶의 정황이 바로 우리다. 이 광야와 같은 종말의 시대에 성도로서 기대할 수 있고 생존할 수 있는 유일한 방법이 하나님의 양육을 받는 것이다. 내가 아등바등하는 게 아니다. 한 선교사님과 이야기하면서 명언을 하나 들었다. "최선의 끝은 좌절이다." 이 말을 듣는 순간 띵했다. 우리가 뭔가 최선을 다한다고 하는데, 그 끝은 좌절이다.

영적 전투의 두 번째 현장, 하늘에서

영적 전투 첫 번째 현장은 예수님의 탄생 순간이었다. 이제 두 번째 현장으로 안내하겠다.

7절부터 하늘에 전쟁이 있다. 이제 장면이 하늘로 바뀌었다. 왜 하늘로 바뀌었을까? 앞에 힌트가 있다. 아이가 하늘로 올라갔다. 예수님의 승천을 아이가 하늘로 올라갔다는 것을 통해서 말해주고 있다. 그럼 예수님의 승천의 결과는 무엇일까? 7절에 있다. 그 전쟁의 내용을 보니 미가엘과 그의 사자들, 용과 그의 사자들이 싸운다. 미가엘은 간단하게 하나님의 에이전트 정도로 말할 수 있다. 어떤 면에서 이 싸움은 하나님의 전쟁이다. 그러나 하나님이 직접 나서지 않는다. 하나님의 에이전트로서 미가엘이 등장하고 있다. 요즘 말로 밀당이 없고, 그냥 전쟁이 있다고 하며 즉각적인 결과가 나온다.

8절에서 용과 그의 사자들이 이기지 못하여 다시 하늘에서 그들이 있을 곳을 얻지 못하더라. 그래서 9절에 큰 용이 하늘로부터 내쫓겼다. 어떤 분들은 이것을 창세전에 사탄이 타락해서 하나님이 내쫓은 사건으로 해석하는데 그렇지 않는 게 요한계시록 12장을 보면 분명하다.

내가 또 들으니 하늘에 큰 음성이 있어 이르되 이제 우리 하나님의 구원과 능력과 나라

이 사탄이 쫓겨난 걸 통해서 보여주는 상황과 반응이 하나님의 구원이 이루어졌다는 것이다. 창세전부터 하나님의 구원이 이루어졌다고 말할 수 있다. 그러므로 사탄이 쫓겨나게 된 이유는 예수님의 승천의 결과다. 그러면 사탄이 왜 하늘에 있었을까? 어떻게 하늘에 있게 되었을까? 안타깝게도 성경에서 이 부분에 대해서는 침묵하고 있다. 성경에서 침묵하는 것은 우리도 침묵할 필요가 있다.

그러나 성경이 말하는 바는 우리가 알기 위해서 치열하게 공부해야 한다. '가슴은 뜨겁게, 머리는 차갑게.' 머리가 차가우면 가슴이 더 뜨거워질 수 있다. 성령께서 말씀을 통해서 역사하신다. 그래서 우리가 말씀을 정확하게 알고 충만히 할 때 오류 없는 성령충만을 경험하게 된다. 요한계시록 말씀을 통해서 성령께서 세밀한 음성으로 당신에게 말씀하실 것이다.

참소가 끝나다

용, 다시 말해서 사탄이 하늘에서 쫓겨나기 전에 하늘에서 무엇을 하고 있었을까? 이 부분은 성경이 증거하고 있다. 10절에 보면 우리 형제들을 참소했다. 구약에 보면 이 사탄이 하나님의 백성을 참소하는 케이스가 대표적으로 두 개 나온다. 하나는 욥기이고 또 하나는 스가랴서 3장에서 사탄이 이스라엘의 제사장 스가랴를 참소한다. 어떻게 해서 사탄이 그 자리에 있는지는 우리가 다 알 수 없지만 성경이 증거하는 바는 사탄이 하늘에서 참소했다는 것이다. 참소는 죄를 정하는 것인데 이 것은 사탄이 죄에 대한 권세를 갖고 있었다는 의미다. 죄에 대한 권세를 갖고 있었을 뿐 아니라 죄에 대한 권세를 행세했다.

인간에게 있어서 가장 근본적인 문제인 죄에 대해서, 인간의 모든 문제, 나라와 나라의 문제, 사회 문제, 불평등, 양극화, 청년 실업, 이 모든 문제의 뿌리를 찾아보면 결국은 죄다. 그런 현상들뿐 아니라 인간의 내면에서 끊임없이 일어나는 문제들, 고독, 살인, 질투, 경쟁의 근원에 죄가 있다. 그런데 이 죄에 대한 권세를 사탄이 갖고 있었다. 죄에 대한 권세를 사탄이 갖고 있는 한 인간에게는 소망이 없다. 바울이 고백하기를 "오호라 나는 곤고한 사람이로다 이 사망의 몸에서 누가 나를 건져내랴"(롬 7:24)라고 했다.

하지만 기뻐하라. 이 죄에 대한 권세를 괴멸시킨 사건이 있었으니, 바로 예수 그리스도의 승천이다. 예수님의 십자가의 죽음과 부활이 다 포함된다. 예수님의 승천으로 말미암아 사탄이 쫓겨났다. 더는 참소할 수 없게 됐다.

요한계시록 1장 1절 "예수 그리스도의 계시라." 요한계시록은 예수님을 증거한다. 오늘 우리가 바로 예수님의 증거를 갖고 있다. 예수 그리스도의 탄생과 죽음과 부활과 승천을 통해서 죄에 대한 권세로 무자비하게 인간을 묶고 있던 사탄의 권세가 힘을 잃었다. 하늘에서 쫓겨났다. 우리는 단지 죄의식을 갖지 않게 됐다는 심리적인 평안함에 머무르는 게 아니라 존재 자체의 변화를 갖게 됐다. 죄 아래에서 죄의 종으로 죄를 지을 수밖에 없는 처지에 있다가 사탄이 더는 죄에 대한 권세를 행사할 수 없게 되어서 죄에서 해방되고 하나님의 종이 되고, 그리스도 안에 들어오고, 새 창조 안에 들어와서 이제 하나님의 사람으로 살아갈 수 있는 의의 열매를 맺으며 살 수 있는 존재가 되었다.

이러한 하나님의 은혜에 대해 우리가 보여줄 수 있는 반응이 무엇인가? 나는 늘 "복음의 깊이를 깨닫게 해주세요"라고 기도한다. 생각하면 할수록 우리가 깨달을 수 있는 한계가 너무 명확하니까 좀 더 깊이, 더 많이 알고 싶다. 그리고 더 감동하고 싶다. 말씀을 통해서 오늘 우리에게 주어지는 이 감동으로 인해 하나님께 감사하지 않을 수 없다. 어떻게 우리가 하나님께 반응을 보일 수 있겠는가?

하늘에 사는 사람들

"그러므로 하늘과 그 가운데에 거하는 자들은 즐거워하라 그러나 땅과 바다는 화 있을진저…"(계 12:12).

이 말씀에서 두 개의 그룹이 나온다. 하나는 하늘과 그 가운데에 거하는 자들인데, 이를 첫 번째 그룹 A라 하자. 그리고 땅과 바다 그 가운데에 거하는 자들이다. 이걸 B그룹이라고 하자. 우리가 말할 때 반복을 피하려고 단어 하나는 생략할 수가 있다. 여기서는 하늘과 그 가운데 거하는 자들, 땅과 바다와 그 가운데 거하는 자들 이렇게 하면 딱 짝이 맞다. 우리는 어느 그룹에 속할까? 당신은 하늘에 거하는 자인가? 우리는 땅에 사는데 어떻게 하늘에 거한다고 할 수 있을까? 놀라운 일이다. 성도들은 이 땅에 살지만 나중에 죽어서 하늘나라에 가는 것도 맞지만, 살아서 우리는 하늘에 있다. 바울도 이것을 말하고 있다.

허물로 죽은 우리를 그리스도와 함께 살리셨고 (너희는 은혜로 구원을 받은 것이라) 또 함께 일으키사 그리스도 예수 안에서 함께 하늘에 앉히시니 엡 2:5,6.

예수님과 함께 죽었다는 것도 놀라운데 거기서 멈추지 않고 예수님과 함께 살리심을 받았고, 거기서 또 예수님과 함께 하늘에 앉혔다고 한다.

이런 믿음이 있으면 놀라운 일이 일어난다. 현대인들은 만져지고 경험되고 느껴지는 게 진리라고 배우며 살았다. 그런데 기독교 진리는 만져지지 않고, 느껴지지 않으며, 하나님도, 성령님도 안 보인다. 게다가 2,000년 전에 예수님과 함께 십자가에 못 박혔고 예수님과 함께 살리셨으며 함께 하늘에 앉혔다니 도대체 그림이 그려지질 않는다. 그런데 성경은 이것이 진리라고 말하고 있다. 그러니까 이것은 우리가 직면할 수 있기 때문에 믿는 것이 아니라 성령님의 믿게 하심을 통해서 이 현실을 살게 되는 것이다.

그러므로 우리에게는 두 개의 현실이 있다. 내가 발을 땅에 딛고 사는 현실, 성경에서 증거하고 있는 하늘 사람이라고 하는 현실. 요한계시록은 우리가 하늘에 거한다는 걸 굉장히 중요하게 취급한다. 사실 바울이 어떻게 보면 산발적으로 이야기하지만 요한계시록은 아주 중요한 주제다. 4장과 5장에 보면 하늘성전에 대한 이야기가 나오고 24장로가 나온다. 자연스럽게 약속으로서의 구약의 백성과 성취로서의 신약의 백성인 교회, 하나님의 모든 백성이 하나님의 보좌 위에 있다. 요한계시록이 가리키는 바가 이 교회에 대한 초월적인(초월이라는 말은 우리 현실과 동떨어질 수 있는 삶일 수 있는데) 모습, 즉 하늘에 거하는 자로서, 하늘에 거하는 공동체로서의 굉장히 큰 그림이 있다.

　그 이유는 요한계시록의 말씀이 기록된 정황을 알면 더 잘 이해할 수 있다. 요한계시록의 정황은 로마제국이 세계를 지배하던 시대다. 로마는 황제를 숭배하는 것을 통치 이념으로 삼았다. 그래서 세금을 내는 것과 황제를 숭배하는 것은 어떻게 보면 자연스러운 일이며, 시민으로서의 의무였다. 이를 잘 지키면 로마제국이라는 거대 권력이 그들을 보호해준다. 안녕과 복지를 보장한다. 그러나 거부하면 가차 없다. 십자가에 달리고 목 베임을 당한다. 문제는 그리스도인들은 하나님 외에 다른 신을 섬길 수가 없다는 점이었다. 예수 그리스도, 하나님은 만왕의 왕이시요 만주의 주시다. 그래서 목 베임을 당할 수 있음에도 불구하고 황제숭배를 거부해야 되는 것이 바로 요한계시록을 읽었던 서아시아에 있었던 일곱 교회의 성도들이 직면한 상황이었다.

　감옥에 갈 수도 있고, 가족들이 이해해주지 않으며 여러 가지 고난과 고통에 직면할 수밖에 없는 현실 속에서 그것을 극복할 수 있는 방법으로 당신들은 하늘에 있다는 것이다. 하늘에 있는 관점에서 이 세상을 바라보면 이 세상이 어떻게 보일까? 다 지나가는 것이다. 하늘 없이 그냥 이 세상에서만 보면 로마제국의 황제가 역사를 움직이는 것처럼 보일 수 있다. 그러나 하나님의 통치는 영원하다. 그 통치에 당신도 동참했다. 그렇게 되면 로마제국의 황제가 작게 보인다. 그러니까 하늘에 거한다는 말은 그냥 "하늘에 거하니깐 좋아, 즐거워, 기뻐"가 아니라, 그 하늘에 거하는 능력과 정체성을 가지고 이 세상에서 살아내라는 것이다.

　기독교의 가치는 현실 도피가 아니다. 뭔가 심리적인 안정을 찾는 것이 아니다. 위에 있는 하늘의 시민이다. 이 세상에서 그러한 정체성을 가지고 살아내라는 것이다. 황제숭배를 거부하라는 것이다. 그래서 요한계시록에서는 하늘에 거하는 성도, 교회 그 가르침이 굉장히 중요하다.

하늘에 거하는 자들은 무엇 때문에 즐거워하는가? 사탄이 더는 우리를 참소할 수 있는 권리, 죄에 대한 권세를 행사할 수 없다. 우리는 죄로부터 해방되고 하나님의 의의 종이 된 것이다. 예수님을 믿기 전에는 말하는 것도 죄고, 걷는 것도 죄며, 밥 먹는 것도 죄고, 모든 게 다 죄였는데, 이제 존재론적인 변화가 일어나서 우리가 정말 하나님을 따르는 제자가 되었다는 이 사실로 즐거워하는 것이다. 이것이 쉽지 않다. 정말 복음 때문에 즐거워하는 것은 쉽지 않다. 우리가 예수님을 믿고 복음에 대한 감격으로 선교사로 갈 수도 있고, 사역자로 갈 수도 있는데, 가장 하나님이 원하시는 즉각적인 반응이 즐거워하는 것이다. 다른 것을 바랄 게 없다.

'플러스 알파' 말고 오직 예수, 오직 복음 때문에 내가 즐거워하는 것이 주님이 원하시는 것이다. 그런 뒤에야 주님을 위해서 일도 할 수 있다. 지금 이 순간 주님께서 우리에게 원하시는 것은 이것이다. "주님, 즐겁습니다. 감사합니다." 우리 내면의 깊은 곳에서 복음에 대한 감동을 가지고 힘 있게 반응해드리는 것이다. 그러면 주님께서 말씀하실 것이다. "캬, 좋다. 그래, 좋아." 마치 천지창조를 이루시고 "보시기에 좋았더라"라고 하셨던 것처럼. 예수님이 새 창조를 이루셨고 나와 당신이 새 창조 안에 들어와 있다. 그런즉 그리스도 안에 있으면 새로운 피조물이다. 새로운 창조 안에 들어와 있으니깐 새로운 피조물이다. 주님이 즐거워하는 나를 보며 뭐라고 하실까? "그래, 참 보기 좋다"라고 하실 것이다.

요한계시록 12장 12절에서는 "땅과 바다는 화 있을진저…"라고 말한다. 이유가 무엇인가? 땅과 바다와 그 가운데 거하는 자들, 사탄은 이미 종말이 시작됐기 때문에 얼마나 못된 짓을 하는지 모른다. 이제 예수님 재림 때 마지막을 장식하게 되는데 자기도 얼마 남지 않은 걸 알고 화가 난 것이다. 이 화를 누구에게 풀겠는가? 이 본문 맥락에 의하면 우리에게 풀 수밖에 없다. 우리는 이미 그로부터 공격의 대상, 적어도 본문에 의하면 그가 우리를 공격할 수 없는 상태. 분노를 누구를 향해서 풀겠는가? 땅과 바다와 그 가운데 거하는 자들, 불신자들을 향해서다. 그래서 지금 세상이 미쳐가고 있는 것이다. 사탄이 자기의 분노를 거기에 쏟고 있기 때문에. 여기까지가 영적 전투의 두 번째 현장이다.

하늘에서 결과는 사탄의 패배이다. 사탄이 하늘로부터 쫓겨났다. 더는 우리를 참소할 수 없다. 그래서 성경에서는 힘 있게 말한다. "하나님을 가까이하라. 하나님이 너희와 함께할 것이다. 사탄을 대적하라. 사탄이 물러갈 것이다." 우리 삶의 현장에서 이 말씀을 가지고 승리를 선포하라.

영적 전투의 세 번째 현장, 성도의 삶

이제 세 번째 현장으로 안내하겠다.

> 용이 자기가 땅으로 내쫓긴 것을 보고 남자를 낳은 여자를 박해하는지라 계 12:13

13절 이후의 말씀은 7절부터 12절 말씀을 요약하고 있다. 1절부터 6절까지 나오는 내용을 가리키고 있다. 여자는 1절부터 6절에 등장했다. 그러면 이 여자는 구약의 이스라엘일까, 신약의 교회일까? 5절 이후 여자는 다 신약의 교회다. 그러니까 1절부터 이 용이 처음에 하늘에서 살았던 아이가 하늘로 올라가고 여자만 남았다. "꿩 대신 닭"이라고 표적을 잃고 나니 새로운 표적을 향해서 공격의 고삐를 쥐고 있다. 그래서 남자를 낳은 여자를 핍박하고 박해했다. 이 상태를 보면 용이 하늘로부터 쫓겨났으니 권세가 있는 상태일까, 없는 상태일까? 상황을 감지하고 이 본문을 읽을 필요가 있다.

> 그 여자가 큰 독수리의 두 날개를 받아 광야 자기 곳으로 날아가 거기서 그 뱀의 낯을 피하여 한 때와 두 때와 반 때를 양육받으매 계 12:14

이 말은 6절과 똑같은 내용이다.

> 그 여자가 광야로 도망하매 거기서 천이백육십 일 동안 그를 양육하기 위하여 하나님께서 예비하신 곳이 있더라 계 12:6

여자, 광야, 그다음에 1,260일(한 때 두 때 반 때) 그리고 양육까지는 같다. 그다음에 딱 하나 아주 결정적인 차이가 있다. 도망갔다고 했는데 14절에서는 큰 독수리의 두 날개를 받아 우아하게 날아갔다. 왜 이러한 변화가 생겼는가? 사탄이 쫓겨났기 때문이다. 이런 변화가 바로 결정적으로 7절부터 12절 말씀에 의해 초래되었다. 우리는 독수리 같은 존재다. 사탄이 우리를 참소할 수 없다. 죄의 종으로부터 해방되어 하나님의 의의 종이 되어 살 수 있게 되었으므로 우리는 독수리와 같은 존재다.

그런데 어떤 이들은 "나는 참새로 족해"라고 하면서 적당히 날고 싶어 한다. 어떤 이들은 다음과 같은 태도를 취한다. "병아리처럼 날개가 있는 것만으로도 만족해. 흉내만 내보겠어." 하나님의 기대는 병아리도 아니고 참새도 아니고 독수리가 날개를 치며 창공을 나는 것 같은 기상을 가진 성도의 모습이다. 오늘 이 말씀을 통해서 우리의 정체성을 다시 한 번 확인할 수 있다.

> 여자의 뒤에서 뱀이 그 입으로 물을 강같이 토하여 여자를 물에 떠내려가게 하려 하되
>
> 계 12:15

갑자기 용이 뱀으로 바뀌었다. 이런 걸 설명하기 위해서 관찰하면서 질문을 해야 한다. 용이 왜 뱀으로 바뀌었을까? 어떤 이가 농담으로 이런 말을 한 적이 있다. "제가 대단한 걸 발견했어요. 용두사미예요." 용으로 시작했다가 뱀으로 끝났다. 내가 되물었다. "왜 그렇습니까?" "아, 쫓겨났지 않습니까?" 나도 처음에는 그럴듯하다고 생각했다가 가만히 보니깐 약간 문제가 있다. 만약 성경에서 뱀이 매우 미약한 존재로 사용된 경우가 있었다면 용두사미가 딱 맞다. 그런데 성경에 그런

경우가 없다.

그러면 왜 뱀으로 바뀌었을까? 뱀 하면 생각나는 게 에덴동산이다. 그래서 9절에 보면 용을 '옛 뱀'이라고 한다. 이때 이 본문은 출애굽 사건, 광야 양육도 연상시키고 다니엘서 7장의 네 마리 짐승도 연상시키면서 이걸 읽는 사람들에게 거슬러 올라가 생각하도록 유도하고 있다. 영적 전투가 이미 시작되었다.

에덴동산에서 옛 뱀을 통해서 역사한 사탄이 그 전쟁에서 승리했다. 그리고 인간이 실패했다. 하나님이 패배한 게 아니다. 조금 미묘한 부분이 있는데 그건 여기서는 넘어간다. 어쨌든 이 본문에서는 에덴동산에서 사탄이 성공했다. 하지만 그 성공이 최종은 아니다. 그 순간에 하나님은 여기서 포기하지 않으신다. 천지만물을 창조하시고 나서 인간의 불순종에 의해서 에덴동산의 시스템이 망가진 정확한 시점에 하나님이 무엇인가 선택을 한다. 초월적인 차원에서는 하나님이 다 개입하셨다. 그러나 우리가 그렇게 말을 하면 성경 해석이 안 되고 우리는 신앙 속에서 이야기를 해야 되니 선악과를 먹고 타락한 그 지점에서 '아, 이제 그만둘까?'라는 생각을 할 수 있다. 또 하나는 새로운 역사를 경영해갔을 수도 있다. '다시 가자'라는 생각.

결과적으로는 하나님이 우리를 포기하지 않으시고 새로운 역사를 경영하시고 준비하시다가 마지막 때 예수 그리스도를 통해서 말씀하셨다. 예수님을 통해서 하나님의 이 승리를 이루셨다. 그래서 이 본문에 보면 지금 첫 번째 영적전쟁이자 두 번째 영적전쟁이자 이제 세 번째 영적전쟁이 나온다.

첫 번째는 하나님이 승리하셨다. 예수님이 하늘로 올라가면서 예수님이 승리하셨고, 사탄이 실패했다. 에덴동산에서 사탄이 간교하게 아담과 하와를 속이고 속였다. 잠깐 승리한 듯 보였지만 하나님이 이 구속의 역사를 경영해가시다가 마침내 승리를 거두시게 된다. 이런 현장과 맥락 속에서 다시 한 번 에덴동산을 연상하게 된다. 옛 뱀과 또 뱀이라고 했다. 에덴동산에서 뱀이 여자를 공격할 때 승리했다. 다시 상황을 재연한 것이다. 물론 이번 결과는 다르다.

여자의 뒤에서 뱀이 그 입으로 물을 강같이 토하여 여자를 물에 떠내려가게 하려 하되

계 12:15

뱀의 간교가 여기서 드러난다. 여자를 공격한 것도 못됐는데 뒤에서 간교하게 공격한다. 사탄이 공격할 때 준비하라고 광고하고 공격하지 않는다. 뒤에서 부지불식간에 갑자기 물을 강같이 토하여 여자를 떠내려가게 했다.

여기서 어떤 사건이 연상되는가? 요한계시록을 읽을 때는 이미지가 연상되어야 된다. 요한계시록은 구약을 모르면 해석할 수가 없다. 이 모든 표현들이 다 구약에서 가져와 이미지화시켜 놓은 것이기 때문이다. 홍해사건에서 하나님이 애굽의 병사들을 떠내려가게 한다. 즉 하나님이 용들을 물에 떠내려가게 했다. 여기서는 입장이 바뀌어서 용이 하나님의 백성으로서 여자를 물에 떠내려가게 한다. 한마디로 그때와 이때를 비교하라는 말이다.

홍해사건에서는 하나님이 용들을 심판했다. 누구도 하나님의 심판 앞에 저항할 수 없이 다 물에 떠내려가고 말았다. 입장이 바뀌어 용이 여자를, 그러니까 하나님 백성을 물에 떠내려가게 하려 했다. 땅이 입을 벌려 물을 다 삼키고 사탄의 공격은 실패로 끝나고 만다.

영적 전투의 세 번째 현장은 성도들의 삶의 현장 속에 일어나고 있다. 그런데 이 영적 전투의 세 번째 현장, 다시 말하면 성도들의 삶의 현장 속에서 사탄이 공격해오는데 그 결과는 어떻게 되는가? 오늘 본문이 증거하는 것처럼 성도의 승리로 끝난다. 홍해사건과 비교를 통해서 '하나님이 성도의 삶의 현장을 통해서 얼마나 효과적으로 보호하시고 승리를 보장하시는가' 하는 것을 아주 드라마틱하게 전달하고 있다.

지금까지 초림과 재림, 종말의 시대에 성도들이 처한 영적전쟁의 현장과 그 영적전쟁의 판도가 어떻게 정해졌는지 말씀을 통해서 정리해보았다. 첫 번째는 예수님의 탄생의 현장에서, 두 번째는 하늘에서, 세 번째는 성도가 살아가는 삶의 현장에서다. 이 모든 현장에서 사탄은 패배했고 하나님은 승리했다. 물론 나와 당신도 승리했다. 이 승리가 당신의 삶에 일어나기를 바란다. 그리고 그 승리를 선포하고 누리고 나누자.

반드시 신속하게 되어야만 할 일

'종말의 시대에 교회는 무엇이고 무엇이어야 하는가?'라는 주제에 초점을 맞춰서 두 번째 본문, 요한계시록 1장 1-7절을 살펴보도록 하겠다.

요한계시록 1장 1절은 이렇게 시작한다.

"예수 그리스도의 계시라."

이는 "예수님이 계시한 책이다"라는 말임과 동시에, '예수님을 계시한 것'이라는 말이다. 예수님이 계시한 책이고 예수님을 계시한 책이다. 그러므로 요한계시록을 읽을 때 처음부터 끝까지 우리는 예수님에게 관심을 가져야 한다. 예수님을 생각하면 무엇이 떠오르는가? 여러 가지가 있겠지만, 그중 예수님이 하신 사역을 생각할 수 있다. 중요한 것은 종말을 가져오셨다는 것이다. 이번 장에서는 주로 종말에 대한 이야기를 하게 될 것이다.

"예수 그리스도의 계시라" 다음에 곧바로 '이는'이라는 말이 이어져 '계시'를 이어받고 있다. 이 계시는 하나님이 예수님에게 주셨는데, 그 목적이 반드시 속히 될 일을 그 종들에게 보여주기 위해서라는 것이다. 계시해주셨다는 것은 예수님께 이 계시를 위탁해주셨다는 것이다. 하나님과 예수님은 계시를 공유하는 관계이다. 그래서 주셨다는 것은 함께 공유했다는 것이므로 이 요한계시록의 말씀이 예수 그리스도의 계시인 것이다. 주신 목적은 반드시 속히 될 일을 그 종들에게 보여주기 위해서다. 우리가 주목할 것은 '반드시 속히 일어날 일'이다.

우리말 번역을 보면, 앞으로 될 사건들을 가리키는 것으로 이해하기가 쉽다. 그런데 이 번역은 조금 교정할 필요가 있다. 정확하게 번역하면, '신속하게 되어져야만 하는 것들'이라고 할 수 있다. 이러한 문구가 마태복음 16장 21절에도 있다.

"예수 그리스도께서 자기가 예루살렘에 올라가 장로들과 대제사장들과 서기관들에게 많은 고난을 받고 죽임을 당하고 제삼 일에 살아나야 할 것을 제자들에게 비로소 나타내시니."

여기서 '고난을 받고 죽임을 당하고'를 정확하게 번역하면 '반드시 받아야 하고, 반드시 죽임을 당해야 하고'이다. "제삼 일에 살아나야 할 것을 제자들에게 비유로 가르치시느니라." 마지막에만 '살아나야 한다'라고 했는데 사실 앞의 두 개에도 '해야 한다'라고 적용되어야 한다. 이에 준해 번역을 하면 이렇다.

"고난을 반드시 받아야 하고, 반드시 죽임을 당해야 하고, 제삼 일에 반드시 살아나야만 할 것이다."

예수님이 당신의 고난과 죽음과 부활을 말씀하시는데, "나는 고난받을 것이고, 죽임당할 것이며, 삼 일 만에 살아날 것이다" 이렇게 말씀하지 않으시고 다음과 같이 말했다. "나는 반드시 죽임을 당해야 하고, 반드시 고난을 받아야 하며, 반드시 죽임을 당해야 하고, 제삼 일에 반드시 살아야 한다." 이 둘의 차이가 뭘까? 전자는 예수님의 고난과 죽음과 부활을 예견하는 것이고, 후자는 예수님의 고난과 죽음과 부활이 하나님의 뜻이기 때문에 필연적으로 일어나야 한다는 것이다. 예수님의 삶과 죽음은 하나님의 뜻으로 정해져서 십자가를 향하여 가야만 했던 것이다.

참고로 여기에 사용된 '반드시 …해야만 한다'라는 표현이 1장에 '반드시 …되어져야 한다'라는 것에 사용되고 있다. 그런데 '반드시 …되어져야 한다'라는 말은 보통 성경에서 하나님의 뜻을 가리켜서 표현할 때 주로 사용된다. 여기서 '반드시, 속히'라는 말은 신속하게 될 일이라기보다는 되어져야만 한다는 의미로 해석해야 한다.

이 마태복음의 용례를 적용하면 여기서 말하고 있는 '반드시, 신속하게' 되어야만 하는 것은 불특정 다수의 사건을 가리켜 말하는 것이 아니라 '하나님의 뜻'이라는 데 초점이 맞춰져 있다. 그러므로 요한계시록은 앞으로 일어날 어떤 사건들에 대한 시나리오를 보여주기 위해서가 아니라 하나님의 뜻과 계획을 보여주기 위해 기록된 책이라고 정리할 수 있다.

단 2:28,29(저자 직해)	계 1:1
28) 그가 느부갓네살 왕에게 날들의 마지막에 반드시 되어져야만 하는 것들을 알게 하셨나이다 29) …당신은 날들의 마지막에 되어져야만 하는 모든 것들을 보았습니다. 그리고 비밀을 계시하시는 분이 당신에게 반드시 되어져야만 하는 것들을 알게 하셨습니다.	반드시 속히 일어날 일들을 그 종들에게 보이시려고
28) <u>ἐδήλωσε</u> τῷ βασιλεῖ Ναβουχοδονοσορ ἃ δεῖ γενέσθαι ἐπ᾽ ἐσχάτων τῶν ἡμερῶν	<u>δεῖξαι</u> τοῖς δούλοις αὐτοῦ ἃ δεῖ γενέσθαι ἐν τάχει
29) σύ, βασιλεῦ, κατακλιθεὶς ἐπὶ τῆς κοίτης σου ἑώρακας πάντα, ὅσα δεῖ γενέσθαι ἐπ᾽ ἐσχάτων τῶν ἡμερῶν, και ὁ ἀνακαλύπτων μυστήρια ἐδήλωσέ σοι ἃ δεῖ γενέσθαι.	

이 표를 보면 요한계시록 1장 1절은 다니엘서 2장 28절 말씀을 인용하여 사용하고 있다고 생각할 수 있다. 이럴 때, '반드시, 신속하게, 되어져야만 한다'는 그 말의 의미를 더 정확하게 이해하려면 다니엘서의 문맥 속에서 이 말이 어떻게 사용되었는지를 봐야 한다. "그가 느부갓네살 왕에게 후일(종말)에 될 일을 알게 하셨나이다"(단 2:28)에서 '그'는 하나님이다. 하나님이 느부갓네살 왕에게 종말에 필연적으로 반드시 일어나야만 하는 것들을 알게 하셨다.

다니엘서 2장의 스토리는 느부갓네살 왕이 꿈을 꾸는 데서 시작된다.

고대 사회에서 왕이 꿈꿨다는 것은 신의 계시라고 생각해서 종종 왕은 나라의 정책을 결정할 때, 자신의 꿈을 사용했다. 그리고 그 꿈을 해석하는 참모들을 주변에 두었다. 이날 왕이 꾼 꿈이 예사롭지 않았다. 그래서 꿈의 의미를 정확하게 알기 위해서 전국에 꿈을 해석하는 사람인 박사들을 불렀다. 그들을 앞에 세워놓고 그가 꾼 꿈을 해석하라고 했다. 해석을 잘해주면 왕의 눈에 들어 출세할 수 있는 기회였다. 다들 의기양양해서 왕의 꿈을 해석하려고 준비하고 있었다. 그런데 문제가 생겼다. 왕이 무슨 꿈을 꿨는지 얘기를 안 해주는 것이다.

왜 안 해줄까? 변별력 때문이다. 꿈 얘기를 해주고 해석하면 백 명이면 백 개의 해석이 나올 수 있고, 무엇이 정확한지 모르는 것이다. 꿈의 내용을 대충 헤아릴 수 있으면 자기도 대충 판단해서 결정할 수 있겠지만 이건 쉽지 않은 것이다. 그러니까 모여 있던 박사들이 한마디씩 한다.

"아니, 꿈 얘기도 안 해주고 어떻게 꿈을 해석하라고 합니까?"

왕의 입장에서는 그렇게 불평하는 박사들이 변명한다고 생각해서 다 죽인다. 오늘날이라면 일어날 수 없는 일이지만 그때는 그랬다. 다니엘의 차례가 왔다. 죽음의 위기에서 다니엘이 하나님 앞에 기도하는데, 하나님이 다니엘에게 꿈의 내용을 알려주신다. 뿐만 아니라 꿈의 의미도 해석해주신다. 이 모든 과정을 다 하나님이 섭리하셨다고 볼 수 있다. 꿈을 정확하게 알아볼 수 있는 다니엘의 변별력을 정확하게 드러냄으로써 해석의 권위를 유일하게 그에게 세워줄 수 있었기 때문이다. 다니엘이 왕에게 말한다.

"하나님이 당신에게 종말에 반드시 될 일을 알게 하십니다."

결국 왕이 꾼 꿈의 내용이 하나님이 개입하신 종말적 사건이다. 다니엘이 왕에게 꿈의 내용을 얘기해주고, 해석해준다. 해석의 결론이 바로 2장에 나온다.

이 여러 왕들의 시대에 하늘의 하나님이 한 나라를 세우시리니 이것은 영원히 망하지도 아니할 것이요 그 국권이 다른 백성에게로 돌아가지도 아니할 것이요 도리어 이 모든 나라를 쳐서 멸망시키고 영원히 설 것이라 손대지 아니한 돌이 산에서 나와서 쇠와 놋과 진흙과 은과 금을 부서뜨린 것을 왕께서 보신 것은 크신 하나님이 장래 일을 왕께 알게 하신 것이라 이 꿈은 참되고 이 해석은 확실하니이다 하니 단 2:44,45

이 말씀 속에서 다니엘이 왕의 꿈을 해석한 내용의 핵심이 잘 드러난다. 하늘의 하나님이 한 나라를 세우시는데, 이 나라는 영원히 망하지 않는다. 이 세상의 나라는 다 망하고 없어질 것이지만 하나님의 나라는 영원할 것이다.

"그 국권이 다른 백성에게로 돌아가지도 아니할 것이요 도리어 이 모든 나라를 쳐서 멸망시키고 영원히 설 것이라"에서 '이 모든 나라' 가운데 지금 다니엘이 얘기하고 있는 느부갓네살 왕이 다스리는 바벨론 제국도 포함된다. 이 당시에 바벨론 제국은 절대왕국이다. 그런데 유대 청년 하나가 하나님의 계시를 받고 왕 앞에 서서 선포하고 있다.

"당신의 나라도 하나님의 나라에 의해서 멸망받을 수 있다."

이러한 과정 없이 맨 정신으로 얘기했다면 다니엘은 능지처참감이다. 왕이 만들어놓은 게임의 룰 속에서 당당하게 다니엘이 이겼다. 꿈을 알아맞혔을 뿐만 아니라 왕이 설득당할 정도로 정확하게 그 꿈의 내용까지 설명한다.

어쨌든 이 꿈의 내용의 중요한 주제는 하나님의 나라를 종말에 세우실 것이다. 종말에 반드시 일어나야만 하는 것이다. 이것을 지금 요한계시록에서 받고 있다. 반드시, 신속하게, 되어져야만 하는 것들을 보여주기 위해서라고 하는 요한계시록 1장 1절의 말씀은 구약의 다니엘서 2장 28절의 말씀과 대화를 하고 있다.

그래서 다니엘에게는 이게 먼 훗날이다. 종말 때, 반드시 하나님나라가 세워질 것이라고 약속하고 있다. 그런데 지금 요한계시록 1장 1절에서 다니엘의 관점에서 종말에 이루어질 하나님의 도래는 신속하게, 지체되지 않고, 반드시 일어나야 하는 것으로 기록하고 있다.

그 하나님나라가 예수 그리스도를 통해서 이 땅에 신속하게 이루어질 것을 보여주고 있는 본문이 바로 이 본문이다. 그러므로 요한계시록은 미래에 일어날 어떤 사건들의 시나리오를 미리 예시해서 보여준다기보다는 하나님의 뜻과 계획, 즉 하나님의 나라, 다니엘이 꿈꾸고 기대했던 그 하나님의 나라가 예수 그리스도를 통해서 신속하게 지체되지 않고 이뤄져야만 한다는 것을 보여주기 위해 기록된 것이다.

요한계시록 예언의 의미

그러면 우리가 요한계시록을 읽으면서 어디에 관심을 가져야 할까? '3차 세계대전이 언제 일어날까?' 이런 것을 점치는 게 요한계시록이 아니다. 요한계시록은 하나님의 구속 계획, 구약에서 약속한 하나님의 뜻과 계획이 예수 그리스도를 통해서 이루어졌음을 보여주기 위해 기록된 책이다. 그래서 우리는 요한계시록을 읽을 때, 예수 그리스도를 통해서 어떻게 하나님의 뜻이 이루어졌는가를 관심을 갖고 봐야 한다. 물론 하나님의 나라는 성취는 되지만 아직 완성되지는 않았다. 그 완성은 재림 때 된다.

여기서 초림과 재림과의 중요한 관계가 성립된다. 재림은 초림 없이 존재하지 않는다. 왜냐하면 재림은 초림을 통해서 성취된 하나님의 뜻을 완성하는 단계다. 그래서 초림 없이 재림을 논하는 것은 상당한 부작용을 초래할 수 있다. 요한계시록의 상당히 많은 부분이 우리가 생각하는 것처럼 재림에 대한 것이라기보다 초림에 관련된 부분이라는 것을 확인할 수 있다.

> 이 예언의 말씀을 읽는 자와 듣는 자와 그 가운데에 기록한 것을 지키는 자는 복이 있
> 나니 때가 가까움이라 계 1:3

여기서 요한계시록을 예언의 말씀이라고 표현한다. 1장 1절에서는 요한계시록이 예수 그리스도의 계시라고 했고 여기서는 예언의 말씀이라고 한다.

예언이라고 하면 대부분의 사람들이 미래에 대한 이야기라고 생각하는 경향이 있다. 한자로 보면 미래 '예'자에 말씀 '언'자 해서 사전적 의미는 대략 그렇게 나온다. 그런데 우리가 사용하는 언어적 의미와 성경에

쓰여 있는 언어와는 차이가 있다. 그중 대표적인 것이 예언이다. 성경에서 예언은 대언한다는 뜻이다. 선지자들이 하나님의 말씀을 받아서 대언을 했다. 헬라어든 히브리어든 성경에서 예언은 '대언하다'라는 뜻을 가진다.

어떤 내용을 대언했는지는 예언 사역을 했던 선지자들의 말씀의 내용을 추려보면 알 수 있다. 이사야, 예레미야, 에스겔 같은 선지자들의 경우를 한번 생각해보자. 선지자들이 말씀 선포의 출발점으로 삼았던 것, 사상의 베이스에 깔려 있는 내용은 창조주 하나님이다. 이 사상이 선지자들의 말씀 근저에 쫙 깔려 있다. 그다음에 나오는 말씀의 내용 중에 구속주 하나님이시다. 창조주 하나님이 특별히 이스라엘 백성들을 종 되었던 애굽에서 건져내셨다. 그래서 이 출애굽 사건을 통해서 하나님과 이스라엘 백성 간의 관계는 언약적 관계가 된다. 보통 이방 나라들과는 다른 특별한 하나님과의 관계를 가지게 된다. 창조주이시며, 구속주이신 하나님.

그다음에 나오는 내용이 이스라엘 백성들이 그런 하나님의 말씀을 순종하지 않았다. 특히 모세의 율법을 통해서 그 증거로 이스라엘 백성들이 얼마나 하나님 앞에 범죄했는가에 대한 적나라한 지적이 나온다. 그러니까 이스라엘 백성들이 범죄한 상황을 성립시킨 건, 그들이 하나님의 언약적 관계 속에 있다는 것이다. 그것보다 더 거슬러 올라가는 것은 그 하나님이 창조주이고, 구속주이며, 하나님 앞에 이스라엘 백성들이 쉬쉬하지 못했다. 그래서 우상을 섬기고 숭배사상을 띠고 이방인들과 짝하고 율법을 어기는 얘기들을 한다.

그다음에 나오는 게 심판이다. 불순종한 죄에 대해서 심판받을 수밖에 없다. 그런데 이 심판은 그들을 거룩하게 하기 위함이다. 그다음에 나오는 내용이 회복이다. 여기서 창조주부터 시작해서 구속주이시고, 구속주 앞에 이스라엘 백성들이 얼마나 범죄했으며, 하나님이 그들을 심판할 수밖에 없었음을 밝히고 나서 그들을 회복시키겠다는 약속이다.

여기에는 과거와 현재, 미래도 있다. 심판과 회복은 미래 시점이니까. 그래서 이 예언의 말씀이라고 할 때 이것은 단순히 미래적인 의미로만 이해해서는 안 되고 과거와 현재와 미래가 유기적으로 통합되어서 하나님의 뜻과 계획을 대언한 내용이라고 할 수 있다.

성경적 의미의 예언이란 하나님의 말씀을 대언하는 것인데, 그 말씀의 대언으로서 창조주시며, 구속주이신 하나님 앞에 이스라엘 백성들이 얼마나 불신실했는가에 대해서 하나님이 심판하시고 회복하시겠다는 것이 바로 예언의 내용이다.

그런 의미에서 요한계시록의 예언 말씀의 의미를 이해해야 한다. 그렇지 않고 예언을 미래에 일어날 사건들을 예기, 예시해놓은 것으로 생각하고 요한계시록을 통해서 우리가 남들이 모르는 특별한 지식을 알려고 하거나 인생을 성공적으로 편안하게 살려고 하면 점치는 것과 똑같다. 점보는 심리가 미래에 대해서 불안하니까 알고 싶은 것 아닌가.

내가 요한계시록을 강의하러 가면 사람들이 미래에 대한 시나리오를 적시, 정확하게 보여줄 걸로 기대한다. 그러나 그렇지 않다. 요한계시록은 하나님의 뜻을 기록하고 있다. 요한계시록의 맨 처음 1장 1절에 반드시, 신속하게 되어야 하는 것들을 보여주기 위해서 하나님이 예수님에게 계시를 주셨다. 그럼 우리가 요한계시록을 통해서 기대할 수 있는 내용은 하나님의 나라가 어떻게 예수님을 통해서 이 땅에 임했는가를 말씀을 통해서 배우는 것이다. 그리고 우리가 하나님과 예수님 앞에 어떠한 제자가 될 것인가 살피는 것이 요한계시록을 읽는 올바른 우리의 자세다. 요한계시록을 노스트라다무스의 예언집처럼 전락시켜버린 게 그리스도인들이다. 그런 생각을 교정할 필요가 있다.

'예언의 말씀을 읽는 자와 듣는 자와 그 가운데에 기록한 것을 지키는 자는 복이 있다'고 말한다. 개역개정에서는 '읽는 자, 듣는 자, 지키는 자'를 다 단수로 통일시켰다. 그런데 개역한글에서는 '읽는 자와 듣는 자들, 지키는 자들' 복수로 되어 있다. 원문에는 개역한글처럼 되어 있다. 왜 읽는 자는 단수일까? 당시에 성경을 예배 때 주로 사용했는데 한 사람이 나와서 읽었다. 그래서 읽는 자가 단수다. 나머지 청중들은 복수다. 그래서 듣고 지키는 자들이라고 표현했다.

여기서 중요한 것은 듣는 자들과 그 가운데 기록한 것을 지키는 자들이 따로 떨어져 있어 듣는 자들 따로, 지키는 자들 따로 있는 것처럼 보이는데 더 정확하게 번역하면, '듣고 그 가운데 기록한 것을 지킨 자들이 복이 있다'로 해야 한다. 듣는 것과 지키는 것은 하나의 인격 속에서 동시에 일어나는 사건이다. 듣는 것 따로, 지키는 것 따로가 아니라 들었으면 반드시 지키는 것이 필연적으로 따라와야 한다.

그러므로 우리가 요한계시록을 들었다고 하면 이 들음에 대한 순종이 반드시 있어야 한다. 요한계시록 말씀을 들었는데, 삶에 변화가 없다면 어디 가서 요한계시록을 들었다는 말도 하지 말라는 것이다.

어떻게 살아야 하는가

이 요한계시록은 로마제국 황제가 절대적인 권력을 가진 신으로서 숭배를 받았던 시기에 쓰였다. 통치하는 식민지나 자기의 제국이나 어디나 황제를 숭배하도록 강요했다. 그런데 그리스도인들은 황제를 숭배할 수 없는 입장이다. 요한계시록은 바로 이 문제를 다루고 있다. "황제 숭배를 하지 말고, 하나님만을 믿으라." 요한계시록 1장을 보자.

요한은 아시아에 있는 일곱 교회에 편지하노니… 계 1:4

요한은 아시아에 있는 일곱 교회에 편지한다. 요한계시록의 특징 세 가지가 다 나왔다. 첫째, 요한계시록은 예수님의 계시다. 둘째, 요한계시록은 예언의 말씀이다. 셋째, 요한계시록은 편지이다.

사실 성경 가운데 세 개의 장르가 조화를 이룬 성경은 없다. 아주 정교한 구성을 갖고 있다. 그런데 편지라고 하는 것은 굉장히 시사하는 바가 많다. 편지는 굉장히 개별적이다. 발신자와 수신자 사이에 주고받는 대화이다. A가 B에게 편지를 보냈을 때, 제삼자가 그 편지를 이해하기 위해서는 당사자 간에 주고받았던 언어에 적응해야 한다. 그 언어를 배워야 한다. 그렇지 않고 자기 나름대로 생각해서 '이건 저런 일이고 저건 저런 일이다'라고 판단을 내리면 당사자 간에 주고받았던 내용들이 왜곡될 수 있다. 이해하기 쉬운 것도 있지만 당사자 간에만 쓰는 은어들은 배워야 그 내용을 파악할 수 있다. 요한계시록도 마찬가지다.

예를 들면 666이 '베리칩'이라고 주장하는 경우가 많다. 그런데 편지라는 걸 가지고 생각을 해보자. 발신자는 요한이고, 수신자는 소아시아에 살고 있는 일곱 교회 성도들이다. 그러면 당사자가 베리칩을 알았을까? 당사자도 모르는 것을 우리가 '이건 이런 의미'라고 정하면 안 된다. 666은 요한과 이 일곱 교회 성도들 사이에서 어떤 의미로 주고받았는가를 알아야 그 의미가 정확하게 이해된다.

내가 말하고자 하는 것은 요한계시록이 당시에 어떠한 정황 속에서 기록됐느냐는 것이다. 로마제국 황제가 통치하면서 황제숭배를 강요했던 시대에 성도들은 황제숭배를 받아들일 수 없던 상황에서 요한은 일곱 교회 성도들에게 권면하고 있다. "황제숭배를 하지 말고 하나님만 예배하라." 그런 의미에서 요한계시록은 목회서신이라고 할 수도 있다.

황제숭배를 거부한 자들에게 상당한 고난이 있다. 목 베임을 당하기도 하고, 감옥에 갇히기도 하며, 경제적 불이익을 당하기도 한다. 그런데 이 본문에서 말하기를 '이 말씀을 듣고 기록한 것을 지키는 자가 복이 있다'고 한다. 비록 이 말씀을 듣고 순종하면 감옥에 갇히기도 하고 목 베임을 당하기도 하며 경제적인 불이익을 당하기도 하고 가족으로부터 따돌림을 당하기도 하지만 그게 복이 있다. 왜냐하면 때가 가깝기 때문이다.

때가 가깝다는 게 무슨 말인가? 이게 만약 재림의 때라고 한다면, 기록된 지가 2천 년 전이고 아직 예수님이 안 오셨으니 가까운 것인가? 먼 것인가? 어떤 이는 가깝다고 주장한다. "가까운 겁니다. 왜냐하면 하나님께는 천 년이 하루 같고, 하루가 천 년 같으니까 2천 년이면 이틀밖에 안 지난 겁니다." 그렇게 되면 성경 해석이 안 된다.

하나님은 시간 속에서 이 말씀을 주셨다. 물론 우리가 하나님에 대한 속성을 그렇게 이해하는 것은 하나님을 이해하는 데 도움이 된다. 그런데 성경을 해석하는 데는 별로 도움이 되지 않는다. 왜냐하면 '은혜' 하고 받으면 끝이다. 은혜라고 하면 굉장히 단순할 수가 있는데, 그 문제가 아니다.

만약 이걸 예수님의 재림으로 이야기했다면 요한이 사기 친 것이다. 천 년이 지나도 재림이 안 왔으니까. 지금도 이 말 가지고 "예수님의 재림이 가깝습니다"라고 외친다. 그런데 앞으로 천 년이 지날지, 2천 년이 지날지 아무도 모른다. 어떤 이들은 "우리가 복음을 땅 끝까지 전하면 예수님이 오십니다"라고 주장한다. 그런데 그 땅 끝이 어디인가. 우리가 예수님이 오시는 시간을 정하는 것이 아니다. 예수님은 스스로 말씀하신다. "나도 모르고, 천사도 모른다." 언제 오시는지가 중요한 것이 아니다. 그런데 우리는 자꾸만 '언제'냐고 묻는다. 우리가 물어야 할 질문은 '어떻게?'이다. "어떻게 살아야 하는가." 솔직하게 예수님의 재림이 빨리 왔으면 좋겠는가, 늦춰지면 좋겠는가. 중요한 건 때가 가깝다는 말이 재림의 때를 가리키는 것이 아니다.

이것을 이해하기 위해서 다른 성경을 보자.

이르시되 때가 찼고 하나님의 나라가 가까이 왔으니 회개하고 복음을 믿으라 하시더라
막 1:15

요한계시록을 소개하면서 마가복음을 관련지어 말하는 게 정당한가.

요한이 마가복음을 알았을까, 몰랐을까? 알았을 가능성이 크다. 왜냐하면 마가복음은 A.D. 60년대 중반에 기록되었다고 알려져 있고, 요한계시록은 A.D. 90년에서 100년 사이에 기록되었다고 알려져 있다. 30여 년의 기간 동안 마가복음이 충분히 유포될 수 있는 가능성이 있다. 그래서 요한의 손에 마가복음이 들려졌을 수도 있겠고, 또 하나는 기록된 마가복음 자체가 아니더라도 복음서 전승이 구전으로 막 떠돌아다녔을 수 있다. 실제로 요한계시록에 복음서 전승이 터치된 흔적들이 있다. 그래서 이 마가복음을 참고한 것은 정당하다. 그러면 마가복음과 함께 살펴보도록 하자.

여기 보면 때가 찼고, 하나님나라가 가까이 왔다고 한다. 성경에는 평행법이라는 것이 있다. 앞에 있는 내용을 단어만 바꿔서 뒤에서 다시 반복하는 것이다. 이 표현법은 시편에도 나오고 바울서신에서도 나오고 성경에 많이 나온다. '때가 찼고', '하나님나라가 가까이 왔다'도 하나님나라의 편지 중 일종의 평행법이다. 그래서 '때가 찼고'를 a라 하고 '하나님나라가 가까웠다'는 b라고 하면 a와 b는 같은 말이다. 그런데 '때'라는 것을 a, '찼다'는 것을 b라고 하고, 하나님나라를 a′라고 하고, 가까이 왔다는 것을 b′라고 한다면 a와 a′는 같고 b와 b′가 같다고 말할 수 있다. 그러면 '이때'는 '하나님나라'로 표현되었다. '찼다'는 것은 '가까이 왔다'는 표현이다.

"때가 찼다"는 말은 가까이 왔다는 말이다. 하나님나라가 가까이 왔다는 것은 때가 찼다는 것을 다시 설명하고 있다. 그러면 하나님나라가 가까이 왔다는 것은 가까이 '왔다'는 것을 본 것인가, 아닌 것인가? 성경에서는 가까이 왔다는 것을 '왔다'는 의미로도 사용할 수가 있다고 생각할 수 있다.

실제로 예수님이 이 말씀을 하시고, 때가 찼고 하나님의 나라가 이 땅에 임한 증거들을 보여주신다. 병든 자를 고치고, 귀신을 쫓아내고, 앉은뱅이를 일으키고, 눈먼 자를 보게 하고, 귀머거리를 듣게 하시고, 이런 것들이 이사야가 종말이 오면 메시아가 와서 하나님나라를 회복하는 증거가 되는 것이라고 했다. 그런 일들을 예수님이 밝히 보여주신다. 세례 요한은 예수님이 메시아라고 생각했는데 가만히 보니까, 자기가 기대한 것과는 조금 달랐다.

세례 요한이 감옥에 갇혀서 친구들을 예수님에게 보내서 질문을 하게 한다. "당신이 정말 오실 그분이십니까?" 예수님은 "내가 메시아다" 이렇게 말씀하지 않으시고 "내가 앉은뱅이를 일으키고, 병든 자를 고치며, 눈먼 자를 눈뜨게 하고, 귀머거리 귀를 열어준다고 해라" 이렇게 말씀하셨다. 이사야가 메시아가 오면 하는 일이라고 증거하는 일을 하고 있다고 하심으로써 "내가 메시아다. 내가 하나님나라를 이 땅에 도래케 했다"라고 하시는 것이다. 그렇다면 하나님나라가 온 것이다. '하나님나라가 가까이 왔다'고 하는 것은 '왔다'는 표현이라고 할 수 있다. 그것은 '때가 찼다'는 것으로 좀 더 증거를 얻을 수 있다.

"때가 가까이 왔다"라는 말은 때가 온 것이다. 다시 3절로 돌아와서 "때가 가까우니라"는 하나님나라가 도래하는 종말의 때가 왔다. 앞의 내용과 연결해서 보자. 이 말씀을 듣고 지키는 자는 복이 있다. 이 말씀을 듣고 순종할 때, 많은 고난이 있고 그 고난의 끝에 죽임을 당하기도

하지만 이 말씀에 순종하면 복이 있다. 왜냐하면 바로 구약에서 약속하고 기다리고 바라봤던 하나님나라가 도래했기 때문이다. 예수님이 재림하면 그런 분들을 칭찬하고 '잘했다'라고 말함으로써 복이 있다고 말할 수도 있지만 여기서 말하고 있는 건 "그 나라가 이미 와 있다" 그리고 "이 말씀을 듣고 순종하는 자는 그 나라의 실존적 통치를 받을 수 있기 때문에 그게 복이다"라고 하는 것이다.

우리가 신실하게 살다가 천국 가서 영원히 하나님의 안식 가운데 들어간다는 기대와 희망이 있는 것은 훌륭하고 그 믿음도 귀하지만 더 훌륭한 것은 이미 천국이 이 땅에 와 있다는 것을 알고 사는 것이다. 그래서 이 말씀을 듣고 순종하는 자에게는 복이 있다.

우리에게 죽어서 갈 천국이 있다는 것은 너무 기쁜 일이다. 그래서 우리가 정말 원치 않게 질병에 걸려서 죽음을 앞두고 있다고 해도 내가 갈 하늘나라(천국)가 있기 때문에 고난의 기간은 힘들지만 견딜 수가 있다. 그 믿음이 귀하다. 아무리 강조해도 지나치지 않다.

그런데 성경이 증거하고 있는 것은 그것뿐만 아니라 천국이 이미 이 땅에 와 있다는 것이다. 이미 와 있는 천국을 누가 누리고, 누가 그 천국에 기쁨과 감동을 더할 수 있는가? 말씀을 듣고 순종하는 자들이다.

우리의 싸움은 바로 이것이다. 종말의 시대를 사는 우리가 치열하게 붙들고 나가야 할 것은 이것이다. "이 땅에 이미 온 천국을 우리가 어떻게 누리며 살 것인가? 어떻게 증거하며 살 것인가?" 이렇게 되면 전도가 달라진다.

"예수 믿고 천국 가세요" 하고 전도하면, "천국이 어디 있어요?"라고 물을 때 어쩌면 이렇게 얘기하는 경우도 있을 것이다. "죽어봐야 알죠. 어디 있는지 몰라요. 어딘가에 있겠죠." 그런데 진정한 믿음을 가진 분들은 얼굴에 빛이 난다. "예수 믿고 천국을 누리십시오"라고 말한다. "천국이 어디 있어요?"라고 물을 때 담대히 말한다. "저를 보십시오. 제가 천국을 누리고 있습니다."

하나님나라의 통치를 받는 삶은 역동성이 있다. 기상이 있다. 이 시대가 아무리 절대적인 진리를 거부하지만, 우리 안에 절대적인 진리를 찾는 마음이 있다. 그런 사람들을 보게 되면 그 사람을 그리워하게 된다. 그 사람에게 기대고 싶다. 그런 분들에게 천국이 이미 임했다. 우리의 논리와 이론이 아닌, 예수님이 이 땅에 오셔서 선포한 말씀이다. 그래서 요한계시록의 말씀은 "때가 가까움이라"라고 말하며 이 땅에 이미 하나님나라가 도래했음을 보여주고 있다.

황제가 통치하는 로마제국이 이 세상의 전부가 아니다. 그건 다 지나가는 것이다. 진정한 나라, 진정한 통치는 하나님나라인데 그 나라가 이 땅에 임해 있다. 그러니 눈에 보이는 로마제국 앞에서 기죽지 말라고 한다.

이 땅의 진정한 왕을 따라

그런데 이것보다 더 탁월하고, 더 압도적인 하나님나라의 실존적 성취가 당신 앞에 있다. 7절 말씀을 보자.

"볼지어다 그가 구름을 타고 오시리라 각 사람의 눈이 그를 보겠고 그를 찌른 자들도 볼 것이요 땅에 있는 모든 족속이 그로 말미암아 애곡하리니 그러하리라 아멘"(계 1:7).

이 말씀을 재림으로 생각하는 것에 대해 문제를 제기하고 싶다. 일단 우리말 번역에 '오시리라'라고 되어 있어서 미래적인 표현으로 보인다. 그런데 원문에 보면 현재형이다.

헬라어에 현재형에는 세 가지 용법이 있다. 현재니까 당연히 현재의 의미, 또 하나는 미래적인 의미가 있다. 미래를 쓸 때 현재형을 쓴다. 그다음에 과거를 쓸 때에도 현재형을 쓴다. '오신다'는 단어를 현재, 과거, 미래 세 가지 가능성을 다 넣고 생각하는 것이 공정하다. 이 말씀이 갖고 있는 배경이 다니엘서 7장에 나온다.

"내가 또 밤 환상 중에 보니 인자 같은 이가 하늘 구름을 타고 와서 옛적부터 항상 계신 이에게 나아가 그 앞으로 인도되매"(단 7:13).

계 1:7	단 7:13 / 슥 12:10
7) a) 볼지어다 그가 구름을 타고 오시리라	내가 또 밤 환상 중에 보니 (볼지어다) 인자 같은 이가 하늘 구름을 타고 와서 옛적부터 항상 계신 이에게 나아가 그 앞으로 인도되매(단 7:13)
b) 각 사람의 눈이 그를 보겠고 그를 찌른 자들도 볼 것이요 C) 땅에 있는 모든 족속이 그로 말미암아 애곡 (통)하리니 그러하리라 아멘	내가 다윗의 집과 예루살렘 주민에게 은총과 간구하는 심령을 부어주리니 그들이 그 찌른 바 그를 바라보고 그를 위하여(인하여) 애통하기를 독자를 위하여(인하여) 애통하듯 하며 그를 위하여(인하여) 통곡하기를 장자를 위하여(인하여) 통곡하듯 하리로다(슥 12:10)

두 구절을 보니, "구름을 타고" 똑같은 방법으로 온다. 그래서 모든 주석가들이 다니엘서 7장 13절을 배경으로 한다는 것에 동의한다. 이럴

경우에는 다니엘서 7장 13절의 내용을 면밀하게 살펴봐야 한다. '옛적부터 항상 계신 이'는 하나님이고, '인자 같은 이'는 메시아다. 이 문맥 속에서 인자 같은 이가 있는가 하는 것은 또 설명할 필요가 있지만 다 생략하고 우리는 메시아로 이해하기로 하자. 이 메시아, 인자 같은 이가 구름 타고 하나님께로 간다. 방향이 하나님 쪽이다.

그러면 방향을 여기 적용한다. '볼지어다 구름 타고 오신다.' 현재형이라고 했으니 오신다고 하는 것이다. 여기서는 메시아인데 요한계시록에서는 예수님에게 적용하고 있다. 1장 7절에서 구름 타고 오신다. 예수님이 구름 타고 하나님께로 오시는 것이다. '온다, 간다'는 중요한 게 아니다. 하나님 중심으로 오신 거고 우리 입장에서는 가는 것이다.

다니엘서 7장 13절에서 인자 같은 이가 구름 타고 가신다. 이 방향이 그대로 요한계시록 1장 7절에 적용된다. "볼지어다 그가 구름을 타고 오시리라." 이 예수님이 구름 타고 하나님께로 가는 사건을 승천이라고 한다. 그렇다면 여기에서 오신다는 게 현재형으로서 과거, 현재, 미래로 다 사용될 수 있다면 과거, 현재, 미래 가운데 어느 경우에 해당되는 것일까.

실제로 사도행전 1장 9절에 보면 예수님이 승천한 장면이 나온다. 예수님이 하늘로 올라가시는데 '구름이 가려져 있더라'고 되어 있다. 그런데 구름이 가려져 있다는 것은 '구름이 껴 있다, 예수님을 구름이 데리고 갔다' 이렇게 번역하는 것이 적절하다. 예수님이 구름 타고 오신다. 이 구름을 타고 온다는 사도행전 1장 9절에 하늘로 올라가시는데 구름이 예수님을 데리고 가신다. 그니까 예수님의 승천 때에 구름 타고 오시는 게 맞다. 예수님이 구름 타고 하늘로 올라간 게 무슨 의미가 있는지는 다니엘서 7장을 보면 정확히 알 수 있다.

> 그에게 권세와 영광과 나라를 주고 모든 백성과 나라들과 다른 언어를 말하는 모든 자들이 그를 섬기게 하였으니 그의 권세는 소멸되지 아니하는 영원한 권세요 그의 나라는 멸망하지 아니할 것이니라 단 7:14

인자 같은 이가 구름 타고 하나님께로 가서 권세와 영광과 나라를 받았다. 하나님 입장에서는 준 것이고 인자의 입장에서는 받은 것이다. 인자 같은 이가 받게 되는 나라와 권세와 영광을 예수님에게 적용한다. 예수님의 승천은 예수님이 만왕의 왕이시고 만주의 주로 공식적으로 등극하시는 대관식과 같은 의미를 가진다.

예수님은 왕으로 오셨다. 그래서 동방박사들이 몰약과 유향과 황금을 드린다. 왕에게 드리는 예물이라고 할 수 있다. 그런데 예수님이 40년 동안 왕으로 사시기를 거부하셨고 섬기는 자로 오셨다. 왜냐하면 십자가에서 죽으셔야 했기 때문이다.

광야에서 사탄이 예수님을 시험한 게 바로 이 부분이다. "너 왕이지, 왕으로 행세해." 그런데 그 왕으로 행세하는 순간 예수님의 십자가 사역은 매우 꼬이게 돼버린다. 더 재밌는 것은 예수님이 병자를 고치고 나서 고침 받은 자에게 어디 가서 얘기하지 말라고 하는데 꼭 그 사람이 가서 얘기한다. 예수님이 그 사실을 몰랐을까? 알았다. 성경은 재밌게도 말한 그 사람이 '잘못했다, 죄를 지었다' 이렇게 말한 적이 없다. 그 사람은 그 사람대로 역할과 직무를 다한다.

예수님은 예수님 입장에서 말하지 말라고 얘기했는데, 우리가 어떤 일을 해놓고 나서 은근히 어떤 기대가 있는가? 특별히 멋있는 일을 하고 나면, 인정받기 원하고 알려지길 원한다. 인성을 가진 예수님이 이러한 절제를 했다는 것은 대단한 일이다. 왜냐하면 많은 군중들이 얼마나 집요하게 쫓아다녔는가. 오병이어를 가지고 5천 명을 먹이고 여자와 어린아이들까지 다 치면 이만 명을 먹일 수 있다는 건 이 세상에서 대적할 수 없는 나라를 세우는 수준이었다. 정치가 무엇인가. 다 먹자고 하는 일이다. 어떤 통치자든지 국민을 배부르게 먹이고 빈민이 없으며 양극화를 해소하고, 노동자에게 풍요로운 삶을 준다면 그 통치자는 신이다. 역사상 그러한 통치자가 없었다. 있을 수가 없다. 경쟁하고 그 때문에 누군가는 죽어야 하고, 패배해야 하기 때문이다.

예수님이 이 땅에 사시는 동안 정말 많은 인정과 영광을 받으셨음에도 불구하고 예수님은 스스로 그런 것들을 제어하시고 절제하셨다. 십자가의 죽음 때문이다. 이 단 하나의 목적을 이루기 위해서다. 그런데 그 일을 다 이루시고 부활하시고 승천하셨다. 이제 남은 것은 영광이다. 온전히 그분의 거룩한 이름에 합당한 영광과 존귀와 찬양을 받으셔야 한다. 그런 자리에 들어가는 공식적인 세레모니, 그게 바로 승천이다.

은총과 간구의 영을 주소서

요한계시록이 시작하는 부분에서 예수님을 이렇게 소개한다.

"볼지어다 그가 구름을 타고 오시리라 각 사람의 눈이 그를 보겠고 그를 찌른 자들도 볼 것이요 땅에 있는 모든 족속이 그로 말미암아 애곡하리니 그러하리라 아멘"(계 1:7).

다니엘서 7장 13,14절 말씀에서 다니엘이 꿈꾸고, 기대하며, 약속받았던 메시아로서 예수님이 이 땅에 오셔서 십자가의 죽음을 다 이루시고 이제 왕으로 영광스러운 자리에 들어가셔서 온 우주를 다스리는 통치자로 위임하셨다는 것이다.

그러면 이 얘기가 요한계시록의 전반적인 내용의 어떤 의미로 다가올까? 지금 요한계시록의 중요한 쟁점이 있다. 요한이 정말 전달하고자 하고, 권면하고자 하는 것은 황제숭배를 하지 말고, 하나님께 예배하라는 것이다. 그 얘기는 누가 이 우주의 진정한 왕이냐는 것이다. 1장 7절에서 예수님이 진정한 왕이시라고 한다. 다니엘서에서 약속했던, 다니엘이 그렇게 기대했던 왕적인 메시아, 하나님으로부터 나라와 권세와 영광을 받으시는 그 메시아로서 예수님이 승천하셨다. 로마제국을 통치하는 진정한 왕은 예수 그리스도다! 예수 그리스도가 이 우주를 다스리는 진정한 왕이다. 그다음 내용은 이것을 더 서포트해주고 있다.

각 사람의 눈이 그를 보겠고 그를 찌른 자들도 볼 것이요 땅에 있는 모든 족속이 그로 말미암아 애곡하리니 그러하리라 아멘 계 1:7

내가 다윗의 집과 예루살렘 주민에게 은총과 간구하는 심령을 부어주리니 그들이 그 찌른 바 그를 바라보고 그를 위하여 애통하기를 독자를 위하여 애통하듯 하며 그를 위요한계시록의 "그를 찌른 자들도 볼 터이요"와 스가랴서의 "그 찌른 바 그를 바라보고"의 내용이 일치하고, "그를 인하여 애통하리니"의 내용도 대부분 비슷하다.

그런데 차이가 하나 있다. 다윗의 집과 예루살렘 거민이라고 되어 있는데, 요한계시록에는 땅에 있는 모든 족속이라고 되어 있다. 당연하다. 왜냐하면 새 언약은 구약 이스라엘 백성에게 하는 얘기고 요한계시록은 일곱 교회 성도들에게 한 이야기지만 그 대상은 우주적이다. 그러므로 이 대상이 변화된 것 외에는 대부분의 내용이 일치된다. 그러므로 여기서도 역시 스가랴서의 배경으로 이해를 해야 한다.

스가랴서 12장 10절 말씀을 잘 살펴봐야 한다. 그래야 1장 7절의 후반부의 내용이 이해될 수 있다. 역시 구약을 정확하게 이해하지 않으면 요한계시록을 이해할 수 없다. 다른 신약성경을 보면 "… 이루려 함이라, 일렀으되"라고 구약을 인용하는 형식이 나온다. 그런데 요한계시록은 한 번도 그게 나오지 않는다. 이게 1차적으로 우리를 위해서 기록된 것이 아니라 일곱 개의 성도들에게 기록된 것이다.

초대교회 대부분의 구성원은 유대인들이다. 그래서 이 유대인들은 어렸을 때부터 구약을 다 외운다. 요한계시록이 특별한 형식을 쓰지 않아도 이러한 내용들이 충분히 의사소통이 가능했다. 유대인이 아닌 우리는 어떻게 하는가? 스가랴서의 말씀을 보면 이렇다.

"내가 다윗의 집과 예루살렘 주민에게 은총과 간구하는 심령을 부어주리니"(슥 12:10).

이것도 조금 더 정확히 번역하면 은총과 간구의 영을 부어준다는 뜻이다. 심령을 어떻게 부어주는가? 심령에다가 영을 부어주는 것이다. 심령을 부어준다는 말이 애매하다. 심령은 우리의 마음인데, '심령을 부어준다'니 말이 좀 어색하다. 이것은 심령에다가 은총과 간구의 영을 부어준다는 것이다.

은총과 간구의 영! 일단 이것은 받으면 좋은 것이다. 은총과 간구의 영을 부어줬더니 "그들이 찌른 바 그를 바라보고 그를 위하여" 애통하기를 독자를 위하여 애통하듯 하며 그를 인하여 통곡하기를 장자를 인하여 통곡하듯 한다. 여기서 말하는 통곡은 심판 때문에 슬퍼서 우는 것인가, 아니면 회개하면서 기뻐서 우는 것인가? 어쨌든 회개는 좋은 것인가, 나쁜 것인가? 은총과 간구의 영을 받고 나서 이러한 반응을 보이는 것이니 이것은 긍정적이다.

그런데 그들이 그 찌른 바 그를 바라봤다는 것은 무엇인가? 여기서 구약을 얘기하는 것이니 구약적인 맥락에서 먼저 이해하는 것이 중요하다. 우선 찔렀다. 이스라엘이 구약에서 하나님을 찌른 것이다. 하나님은 영이시고 보이지 않는데 어떻게 하나님을 찌를 수가 있는가? 이것은 은유적인 표현이다. 이스라엘 백성들이 하나님의 마음을 아프게 하니까, 우상숭배하고, 하나님을 떠나고, 율법을 무시하니까 하나님의 마음이 찢어진다. 그걸 잘 보여주는 게 호세아서다. 음녀와 결혼한 호세아의 마음을 상상해보라. 마음이 찢어진다. 그 마음이 하나님의 마음이다.

그런데 이들이 자신들의 죄를 모르고 제 잘난 맛에 산다. 하나님이 그러한 이스라엘 백성들을 새롭게 할 것을 계획하셔서 그들에게 은총과 간구의 영을 주시겠다고 한다. 은총과 간구의 영을 딱 보여주니까 죄가 보인다. '우리가 하나님을 찌른 자들이구나!' 그걸 알게 된다. 그래서 회개한다. 이 회개하는 장면을 아주 절묘하게 표현하는데, 독자로 인하여 통회하듯 한다. 장자와 독자로 인해서 통곡했던 적이 언제인가? 열 가지 재앙 중에 마지막 재앙 때다. 하나님이 애굽에 죽음의 사자를 가게 하셨을 때, 장자와 독자가 다 죽었다.

하루아침에 장자를 잃은, 독자를 잃은 어머니들의 울음소리를 회개에 접목시키는 사람들이 있다. 그게 이 심판에 의한 통곡이니까. 그러면 은총과 간구의 영과 모순된다. 어떤 게 더 우월한가? 한쪽을 가지고 설명하고 말이 되는 쪽이 더 우월한 것이다. 만약에 심판으로 이걸 해석하면 은총과 간구의 영이 설명이 안 된다. 하지만 은총과 간구의 영을 가지고 이 독자를 잃은 애굽의 어머니, 아버지들의 울음을 설명하면 이 통곡을 자기의 죄를 보는 심정을 말하고 있다는 설명이 가능하다. 은총과 간구의 영을 받고 이들이 보여주는 반응이 회개다.

예수님이 재림할 때 사람들이 회개하지 않는다. 못한다. 하고 싶어도 예수님이 재림하면 그때는 하나님 백성과 불신자들이 나눠진다. 회개할 기회가 없다. 어떤 이들은 예수님이 재림하기 5분 전에 예수님 잘 믿겠다고 말한다. 인간의 삶이라는 것은 관성의 법칙이 있다. 움직이는 것은 계속 움직이고, 서 있는 것은 계속 서 있다. 잘못된 방식으로 삶을 사는 사람들은 계속 그렇게 살게 된다. 고치기가 쉽지 않다. 어떤 분들은 죽기 10분 전에 예수님 믿고 싶다고 하는 분들이 있다. 꿈 깨야 한다. 어쨌든 예수님의 재림 때 일어날 일은 구원과 심판 두 개밖에 없다.

예수님이 승천하시고 나서 회개의 역사들이 일어났다. 그리고 예수님이 승천하시고 나서 보혜사 성령을 보내주시겠다고 하셨다. 그 성령이 오시면 죄에 대해서 깨닫게 해주신다고 했다. 실제로 사도행전 1장 이후에 베드로가 성령 받고 이천 명, 삼천 명에게 나가서 말씀을 선포하니 그들이 말씀을 듣고 "그러면 우리가 어찌하면 좋겠습니까?" 물으니 베드로가 "회개하고 복음을 믿으라"고 했다. 그날 고넬료 집에 성령이 임했다. 고넬료 집이 회개하고 예수님을 믿었다.

이와 같이 요한계시록 1장 7절에 "볼지어다 그가 구름을 타고 오시리라" 이것은 예수님의 승천을 의미한다. 승천 이후에 예수님은 왕으로 등극하셔서 성령을 이 땅에 보내심으로 이 땅의 회개를 일으키신다. 사도행전 2장에 성령이 오신 이후로 지금도 은총과 간구의 영이 임하여 회개의 역사를 이루고 있다.

그러므로 우리가 이렇게 약속의 말씀을 붙들고 이 시대에 은총과 간구의 영을 주시도록 기도해야 한다. 구체적으로 전도하고 싶은 이의 이름을 거명하면서 "하나님, 아무개에게 은총과 간구의 영을 내려주십시오. 그래서 그가 하나님을 찌른다는 것을 보게 해주십시오"라고 기도해야 한다. 그럴 때 하나님이 역사하실 줄 믿는다.

예수님이 십자가에서 죽으시고 나서 로마 병정들이 창으로 예수님의 옆구리를 찌른다. 그때 이 스가랴서의 말씀이 적용된다. 사람들이 창으로 찔렀다. 그 말은 뭐냐면, 로마 병정들이 대표가 되어서 모든 인간들이 예수님을 찌른 것이다. 그들에게 필요한 게 은총과 간구의 영, 회개의 영이다. 우리는 이렇게 기도할 수 있다.

"하나님, 이 시대에 은총과 간구의 영을 허락해주셔서 이 인간들이 예수님을 창으로 찌른 장본인이라는 것을 깨닫게 해주십시오. 하나님께 돌아와서 회개하고 하나님의 자녀가 되게 해주십시오."

종말의 시대에 교회 공동체의 길

지금까지 요한계시록 말씀을 통해 종말에 대해 살펴봤다. 종말의 시작은 예수님의 초림 사건이다. 종말이 완성되는 것은 재림을 통해서다. 우리는 이렇게 종말의 시작과 완성 사이에 살고 있는 아주 영광스러운 교회 지체들이다.

'이 종말의 시대에 교회는 무엇인가? 또 무엇이 교회 되는가'를 살펴보고 있다. 종말의 교회는 영적전쟁 전투의 현장에서 승리한 존재다. 승리를 이루어주신 분이 예수님이다. 예수님이 마귀의 모든 권세를 궤멸시켰다. 마귀의 권세의 본질에 죄에 대한 권세가 있다. 그래서 예수님의 십자가 죽음을 통해서 승리하셨고 그것은 뒤집어서 말하면 우리를 죄로부터 해방시키셨다는 말이다. 과거에는 죄를 지을 수밖에 없는 죄의 종이었는데 이제는 우리의 삶이 하나님께 영광을 돌려드리는 의인의 삶이 되었다. 이것이 예수님의 십자가의 결과라고 할 수 있다. 그러나 우리가 계속 싸워가고 있다. 그 싸움의 끝은 재림이다. 예수님이 재림하시면 그 종말적 사건들이 완성된다.

그런데 종말이라고 하면 시작이 있어야 한다. 시작이 없이 종말이라는 것은 기초 없는 건물과 같다. 종말은 시작했다는 뜻이다. 그 시작은 창조다. 창조한 다음에 인간의 불순종으로 말미암아 타락했다. 하나님이 거기서 포기하지 않으시고 회개의 역사를 이끌어가신다. 회복되는 순간을 성경은 종말이라고 말한다.

이 회복의 결과로 가장 중요한 게 죄 문제가 해결되는 것이다. 창조의 아름다운 조화가 깨진 결정적인 원인이 죄이기 때문이다. 죄가 해결되지 않으면 회복은 없다. 그래서 예수님이 오셔서 죄의 문제를 해결하시고 인간과 하나님 사이가 화목하게 되었다. 로마서 말씀처럼 예수의 피를 통해서 구원받은 하나님의 백성은 회복된 것이다. 그러면 그게 끝이 아니라 시작이다.

그러므로 우리가 믿음으로 의롭다 하심을 받았으니 우리 주 예수 그리스도로 말미암아 하나님과 화평을 누리자 롬 5:1

하나님의 영광을 위해 살려면

우리가 구원받은 백성으로서 이제는 회복되어야 한다. 영적인 새 하늘과 새 땅에 사는데 창조의 목적이 회복된 것이다. 그러면 우리가 어떻게 살아야 할까. 하나님의 영광을 위해서 사는 것이다. 원래 인간의 창조 목적이 하나님의 영광을 위해서 사는 것인데, 타락한 상태에서는 그 영광을 위한 삶이 불가능하다. 그래서 예수님이 오셔서 십자가에 죽으시고 우리의 죄를 해결해주시고 하나님과 우리의 관계를 회복시켜주셨다. 그러므로 우리가 해야 할 일은 원래 창조의 목적대로 하나님의 영광을 위해 사는 것이다.

이것이 성경이 창조부터 종말까지 말하는 대략적인 줄거리이다. 그런데 요한계시록은 이렇게 우리가 흔히 말하는 큰 그림(Big picture)을 갖고 있다. 그러한 흔적 가운데 아주 중요한 용어가 나오는데, 신약성경에서 요한계시록에만 나오는 표현이 하나님을 일컬어 '알파와 오메가, 처음과 나중, 시작과 끝'이라고 한다.

"나는 알파와 오메가요 처음과 마지막이요 시작과 마침이라"(계 22:13).

그런데 대부분 "알파와 오메가는 무슨 뜻입니까?"라고 물으면 "처음과 나중입니다"라고 대답하곤 한다. 그래서 "처음과 나중은 무슨 뜻입니까?"라고 물으면 "시작과 끝이죠"라고 대답한다. "시작과 끝은 무슨 뜻입니까?"라고 물으면 다시 "알파와 오메가입니다"라고 대답이 귀결되는 경우가 많다. 그런데 "알파와 오메가, 처음과 나중, 시작과 끝은 무슨 뜻입니까?"라고 질문하면 더는 나올 말이 없다. 이는 무슨 뜻인가? '창조하신 분이 완성하신다'는 것이다.

요한계시록의 이 스케일이 예수님의 재림 때 몇 년 동안 일어날 일을 우겨서 이렇게 보는 게 아니다. 요한계시록의 스케일은 창조에서 완성까지다. 그래서 요한계시록 21장 1-5절 말씀을 보면 에덴적 모티프가 나온다. 그 이유가 처음에 완성이 이루어지는 것이다. 하나님이 역사의 주관자이시기 때문에 역사는 반드시 시작이 있다. 이 역사를 주관하시는 하나님이 계시다면 이 시작에 완성이 있게 되어 있다. 이 처음과 끝을 시작하시고 완성하는 분이 하나님이다.

이것이 요한계시록의 중요한 메시지인 이유는 처음 요한계시록을 기록했을 당시에 일곱 교회 성도들에게 이것이 필요한 메시지였기 때문이다. 왜 그런가? 1세기의 사람들은 로마제국의 황제가 역사를 주관한다고 생각했다. 우리가 보통 말하듯이 역사는 강자의 역사다. 통치자, 재벌 또 유력한 인물들이 역사를 이끌어간다는 생각에 사로잡힐 수 있다. 요한계시록은 거기에 대해 '아니요'라고 말한다. 로마제국의 황제가 역사를 결정하는 게 아니라고 말한다. '창조주 하나님이 완성하신다. 그러니까 황제숭배하지 말고 하나님께 나와서 하나님을 예배하는 삶을 살아라.' 이런 맥락에서 이 이야기를 하고 있다.

내가 나의 두 증인에게 권세를 주리니 그들이 굵은 베옷을 입고 천이백육십 일을 예언하리라 그들은 이 땅의 주 앞에 서 있는 두 감람나무와 두 촛대니 만일 누구든지 그들을 해하고자 하면 그들의 입에서 불이 나와서 그들의 원수를 삼켜버릴 것이요 누구든지 그들을 해하고자 하면 반드시 그와 같이 죽임을 당하리라 그들이 권능을 가지고 하늘을 닫아 그 예언을 하는 날 동안 비가 오지 못하게 하고 또 권능을 가지고 물을 피로 변하게 하고 아무 때든지 원하는 대로 여러 가지 재앙으로 땅을 치리로다 그들이 그 증언을 마칠 때에 무저갱으로부터 올라오는 짐승이 그들과 더불어 전쟁을 일으켜 그들을 이기고 그들을 죽일 터인즉 그들의 시체가 큰 성 길에 있으리니 그 성은 영적으로 하면 소돔이라고도 하고 애굽이라고도 하니 곧 그들의 주께서 십자가에 못 박히신 곳이라 백성들과 족속과 방언과 나라 중에서 사람들이 그 시체를 사흘 반 동안을 보며 무덤에 장사하지 못하게 하리로다 이 두 선지자가 땅에 사는 자들을 괴롭게 한 고로 땅에 사는 자들이 그들의 죽음을 즐거워하고 기뻐하여 서로 예물을 보내리라 하더라 삼 일 반 후에 하나님께로부터 생기가 그들 속에 들어가매 그들이 발로 일어서니 구경하는 자들이 크게 두려워하더라 하늘로부터 큰 음성이 있어 이리로 올라오라 함을 그들이 듣고 구름을 타고 하늘로 올라가니 그들의 원수들도 구경하더라 그때에 큰 지진이 나서 성 십분의 일이 무너지고 지진에 죽은 사람이 칠천이라 그 남은 자들이 두려워하여 영광을 하늘의 하나님께 돌리더라 계 11:3-13

성경에는 특징이 있다. 시, 이야기, 편지 등. 그래서 우리는 성경을 각 권의 특징에 따라서 읽을 필요가 있다. 시를 읽을 때 자세와 소설을 읽을 때, 과학서적을 읽을 때의 자세가 다르다. 그래서 우리는 성경을 읽을 때 본문의 문학적인 특징이 무엇인지 이해할 필요가 있다. 이 내용은 두 가지 특징을 갖는다. 하나는 비유이다.

비유는 조심해야 하는 부분이 있다. 한 가지의 메시지를 전달하기 위해 비유를 쓴다. 선한 사마리아인의 비유에서 말하고자 하는 것은 좋은 이웃이 되라는 것이다. 그런 비유가 가진 메시지의 한계를 넘어서 마음대로 요리하면 안 된다. 예를 들면 선한 사마리아인의 이야기에서 유대인이 여리고로 내려가는데 그걸 타락이라고 해석하는 경우가 있다. 여리고를 내려가다가 강도를 만난 것은 타락해서 시험을 받은 것이다. 사마리아인이 강도를 만나서 상처 난 곳에 기름을 바르는데 그 기름은 성령이고 강도 만난 자를 여관으로 데려가는데 그 여관이 교회다. 사마리아인이 여관 주인에게 치료해주라고 주는 돈을 헌금이라고 한다. 이렇게 해석하면 정말 큰일이다.

만약 본문에서 그렇게 해석할 수 있는 근거를 제시해준다면 좋다. 하지만 본문에서 그렇게 해석할 수 있는 그 어떤 가이드도 존재하지 않는데 그렇게 해석하는 것은 월권이다. 거기서 이해하는 것은 단순히 좋은 이웃이 되라는 것이다. 비유의 목적은 이 하나의 메시지를 주는 것이다. 그래서 이걸 읽을 때 메시지가 뭔지를 찾는 게 중요하다.

또 비유의 내용에 상징적인 표현이 있다. 비유는 하나의 메시지를 주는데 그 내용마다 그 표현들이 갖고 있는 상징성이 있다. 그래서 어려운 것이다. 그냥 하나님, 예수님만 찾으면 되는데 그 비유의 이야기에 어떤 표현의 상징성이 부여되어 있다. 그러니까 우리가 선한 사마리아인의 비유에서 그렇게 해석하면 안 된다는 경우가 여기서 일어날 수가 있다. 그러니까 그 상징 자체가 있는 것이다.

이 두 가지를 잘 살펴서 이 본문을 이해하게 될 것이다.

하나님의 구원과 심판

이 본문을 살펴보려면 문맥이 굉장히 중요하다. 첫 번째 문맥은 9장 13절부터 시작되는 여섯째 천사가 나팔을 불매라고 해서 여섯째 나팔 심판이 시작되고 여섯째 천사가 나팔을 불고 나서 심판에 대한 이야기가 나온다. 마지막 20,21절 말씀을 보자.

이 재앙에 죽지 않고 남은 사람들은 손으로 행한 일을 회개하지 아니하고 오히려 여러 귀신과 또는 보거나 듣거나 다니거나 하지 못하는 금, 은, 동과 목석의 우상에게 절하

고 또 그 살인과 복술과 음행과 도둑질을 회개하지 아니하더라 계 9:20,21

심판에 대한 이야기를 하면 굉장히 많은 시간이 필요한데 여기서 우리가 보고자 하는 내용에 초점을 맞춰보자. 심판이 시작되었는데 사람들은 오히려 귀신과 금, 은, 동과 목석의 우상에게 절하고, 살인과 복술과 음행과 도둑질을 회개하지 않았다.

그러면 하나님이 심판하는데 인간이 회개하지 않을 수 있을까? 있다. 이 경우가 그렇다. 하나님이 무능해서 심판을 하는데도 불구하고 사람들이 회개하지 않았다는 것이 아니다. 그것은 심판의 목적이 회개가 아니기 때문에 회개를 안 한 것이다.

실제로 구약에 보면 하나님이 심판하시는 대상에 두 가지가 있다. 이스라엘을 심판할 때가 있고 이방인을 심판할 때가 있다. 그런데 이스라엘을 심판할 때는 반드시 이스라엘이 회개를 한다. 광야 때도 그랬고 사사기도 그렇고. 그런데 이방 나라를 심판할 때는 이방 나라는 회개했다는 얘기가 없다. 그러면 "니느웨는 회개했잖아요?"라고 묻는데, 니느웨는 심판해서 회개한 게 아니라, 심판할 거라고 경고했을 때 회개한 것이다.

그래서 구약에 보면 이 심판의 결과가 대상이 누구냐에 따라서 차이가 있다. 여기 보면 심판의 대상은 그리스도인들이 아니라 세상이다. 여기에서 회개하지 않았다는 것이 하나님의 심판의 목적이 회개가 아니었기 때문에 회개하지 않았다고 말할 수 있고 또 하나는 회개하지 않았다고 하는 것을 통해서 인간이 얼마나 완악한가를 알 수 있다. 하나님의 심판에도 불구하고 회개하지 않고 도리어 반항하고 도적질하고 간음하고 우상숭배하고 살인할만큼 완악하다.

두 번째 문단은 요한계시록 11장 15절이다.

일곱째 천사가 나팔을 불매 하늘에 큰 음성들이 나서 이르되 세상 나라가 우리 주와 그의 그리스도의 나라가 되어 그가 세세토록 왕노릇하시리로다 하니.

일곱 번째 천사가 나팔을 불었다. 여섯 번째는 9장 20,21절이었다. 여기는 11장 15절이다. 그러니까 이 여섯 번째와 일곱 번째 간격이 굉장히 넓다. 이 사이에 10장이 들어가 있고 이 본문이 들어가 있다. 이게 요한계시록이 가진 구조의 특징이다. 인 심판도 여섯 번째와 일곱 번째 사이에 뭔가가 삽입되어 있고, 나팔 심판의 경우에도 여섯 번째와 일곱 번째 사이에 이 본문이 끼어 있다. 그런데 이 일곱 번째 나팔 심판을 보니 여섯 번째 나팔 심판과 비교해서 상당한 차이가 있다. 일곱 번째 나팔을 불매 세상 나라가 우리 주와 그리스도의 나라가 되었다.

여기에 나오는 세상 나라는 여섯 번째 나팔 심판에 의하면 심판받고 회개하지 않는 완악한 존재들이었다. 그런데 어찌된 것인지 일곱 번째 천사가 나팔을 불자 이 세상 나라가 하나님나라가 되었다. 이 장에서 살펴보려고 하는 관전 포인트는 '하나님의 심판에도 불구하고 회개하지 않고 도적질하고 간음하고 살인하고 우상숭배했던 그 완악한 세상 나라가 어떻게 해서 하나님의 나라가 되었느냐'이다.

그러면 이 나팔 심판, 인 심판, 대접 심판이 세 개의 심판 시리즈가 나오는데, 도대체 요한계시록에서 이 나팔 대접 심판의 의미는 무엇일까?

앞서 반복했던 것처럼 초림은 종말의 시작이고 재림은 종말의 완성이다. 그런데 구약에서부터 선지자들이 종말을 대하면서 종말이 오면 어떤 일이 일어날 것인가에 대해 많은 말을 했다. 그런 모든 얘기들을 다 간추려서 딱 두 단어로 표현하면 바로 구원과 심판이다.

학자들이 이사야서나 예레미야서, 에스겔서 등 바벨론 포로 전후에 활동했던 선지자들의 이야기를 추려서 두 단어로 요약하라고 하면 '구속과 심판'이다. 적어도 구약적인 프레임 속에서는 하나님의 백성 이스라엘이 심판한다. 심판은 앗수르, 바벨론 같은 이방 나라에 대한 것이다.

구약의 역사를 보면 구원과 심판은 동전의 양면이다. 이스라엘 백성들을 구원하시려면 이스라엘을 억압하는 이방 나라들을 심판해야 한다. 예를 들면 출애굽도 마찬가지다. 이스라엘 백성들을 구원해내시기 위해 애굽을 심판하신다. 바벨론으로부터 이스라엘 백성들을 건져내기 위해서 바벨론을 심판해야 한다. 그래서 항상 구원과 심판은 동전의 양면과 같다. 이스라엘 백성들이 구원을 받는다고 하면 누군가가 심판을 받는다는 말이다.

구약에서부터 종말을 기대하면서 선지자들이 선포했던 내용 가운데 종말에 대한 기대와 약속을 하는데 그것을 구속과 심판이라는 두 단어로 요약할 수 있다. 이때 구원의 대상은 이스라엘이고 심판의 대상은 이방 나라다.

그런데 그게 예수님으로 말미암아 성취되었다. 구약에서는 선지자들이 그런 프레임 속에서 이스라엘이 구원받을 것이라고 얘기할 수밖에 없었다. 언제나 선지자들은 자기들의 삶의 정황 속에서 말씀을 대언하는 사역을 하기 때문이다. 신약에 와서는 예수님이 열두 사도를 뽑아서 교회를 세우셨다. 교회가 구약 이스라엘의 약속이고 신약의 교회는 성취다. 그러므로 구약에서 이스라엘을 향해서 하나님이 구원을 베풀 것이라고 하고 선지자들이 종말을 내다보면서 약속했는데 신약에 와서 보니 그 약속이 바로 교회를 향해서 이루어졌다고 말하고 있다.

지금 이 시대에 예수님의 초림으로 말미암아 "종말입니다"라고 하면 이 종말의 결과로 두 가지를 말할 수가 있는데 하나는 구원이고, 또 하나는 심판이다. 그러면 구원의 대상이 되는 사람들은 교회, 심판의 대상은 사탄이고 이 세상이다. 구약에서 이스라엘 백성들이 구원받기 위해서 하나님이 이방 나라를 심판하셨던 것처럼 우리가 사탄으로부터 해방받기 위해서 필요했던 게 하나님이 이 세상을 심판하는 것이다. 사탄을 심판하는 것이다. 그래서 이미 예수님의 초림으로 말미암아 이 세상에 구원이 임했다. 구원이 임했다고 말하는 동시에 심판이 이루어졌다고 말해야 하는 것이다. 예수님은 이렇게 말씀하신다.

"그를 믿는 자는 심판을 받지 아니하는 것이요 믿지 아니하는 자는 하나님의 독생자의 이름을 믿지 아니하므로 벌써 심판을 받은 것이니라"(요 3:18).

이미 심판 아래 있다는 말이다. 구약에서는 이 심판의 모형을 보여준 것이고 신약에서는 그 심판의 실체가 온 것이다. 어둠 속, 사탄의 손아귀에서 죄의 종이 되었는데, 동시에 예수님의 오심으로 말미암아 구원이 일어나게 된 것이다.

그러므로 초림과 재림 사이에는 이미 심판이 임해 있고 동시에 구원이 임해 있다. 그러므로 이 지구상에서는 모든 사람들이 둘 중 하나에 속해 있다. 구원 혹은 심판. 로마서 5장에 보면 '아담 안에 있는가, 그리스도 안에 있는가?' 묻는다. 가끔 중간에 있다고 하는 사람이 있다. 필요에 따라서 세상에 속하기도 하고, 구원에 속한 걸로 생각하는데 미안한 말이지만 중간은 없다. '그리스도 안에 있느냐 아담 안에 있느냐, 심판 아래에 있느냐 은혜 아래 있느냐' 둘 중 하나다.

우리가 예수를 구주로 영접하고 하나님의 자녀가 됐다면 우리는 더는 심판 아래 있지 않다. 우리는 구원 아래 있고 은혜 아래에 있다. 요한계시록에서 말하는 이 심판 인과 나팔과 대접 심판은 이와 같이 초림부터 재림 사이를 심판의 시대로 규정하고 이 세상이 심판 아래에 있다고 하는 정황을 특별히 기억하라. 구약의 언어 가운데 자주 사용되는 것 중에 심판의 표현으로 많이 사용된 게 출애굽의 열 가지 재앙이다.

요한계시록 12장에서 여자는 이스라엘이었다가 교회로 발전했고 용은 사탄, 아이는 예수 그리스도이다. 요한계시록은 문자적으로 해석하면 안 되고 상징적으로 해석해야 된다. 그러면 '왜 상징 해석을 해야 하는가'라고 물을 수 있다. 답은 매우 단순하다. 그렇게 생겨 먹었다. 시를 보면서 '왜 시는 이렇게 해석을 해야 돼요?' 그렇게 묻는 것과 똑같다.

요한계시록은 기원전 2세기부터 1세기 어간에 유대 사회에서 많이 발생했던 문학 장르인 묵시문학이다. 묵시문학적이라는 특징을 갖고 요한계시록이 기록됐다. 바울이 편지 형식으로 성경을 기록했다면 요한은 묵시문학적인 특징을 가지고 성경을 기록하여 좀 더 효과적으로 전달할 수 있다고 판단했다. 묵시문학의 특징은 상징성이다. 표현을 상징적으로 사용하는 특징을 갖고 있다. 요한계시록은 필연적으로 상징적 표현을 쓰게 돼 있다. 그런데 상징을 해석하는데 마음대로 인위적으로 해석하지 않고 구약을 배경으로 해석했다.

그래서 이 인과 나팔과 대접을 표현하는데 구약에 사용되는 여러 심판과 관련된 언어들을 상징적 이미지로 활용해서(열 가지 재앙도 하나의 심판의 의미를 가진다) 이 시대가 심판의 시대라는 것을 전달하기 위해서다.

정리하면 인과 나팔과 대접 심판은 초림부터 재림 사이에 시대적 특징을 심판이라는 정황으로 설명해주고 있다. 심판과 동시에 구원이 있다. 그러므로 요한계시록이 말하고 있는 것은 초림부터 재림까지의 시대는 심판의 시대요, 구원의 시대라는 것이다.

이것이 당시 일곱 교회 성도들에게 어떤 의미로 전달되었을까? 그것은 로마제국의 황제도 하나님의 심판 아래 있고 이 심판의 시대가 인과 나팔과 대접심판을 통해서 설명되고 있다.

그러면 이 문맥에서 살펴봤던 여섯 번째 나팔심판과 일곱 번째 나팔심판은 초림부터 재림 사이에 이루어지는 사건이다.

말씀의 단맛과 쓴맛에 대하여

세 번째 문맥은 요한계시록 10장 8-11절 말씀이다.

하늘에서 나서 내게 들리던 음성이 또 내게 말하여 이르되 네가 가서 바다와 땅을 밟고

서 있는 천사의 손에 펴 놓인 두루마리를 가지라 하기로 내가 천사에게 나아가 작은 두루마리를 달라 한즉 천사가 이르되 갖다 먹어 버리라 네 배에는 쓰나 네 입에는 꿀같이 달리라 하거늘 내가 천사의 손에서 작은 두루마리를 갖다 먹어버리니 내 입에는 꿀같이 다나 먹은 후에 내 배에서는 쓰게 되더라 그가 내게 말하기를 네가 많은 백성과 나라와 방언과 임금에게 다시 예언하여야 하리라 하더라 계 10:8-11

요한이 책을 먹는 장면이다. 당시에는 책이 두루마리 형태로 되어 있었다. 지금 우리 시대에서 두루마리라고 하면 책이 아니라 화장지가 떠오르기 쉬우니 책이라고 하겠다.

이 책을 먹는데 입에서는 달지만 배에서는 쓰다. 이런 장면은 구약에서도 한 번 나타난 적이 있다. 에스겔이 하나님 말씀을 받고 책을 먹는다. 이것은 하나의 콜링 세레머니(calling ceremony)라고 할 수 있다. 그러니까 선지자적 부르심에 대한 의식이다. 하나님 말씀을 받은 참 선지자라는 것을 보여주는 퍼포먼스다. 그런 에스겔의 경우가 지금 요한에게 재연되고 있다. 그런데 이 둘에 약간 차이가 있다. 에스겔은 '입에서는 달다'라고만 되어 있다. 그런데 요한은 입에는 달지만 배에서는 쓰다고 한다. 에스겔의 경우를 벤치마킹하지만 굉장히 창의적으로 이 부분을 덧붙인다. 배에서 쓰다는 것을 에스겔의 경우에 덧붙인다. 이유가 있을 것이다.

말씀을 들을 때는 달다. 그런데 그 말씀을 행하려고 하면 쓰다. 혹은 말씀을 듣고 선지자가 이 말씀을 선포하려고 할 때 고난과 저항을 받는다. 그 고난은 쓰다. 그래서 말씀을 듣고 행하는 자, 말씀을 선포하는 자들의 삶에는 말씀을 순종하는 과정 속에서 필연적으로 지나가게 될 고난이 있다. 말씀을 준행할 때 쓴맛이 있는지 모르는 사람은 맛이 간 사람이라고 할 수 있다. 하나님이 말씀을 주셨기에 마치 방망이가 바위를 부스러뜨리는 강력한 충격을 받으면서 이 말씀을 준행하겠다는 각오로 고난과 공포 가운데 있을지라도 말씀 때문에 산다고 하는 게 맛나는 사람이다. 맛이 간 사람이 되지 않기를 바란다.

당신의 삶을 통해서 향기가 나고, 맛이 풍겨나고 이웃에 있는 사람들에게 기쁨과 행복을 주는 은혜가 있기를 바란다. 그런 의미에서 에스겔의 경우를 조금 변형시켜서 쓴맛이 있다고 한다.

네 번째 문맥을 보도록 하겠다.

> 또 내게 지팡이 같은 갈대를 주며 말하기를 일어나서 하나님의 성전과 제단과 그 안에서 경배하는 자들을 측량하되 성전 바깥마당은 측량하지 말고 그냥 두라 이것은 이방인에게 주었은즉 그들이 거룩한 성을 마흔두 달 동안 짓밟으리라 계 11:1,2

여섯 번째와 일곱 번째 사이에 다 들어가 있는 말씀이다. 여섯 번째와 일곱 번째 사이에 들어가 있는 말씀들은 통일성이 있다고 추정할 수 있다.

앞에서 우리가 본 문맥에는 요한이 책을 먹었는데 배에서는 쓰지만 입에선 달았다는 이야기가 있었고, 여기서는 갑자기 '성전을 측량하라, 측량하지 말라'는 약간 뜬금없는 이야기가 나온다.

3절부터는 이제 우리가 보려고 하는 이야기가 전개되는데 굉장히 돌출되는 내용이다. 측량하라는 부분과 측량하지 말라는 부분이 명확하다. '성전 안은 측량하고 성전 밖은 측량하지 말라.' 측량한다는 것은 세운다는 의미를 가진다. 측량하지 않는 것은 버리는 것이다.

그래서 마흔두 달 동안 이방인들이 성전 바깥마당은 짓밟는다고 되어 있다. 12장에서 1,260일이라는 날짜를 달로 계산하면 마흔두 달이다. 1,260일은 초림부터 재림까지 기간이다. 이 기간을 염두에 두고 얘기하고 있다.

성전 안은 측량하라는 부분이다. 그리고 성전 밖은 측량하지 말라는 부분이다. 그런데 성전 바깥마당을 이방인이 와서 짓밟는다. 그러면 성전 안은 이방인들이 짓밟을 수 없다는 얘기다. 굉장히 이상하다. 구약에 보면 이방인들이 예루살렘을 쳐들어와서 성전 안까지 들어갔다. 그럼 마당만 밟고 지나가는가? 그렇지 않다. 반드시 안에까지 들어간다. 이것은 두 가지 이유를 얘기할 수 있다.

하나는 가장 값진 물건들이 안에 있으니 전리품을 가져가기 위해서 들어갔다. 또 하나는 고대 사회에서 전쟁은 신과 신의 전쟁이다. 신은 신전에 있다. 그래서 거기 들어가서 신상 문을 뚫어야 전쟁에서 이겼다고 한다. 상식적인 이야기다. 그런데 이 내용에서는 그러한 상식적인 정황 역시 요한의 전달 목적에 따라 살짝 바꾼다. 성전 각 마당만 짓밟고 성전 안에는 절대 못 들어간다.

이것은 무슨 의미일까? 힌트를 주자면 앞에서 언급한 쓴맛, 단맛이다. 말씀을 받고 기쁨과 감동이 있지만 동시에 그 말씀대로 선포하고 순종하며 살려고 할 때 필연적으로 고난이 있는데 그것이 바로 쓴맛이다. 성도의 삶 속에는 그런 이중적인 특징이 있다.

그러한 원리를 여기에 정리해볼 수 있다. 하나님이 보호해주시는 영역과 그 영역 밖의 이방인에게 짓밟히는 마당처럼 고난의 영역도 동시에 존재한다. 그렇게 얘기하면 앞부분과 뒷부분이 자연스럽게 물 흐르듯이 연결이 된다. 그래서 이 전체를 성도의 공동체의 모습으로 볼 때 하나님이 내면적으로는 철저히 보호하시지만, 외부적으로 볼 때는 교회가 이 세상에 존재하는 한 필연적으로 고난과 핍박이 있다.

말씀을 듣고 순종할 때 쓴맛이 있는 것처럼 여기서 성전 각 마당에 이방인들이 짓밟고 지나가는 모습이 있다. 그런데 이 두 개의 문맥에 이어서 앞으로 이어질 이야기의 어떤 방향이나 특징이 어느 정도 이렇게 설정이 좀 되어 보인다.

> 내가 나의 두 증인에게 권세를 주리니 그들이 굵은 베옷을 입고 천이백육십일을 예언하리라 그들은 이 땅의 주 앞에 서 있는 두 감람나무와 두 촛대니 계 11:3,4

두 증인 이야기이다. 이제 두 증인을 설명할 때 두 촛대와 두 감람나무라고 한다.

> 네가 본 것은 내 오른손의 일곱 별의 비밀과 또 일곱 금 촛대라 일곱 별은 일곱 교회의 사자요 일곱 촛대는 일곱 교회니라 계 1:20

일곱 촛대는 일곱 교회라고 했다. 그러니까 이 촛대는 교회라는 뜻을 갖고 있다. 요한계시록에서 촛대는 교회를 의미한다. 그러면 다시 돌아와서 여기에 두 촛대라고 했다. 두 증인은 두 촛대다. 일곱이라는 숫자가 둘로 바뀌었다. 두 증인의 둘이라는 숫자와 짝을 맞춘 것이다. 구약에서 증거가 성립되는 최소한의 숫자가 둘이다. 그래서 증인이라고 할 때는 둘이라고 하는 수가 매우 적절하게 활용된다. 셋, 넷은 그 이상이니까 큰 의미가 없다. 어쨌든 최소의 숫자로서 둘이라고 하는 것이 이 증인의 의미를, 증거를 성립시키는 데 매우 결정적이다.

예수님도 제자들을 보내실 때 두 명씩 보내셨다. 나는 처음에 두 명씩 보낸 것이 안전을 위해서인 줄 알았다. 한 명이 공격을 받으면 한 명이 방어를 해서 안전하게 지내도록 한 줄 알았는데 그게 아니라 증인이라는 것이다. 두 증인의 두 촛대라는 것은 두 증인이 교회를 의미한다는 것을 확인할 수 있다. 이유가 무엇인가? 1장 20절에 일곱 촛대를 일곱 교회라고 말했으니까. 그런데 왜 수를 둘로 바꾸는가? 두 증인이라는 것에 숫자를 맞추기 위해서 두 촛대로 바꿨다.

그다음에 두 감람나무가 갖고 있는 구약의 배경이 스가랴서 4장에 나온다.

그 등잔대 곁에 두 감람나무가 있는데 하나는 그 기름 그릇 오른쪽에 있고 하나는 그 왼쪽에 있나이다 하고 내게 말하는 천사에게 물어 이르되 내 주여 이것들이 무엇이니이까 하니 내게 말하는 천사가 대답하여 이르되 네가 이것들이 무엇인지 알지 못하느냐 하므로 내가 대답하되 내 주여 내가 알지 못하나이다 하니 그가 내게 대답하여 이르되 여호와께서 스룹바벨에게 하신 말씀이 이러하니라 만군의 여호와께서 말씀하시되 이는 힘으로 되지 아니하며 능력으로 되지 아니하고 오직 나의 영으로 되느니라 큰 산아 네가 무엇이냐 네가 스룹바벨 앞에서 평지가 되리라 그가 머릿돌을 내놓을 때에 무리가 외치기를 은총, 은총이 그에게 있을지어다 하리라 하셨고 여호와의 말씀이 또 내게 임하여 이르시되 스룹바벨의 손이 이 성전의 기초를 놓았은즉 그의 손이 또한 그 일을 마치리라 하셨나니 만군의 여호와께서 나를 너희에게 보내신 줄을 네가 알리라 하셨느니라 작은 일의 날이라고 멸시하는 자가 누구냐 사람들이 스룹바벨의 손에 다림줄이 있음을 보고 기뻐하리라 이 일곱은 온 세상에 두루 다니는 여호와의 눈이라 하니라 내가 그에게 물어 이르되 등잔대 좌우의 두 감람나무는 무슨 뜻이니이까 하고 다시 그에게 물어 이르되 금 기름을 흘리는 두 금관 옆에 있는 이 감람나무 두 가지는 무슨 뜻이니이까 하니 그가 내게 대답하여 이르되 네가 이것이 무엇인지 알지 못하느냐 하는지라 내가 대답하되 내 주여 알지 못하나이다 하니 이르되 이는 기름부음 받은 자 둘이니 온 세상의 주 앞에 서 있는 자니라 하더라 슥 4:3-14

두 감람나무가 촛대 양쪽에서 기름을 공급하는데 이때 기름부음 받은 두 사람이 왕인 스룹바벨과 제사장인 여호수아를 가리켜 두 감람나무라고 이야기하고 있다. 이 두 감람나무를 지금 두 증인에게 적용시키고 있다.

이 두 감람나무를 두 증인으로 적용함으로써 두 가지의 직분을 두 증인이 계승하고 있다. 그것을 우리가 풀어서 연결하면 두 증인은 왕 같은 제사장, 왕이며 제사장 직분을 성취하는 공동체로서 등장하고 있다. 왕 같은 제사장의 직분은 예수님이 이루어주셨다. 예수님이 이루어주신 것은 항상 교회가 함께 공유한다. 그래서 교회가 동일하게 왕 같은 제사장이다. 요한계시록 1장 5절 "충성된 증인으로 죽은 자들 가운데에서 먼저 나시고"에서 이 증인이라는 말은 바로 예수님이다. 그러니까 증인의 원조도 역시 예수님이다.

왕 같은 제사장에게 그런 직분을 이루어주신 분도 예수님이다. 이러한 예수님의 정체성이 예수 안에 있는 교회 공동체에게 그대로 전수된다. 그래서 구약의 배경으로 여호수아와 스룹바벨을 지칭해서 말했던 것인데 그런 여호수아가 갖고 있었던 제사장적 직분과 또 스룹바벨이 갖고 있었던 왕적 직분이 바로 예수님을 통해서 교회 공동체에게 이루어졌다. 그러므로 우리가 왕 같은 제사장이다. 왕 같은 제사장이라는 말은 출애굽 이후에 이스라엘 백성들에게 하나님이 최초로 했던 말이다.

누구를 위한 하나님나라인가

그다음에 우리가 보게 될 것은 굵은 베옷을 입었다는 부분이다. 굵은 베옷은 회개할 때 또는 회개를 촉구하는 삶을 감당할 때 입는 옷이다. 그렇다면 이 두 증인이 왕 같은 제사장으로서 세상을 향해서 감당하게 되는 것이 회개의 사역인데 이를 예언이라고도 말한다. 앞서 말했듯이 예언은 미래에 대한 이야기를 미리 얘기하는 것이 아니다. 말씀을 대언하는 것이다. 이 말씀을 대언할 때 신지자도 그랬듯이 "하니님 앞에 회개하라 하나님의 뜻이 이러니까 하나님께로 나와라" 하는 것이다. 1,260일 동안 이 사역을 감당한다. 그러고 보니 요한계시록에 1,260일, 마흔두 달, 한 때, 두 때, 반 때가 많이 나온다.

교회가 존재하는 동안 그것이 초림부터 재림까지다. 물론 재림 이후에도 교회는 존재한다. 새 하늘과 새 땅에서 새 창조 안에서 계속 존재하지만 적어도 이러한 삶을 갖고 존재하는 기간은 초림부터 재림까지이다. 이 존재하는 동안은 예언의 사역으로 간다. 예언 사역의 핵심적 내용이 회개를 촉구하는 삶이다. 그 직분이 왕 같은 제사장이다. 그 지혜를 가지고 선포하는 것이다. 회개하라. 하나님이 왕이시다. 그 통치를 받으라. 하나님을 떠난 인생은 헛된 인생이고 그 끝은 심판이다. 하나님께로 돌아오라. 우리가 당당하게 얘기할 수 있어야 한다.

> 만일 누구든지 그들을 해하고자 하면 그들의 입에서 불이 나와서 그들의 원수를 삼켜 버릴 것이요 누구든지 그들을 해하고자 하면 반드시 그와 같이 죽임을 당하리라 그들이 권능을 가지고 하늘을 닫아 그 예언을 하는 날 동안 비가 오지 못하게 하고 또 권능을 가지고 물을 피로 변하게 하고 아무 때든지 원하는 대로 여러 가지 재앙으로 땅을 치리로다 계 11:5,6

여기서 생각나는 두 사람은 엘리야와 모세다. 요한계시록은 결코 어려운 책이 아니다. 딱 보면 '아, 모세네? 엘리야네?' 이렇게 다 알 수 있는 표현을 사용하고 있다.

그러면 이 모세와 엘리야가 왜 여기 등장할까? 두 증인이 어떤 존재인지를 이야기하고 있는 부분인데 말이다. 이 엘리야와 모세가 두 증인, 다시 말하면 왕 같은 제사장으로서의 교회 공동체와 무슨 상관이 있는가 하는 것이다. 구약에서 모세와 엘리야가 갖는 두 가지 의미 중 첫 번째는 선지자다. 모세도 선지자고, 엘리야도 선지자이다.

구약을 대표하는 선지자로서의 사역을 지금 교회가 계속 이어가고 있다. 1절에 보면 두 증인이 1,260일 동안 예언했다고 되어 있다. 예언이라는 것은 선지자적 사역의 특징을 갖고 있다. 그러니까 5,6절에 모세와 엘리야가 증명하는 것을 교회 공동체에게 연결시키면서 아주 적절하고 효과적인 작업이라고 볼 수 있다.

또 한 가지 모세와 엘리야를 등장시키는 건 구약을 얘기할 때 율법과 선지서로 나누는데(하나 더 말하면 시가서도 있지만, 두 부분으로 나누면 율법과 선지서) 율법을 대표하는 사람이 모세고, 선지서를 대표하는 사람이 엘리야다.

이 예언 사역은 구약에서 이야기하는 모든 것을 예수님을 통해서 성취했다. 변화산에서 예수님과 모세와 엘리야가 나타나는 것도 똑같다. 거기서도 역시 예수님 존재의 정체성, 바로 구약을 이루시는 분이라는 것이다. 더불어서 구약을 대표하는 모세와 엘리야가 함께함으로써 이 선지적 사명을 예수님이 이루시는 분이라는 패턴을 동일하게 활용하고 있다. 여기까지가 이 두 증인에 대한 설명이다. 이 내용을 정리해보면 교회와 공동체는 왕적이며 제사장적 권세를 가지고 이 세상에서 사람들을 회개케 하기 위한 증인으로서 살아가는 공동체다.

사실 모세와 엘리야도 이 적대적인 세력에게 큰 저항을 받았다. 아합왕, 바알 신을 섬기는 무리들. 이 모세와 엘리야의 삶을 계승하는 오늘날의 교회 공동체는 예수님도 그랬듯이 참 증인의 삶을 살았던 예수님도 저항을 받아 마침내 십자가에 못 박혀 죽으셨듯이 오늘날 예수님의 제자로 살아가는 교회 공동체가 이 두 증인의 삶의 여정처럼 집요한 저항을 받게 된다는 의미로 이해하게 된다.

> 그들이 그 증언을 마칠 때에 무저갱으로부터 올라오는 짐승이 그들과 더불어 전쟁을 일으켜 그들을 이기고 그들을 죽일 터인즉 그들의 시체가 큰 성 길에 있으리니 그 성은 영적으로 하면 소돔이라고도 하고 애굽이라고도 하니 곧 그들의 주께서 십자가에 못 박히신 곳이라 계 11:7,8

여기에 두 증인이 짐승에 의해서 죽임을 당한다. 그런데 죽임을 당한 곳이 예수님이 십자가에 못 박히신 곳이다. 두 증인이 교회를 위하니까 "언젠가 교회가 다 죽겠다" 그런 것은 아니다. 여기서 우리가 이 비유의 단계로 들어간다. 지금 무엇을 얘기하고 싶은 건가? 두 증인이 가는 길이 예수님이 가신 길이다. 죽는 자리까지. 이런 이야기는 사람들이 싫어한다. 하지만 요한계시록에서 우리에게 들려주는 말씀이기 때문에 주님께서 가신 길이 바로 교회의 공동체가 가는 길이다.

> 백성들과 족속과 방언과 나라 중에서 사람들이 그 시체를 사흘 반 동안을 보며 무덤에 장사하지 못하게 하리로다 이 두 선지자가 땅에 사는 자들을 괴롭게 한 고로 땅에 사는 자들이 그들의 죽음을 즐거워하고 기뻐하여 서로 예물을 보내리라 하더라 계 11:9,10

예수님은 죽으시고 나서 아리마대 요셉이 그 시신을 잘 수습해서 집안 대대로 내려오는 아주 좋은 무덤에 안치한다. 세마포를 입히고 몰약으로 잘 닦아서. 요한복음에 보면 예수님의 장사하는 과정을 굉장히 자세히 설명해놓는다. 그 이유는 예수님이 확실히 죽으셨다는 걸 알려주기 위해서다. 왜냐하면 사람들이 예수는 사실 죽은 게 아니라고 여론을 호도할 수 있기 때문이다. 기절했다가 깨어난 것을 제자들이 죽었다고 속이고 부활했다고 전하고 있다. 이를 기절설이라고 한다. 혹은 시신을 도둑질해서 다른 곳에 숨겨놓고 부활했다고 거짓으로 막 떠들고 다닌다. 이는 도적설이다. 똑똑한 사람들이 이렇게 말한다.

예수님의 죽음과 부활을 인정하고 싶지 않은 사람들이 그런 식으로 꼬아서 얘기를 한다. 그런데 복음서는 분명히 증거하고 있다. 예수님은 확실히 죽으셨다. 죽지 않은 사람을 무슨 수로 장사 지내겠는가. 그리고 장사 지냈다는 것은 확실하게 죽었다는 것이다.

그다음에 부활이 일어났다. 그런데 두 증인을 보면 장사 지내지 않는다. 죽은 자를 장사 지내지 않는다. 어떨 때 장사 지내지 않을까? 공개 처형할 때 시체를 보면서 조롱한다. 여기 보면 두 증인의 시체가 극도의 수치와 모욕을 당하는 모습들이다.

하지만 오해하지 말아야 할 것이 있다. 우리가 당하는 고난은 예수님이 당한 고난과 질적인 차이가 있다. 예수님의 고난은 대속의 조건이다. 누구도 대신할 수 없고 누구도 거기에 실존할 수가 없다. 그러나 우리가 당하는 고난은 그렇게 당하신 예수님의 대속의 은혜를 전하는 과정에서 직면하게 되는 고난이다. 그런데 그것이 예수님이 당한 고난보다 훨씬 더 클 수가 있다는 의미를 여기서 찾아볼 수 있다. '장사했느냐, 안 했느냐?'

여기 보면 이 사람들이 두 증인의 죽음을 보고 너무 기뻐한다. 기뻐서 서로가 선물을 주고받는다. 이런 모습은 예수님이 죽고 나서 원수지간이었던, 빌라도와 헤롯이 화해하는 장면에서 찾아볼 수 있다. 그러니까 예수님의 죽음을 앞두고 서로 이해관계가 딱 맞아떨어진 것이다. 왜냐하면 빌라도가 총독으로 있는 지역에서 소요 사태가 일어나면 자기의 출세가도에 지장이 있기 때문이다. 그래서 소요를 일으키는 예수님을 조용히 처리하는 게 빌라도 입장에서는 좋았던 것이다.

　헤롯은 자기가 유대인의 왕인데 계속 군중들이 예수를 왕이라고 하고 따라다닌다. 권력은 1인자밖에 남지 않는다. 2인자는 허용되지 않는다. 그러니까 예수님이 탄생했을 때 왕인 헤롯도 2세 이후의 모든 아이를 다 죽였다. 그런데 예수님이 십자가에 못 박힐 찰나가 되니까 너무 좋은 것이다. 정치는 그런 것이다.

　사람들도 두 증인이 죽은 걸 보고 너무 기뻐한다. 왜냐하면 두 증인의 사역이 회개하라는 것이었기 때문이다. "당신은 죄인이다"라고 얘기하니까 짜증이 날 수밖에 없다. 예수님이 하신 말씀 중에 어둠이 빛으로 오지 않는다고 하셨다. 빛으로 오면 자기의 어둠의 본질이 드러나니까 너무 힘든 것이다. 두 증인이 빛을 비추니까 얽히고설킨 인생의 죄악된 본질을 보여주니까 싫은 것이다.

　교회가 그렇게 되어야 한다. 이 시대에 등불로 존재함으로써 세상이 빛을 보게 되는 역할을 해야지 엉뚱한 곳에서 욕먹고 그러면 안 된다. 두 증인은 이 세상 사람들에게 존재를 통해서 계속 부담을 줬다. 그런데 그게 사라진 것이다. 그러자 마치 빌라도와 헤롯이 그랬던 것처럼 사람들도 두 증인의 죽음을 보고 너무 기뻐서 선물을 줬다. 바로 교회가 이 세상에 존재할 때 경험되는 고난의 모습이다. 요한이 책을 먹고 입에서는 달고 배에서는 쓰다고 한 상황이 지금 여기서 적용이 된다.

성전을 얘기하면서 측량되는 부분과 측량되지 않는 두 부분으로 나눠서 이야기했는데 여기서도 역시 두 부분의 모습이 나타난다. 모세와 엘리야의 권세 있는 모습과 함께 죽임을 당할 뿐만 아니라 고난과 수치와 모욕을 받는 모습이 동시에 일어났다. 그런데 이런 죽음과 죽음으로 인한 고난과 수치, 모욕 상태가 계속 이어지는 것은 아니다. 교회란 예수님이 가신 길을 따라갈 때 고난과 고통을 받지만 동시에 부활의 영광을 얻는다.

> 삼 일 반 후에 하나님께로부터 생기가 그들 속에 들어가매 그들이 발로 일어서니 구경하는 자들이 크게 두려워하더라 계 11:11

이 말씀에서 우리는 비유의 메시지를 봐야 한다. 여기서 '3일 반'이 주는 힌트가 있다. 1,260일을 연수(年數)로 계산해보면 3년 반인데, 3년 반과 3일 반은 닮은꼴이다. 어떤 게 작은가? 당연히 3일 반이다. 서로 비교를 해보라는 뜻이다. 이것 외에는 여기서 3년 반, 3일 반에 대한 이해를 하는 것이 부담이 된다.

3일 반 동안 두 증인은 극도의 수치와 모욕을 받는 상태다. 죽은 자를 장사 지내지 않는 수치를 당한다. 그러면 이 두 증인이 3년 반 동안 존재했던 모습이 어떤 모습이었는가. 모세와 엘리야의 권세를 가지고 왕적, 제사장적 지위를 가지고 당당하게 하나님나라를 선포하고 회개를 촉구했던 모습이다. 이것을 한번 비교하라는 것이다. 고난은 짧고 영광은 길다.

비록 장사 지내지 않고 사람들의 조롱과 수치와 모욕을 받지만 그 기간은 3년 반에 비하면 짧다. 우리가 주님의 길을 갈 때 진행할 수밖에 없는 그런 고난과 고통은 하나님이 우리에게 예비해두신 영광과 비교하면 매우 짧은 기간이다.

"삼 일 반 후에 하나님께로부터 생기가 그들 속에 들어가매 그들이 발로 일어서니 구경하는 자들이 크게 두려워하더라"(계 11:11).

이것을 휴거라고 말하는 사람들이 있는데 이 스토리 속에 휴거가 끼어들 여지가 없다. 구름 타고 하늘로 올라간다. 1장 7절에 구름 타고 예수님이 왔다. 하늘로 와서 나라와 권세와 영광을 받았다. 이 구름을 타고 하늘을 올라갔던 것은 예수님에게는 큰 영광과 지위에 있게 됐다. 그것이다. 우리 삶의 마지막은 바로 예수님처럼 영광과 존귀를 얻게 된다는 것이다.

그야말로 왕적인 진리를 가시적으로, 물리적으로 얻게 될 것이다. 이것이 바로 예수님이 구름 타고 하늘로 올라가신 패턴을 그대로 두 증인에게 증언함으로써 다시 말하면 교회 공동체가 예수님이 가신 증인의 길, 왕적 메시아의 삶의 모습을 끝까지 견지해나갈 때 궁극적으로 교회에게 주어진 영광을 보여준다. 예수님이 공생애 동안에 십자가의 과업을 다 이루시고 죽으시고 부활하셔서 얻게 되는 그 영광에 함께 동참하게 될 것이다. 그것을 이 본문에서 우리에게 보여주고 있다.

물론 그것이 예수님의 재림 때에 주어질 수도 있는데, 우리가 고난을 당하는 순간순간 주님께서 위로하시는 현장 속에서 이 영광을 맛보게 된다. 그래서 이것을 시간적으로 미뤄서 이야기할 수도 있지만 이 시대 속에서 우리는 영광을 경험할 수 있다. 두 증인이 주는 메시지는 이것이다. "예수님의 길을 가라. 고난이 있을 수 있지만 결과는 영광이다."

처음 두 증인 이야기를 읽을 때 관전 포인트를 말했다. 첫째 문맥과 두 번째 문맥. 여섯 번째 나팔 심판을 불었을 때와 일곱 번째 나팔을 불었을 때. 여섯 번째 나팔을 불었을 때 하나님의 심판에도 불구하고 사람들이 회개하지 않았다. 살인하고 도둑질하고 우상숭배하고 간음했는데 일곱 번째 나팔을 불자 그 세상 나라가 하나님나라가 되었다. 누구를 통해서 하나님이 이 일을 하실까? 바로 두 증인인 나와 당신을 통해서다.

종말의 시대, 교회가 어떤 존재가 되어야 하는가? 1세기에 이 말씀을 받았던 일곱 교회 성도들, 로마제국의 세력 앞에 한줌의 흙과 같은 나약한 존재였던 그들에게 요한이 도전한다. 당신들은 세상을 바꿀 수가 있다. 오늘도 우리에게 하나님이 큰 음성으로 말씀하신다. 이 완악한 시대를 누가 변화시킨다는 말인가? 바로 주님께서 나와 당신을 쓰시기 원하신다. 우리가 예수님이 가신 그 증인의 삶을 십자가의 죽음의 자리까지 따라가게 될 때 하나님의 심판에도 불구하고 회개하지 않던 이 세상 나라가 마침내 하나님의 나라가 될 것이다.

한국 교회가 은근히 패배주의에 빠져 있다.

"한국 교회 어쩔 수 없다. 너무 세상이 완악하고 강력하다."

2천 년 전 로마제국은 지금보다 더 강력했다. 교회는 어떠했는가? 2천 년 전 소아시아 교회야말로 아주 조그마한 무리들이었다. 그들이 이 말씀을 듣고 세상을 향해 나갈 수 있었다면 오늘날 성도들이 이 세상이 하나님나라가 되는 것을 위해서 희망을 갖고 능력 있게 나가지 못할 이유가 없다.

부흥을 주소서!

임석순

Only Jesus Christ

Only Jesus Christ

하나님은 살아 계신가?

하루는 잘 아는 권사님이 갑자기 이런 질문을 했다.

"목사님, 정말 하나님이 살아 계신가요?"

그 권사님은 충분히 그런 질문을 하실 만한 이유가 있었다. 권사님의 하나밖에 없는 아들이 매우 훌륭하게 잘 자랐다. 좋은 대학을 나와 미국에서 유학하고 좋은 직장을 다니다가 결혼해서 두 아들을 낳고 잘 살고 있었다. 그런데 어느 날 그 아들이 어머니 집에 와서 잤는데 아침에 일어나보니 시체가 되어 있었다. 그날이 기억난다. 내가 새벽예배를 마치고 집에 들어왔는데 전화가 왔다.

"목사님, 어떻게 해요? 우리 아들이 죽었어요."

그 말을 듣는데 도저히 믿어지지가 않았다. 왜냐하면 전화받은 날이

월요일이었는데 바로 그 전날인 주일에 그가 성가대에서 찬양하는 것을 분명히 봤기 때문이다. 권사님도 나도 서로 믿어지지가 않았다. 부랴부랴 권사님 집으로 달려갔다. 정말 아들이 시신이 되어서 **뻣뻣**해져 있었다. 나는 손을 꼭 붙잡고 간절하게 기도했다.

"하나님, 나사로를 살리신 주님, 제발 이 아들 좀 살려주세요. 이 아들은 죽어서는 안 돼요. 제발 살려주세요."

그럼에도 그 아들은 살아나지 못했다. 장례를 다 마치고 돌아왔을 때 그 권사님이 나에게 했던 말이 이것이다.

"목사님, 정말 하나님이 살아 계십니까?"

그 권사님은 누구보다 철저하게 신앙생활을 해오신 분이었다. 헌금, 봉사, 예배 등 누가 봐도 경건하고 아름답게 신앙생활하시는 모범적인 권사님에게 이런 일이 닥쳤다.

분명한 것은 그 권사님에게만 이런 일이 닥치는 것이 아니라 거의 모든 신자들의 삶 가운데 어려움이 생긴다는 사실이다. 믿는 사람에게는 이 세상을 살아가는 날 동안 좋은 일만 생긴다고 생각하는 것은 오산이다. 우리는 성경을 보면서 사도 바울이 어마어마한 기적을 일으키고 놀라운 사역을 행한 것만 생각하는데 결국 그도 비참하게 매 맞고 수많은 위협을 느끼면서 살다가 비참하게 죽는다. 예수님의 제자들이 엄청난 이적과 기사를 일으키지만 결국은 그들도 비참하게 죽었다. 이런 부분을 간과해서는 안 된다. 신앙인들도 이 세상에 살면서 숱한 고난과 아픔을 만난다. 중요한 것은 고난과 아픔이 있을 때에 반드시 구별되게 살아야 한다는 사실이다.

하박국 선지자가 그랬다.

"하나님, 도대체 아버지께서 살아 계시다면 어찌하여 이 땅에 공의도 없고 정의도 없고 이렇게 강포만 있습니까?"

나라를 바라보면서 하박국은 너무 가슴이 아파서 하나님 앞에 나아가고 있다. 많은 사람들이 소망 없는 민족에 대하여 끊임없이 불평하고 원망한다. 교회에 대해서도 마찬가지이다.

"오늘날은 교회에 소망이 없어. 교회가 왜 이런지 모르겠어."

성도들마저 교회를 비난하고 원망하며 불평한다. 나는 우리나라를 보면서 이런 생각을 할 때가 있다.

"하나님, 도대체 나라가 왜 이 모양입니까?"

오죽하면 이 나라를 떠나고 싶은 마음이 들 정도로 정치나 경제 심지어는 교회를 포함한 모든 것들이 나를 실망시킨다.

그러나 하나님의 사람은 이러한 상황 속에서 하나님 앞에 나아가서 기도한다. 세상 사람들은 이럴 때 원망하고 불평하는 것에 그치지만 하나님의 사람들은 이것 때문에 하나님께로 나아간다. 그래서 하박국 선지자는 민족의 아픔으로 인해, 세상에 정의와 공의가 없는 것을 바라보며 하나님 앞에 나아가 기도하다가 받은 아버지 하나님의 묵시의 말씀을 기록하고 있다.

하나님은 우리의 기도를 들으시는 분이다. 마태복음 7장 7-11절에 구하면 주시고 찾으면 찾게 되고, 두드리면 반드시 열어주신다고 하셨다. 하늘 아버지께서는 반드시 우리의 기도에 응답하신다. 이런 하나님이시기 때문에 우리는 교회에 대한 안타까움이나 내 자신에 대한, 혹은 민족에 대한 낙심과 원망이 있을지라도 그분 앞에 나가서 기도하는 것이다.

하나님 생각과 내 생각의 충돌

하박국은 하나님 앞에 간절히 기도했다. 그랬더니 하나님이 이렇게 말씀하신다.

"여호와께서 이르시되 너희는 여러 나라를 보고 또 보고 놀라고 또 놀랄지어다 너희의 생전에 내가 한 가지 일을 행할 것이라 누가 너희에게 말할지라도 너희가 믿지 아니하리라"(합 1:5).

하나님이 하박국의 기도에 응답하신 것이다.

"놀랄지어다. 그리고 여러 사람들이 이것을 보고 믿지 못할 것이다."

하박국이 기도 중에 이 응답을 받는 순간 어땠을까? 놀라운 일이 일어난다는데 행복하지 않았을까? 하박국은 너무나도 행복했을 것이다. 하나님은 이렇게 기도에 분명히 응답을 하신다. 5절에 그렇게 말씀하시고 그다음 6절과는 조금 시간의 간격이 있었을 것이라고 생각된다. 하박국이 아마 이렇게 기도했을 것이다. "하나님, 이 놀랄 일이 도대체 무엇입니까? 믿지 못할 일이 무엇일까요?" 그랬더니 하나님이 말씀하신다.

보라 내가 사납고 성급한 백성 곧 땅이 넓은 곳으로 다니며 자기의 소유가 아닌 거처들을 점령하는 갈대아 사람을 일으켰나니 그들은 두렵고 무서우며 당당함과 위엄이 자기들에게서 나오며 그들의 군마는 표범보다 빠르고 저녁 이리보다 사나우며 그들의 마병은 먼 곳에서부터 빨리 달려오는 마병이라 마치 먹이를 움키려 하는 독수리의 날음과 같으니라 그들은 다 강포를 행하러 오는데 앞을 향하여 나아가며 사람을 사로잡아 모으기를 모래같이 많이 할 것이요 왕들을 멸시하며 방백을 조소하며 모든 견고한 성들을 비웃고 흉벽을 쌓아 그것을 점령할 것이라 그들은 자기들의 힘을 자기들의 신으로 삼는 자들이라 이에 바람같이 급히 몰아 지나치게 행하여 범죄하리라 합 1:6-11

'바벨론을 표범과 같이 강한 군대로 만들어 너희 나라 백성들을 전부 짓밟겠다!' 이것이 하박국의 기도에 대한 하나님의 응답이었다.

놀라운 일을 행하신다고 말씀하신 그 하나님이 결국 바벨론을 들어서 이스라엘을 전부 짓밟겠다는 것이다. 민족에 대한 아픔과 공의와 정의가 없는 땅에 대해 괴로워서 하나님 앞에 기도했는데 하나님은 도리어 바벨론을 들어서 이스라엘 백성을 다 짓밟겠다고 응답하시는 순간 하박국은 견딜 수 없었을 것이다.

하나님의 생각과 하박국의 생각 사이에 충돌이 일어났다. 하나님이 응답하시면 이스라엘을 더 강하게 만들어서 하나님이 행하신 것을 만방에 보일 줄 알았는데, 바벨론을 더 강하게 만들어서 이스라엘 백성들을 점령한다고 하니 마음 가운데 충돌이 일어날 수밖에 없다. 충돌이 일어나는 순간 하박국은 하나님 앞에 나아가서 더욱 기도하고 있다.

선지자가 이르되 여호와 나의 하나님, 나의 거룩한 이시여 주께서는 만세 전부터 계시지 아니하시니이까 우리가 사망에 이르지 아니하리이다 여호와여 주께서 심판하기 위하여 그들을 두셨나이다 반석이시여 주께서 경계하기 위하여 그들을 세우셨나이다 합 1:12

그는 마음이 괴로운 상황 속에서도 하나님을 높인다. 그러고 나서 이렇게 말한다.

> 내가 내 파수하는 곳에 서며 성루에 서리라 그가 내게 무엇이라 말씀하실는지 기다리고 바라보며 나의 질문에 대하여 어떻게 대답하실는지 보리라 하였더니 합 2:1

성문 꼭대기에 올라가서 하박국이 말하고 있다. "도대체 하나님을 믿지도 않는 바벨론을 더 강하게 만들어서 아버지께서 택한 백성들에게 고난을 주어야 하는 이유를 저는 이해할 수 없습니다. 하나님이 왜 그러시는지 말씀하실 때까지, 이 성문 꼭대기에서 내려오지 않겠습니다." 그런데 하나님이 하박국에게 뭐라고 응답하셨는지 한번 보라.

> 여호와께서 내게 대답하여 이르시되 너는 이 묵시를 기록하여 판에 명백히 새기되 달려가면서도 읽을 수 있게 하라 이 묵시는 정한 때가 있나니 그 종말이 속히 이르겠고 결코 거짓되지 아니하리라 비록 더딜지라도 기다리라 지체되지 않고 반드시 응하리라 보라 그의 마음은 교만하며 그 속에서 정직하지 못하나 의인은 그의 믿음으로 말미암아 살리라 합 2:2-4

하나님이 하시는 말씀은 이렇다. "아무리 네가 성문 꼭대기에 올라가서 금식을 하든 뭘 하든 간에 이 묵시에 대해서는 반드시 이루리라!" 그러면서 "너는 믿음으로 살아가라!"고 말씀하신다.

의인은 믿음으로 살아간다. 믿음은 과연 무엇인가? 무엇을 믿어야 하는가? 지금 하박국에게 하나님이 하시고자 하는 이야기는 이것이다.

"얘야, 바벨론을 들어 이스라엘 백성을 치는 자가 누구냐? 이 모든 것들을 이끌어가시는 자는 누구냐? 네가 지금 고난을 당한다 할지라도 그 고난마저도 내가 이끌어가는 것을 깨달아라."

하나님이 모든 것을 통치하고 계심을 믿으라는 것이 하박국에게 하시는 말씀이다. 하나님은 상황을 바꿔주시겠다고 말씀하시지 않는다. 오히려 바벨론을 들어 이스라엘 백성을 치는 상황을 만드시겠다고 하시며 "의인은 믿음으로 말미암아 살리라!"고 말씀하신다. 이에 하박국은 3장의 고백을 하기에 이른다. '여호와여 주는 주의 일을 이 수년 내에 나타내시옵소서. 진노 중에라도 긍휼을 잊지 마옵소서.' 하박국이 이러한 고백을 할 수 있었던 것은 그가 '복음'으로 말미암아 '의인'이 된 사람이었기 때문이다.

복음은 당신에게 무엇인가

만약 당신에게 "복음이 무엇입니까?"라고 묻는다면 무엇이라고 답하겠는가. 아마도 대부분의 사람들이 한마디로 정확하게, 분명하게 대답하는 것을 어려워할 것이다.

나는 1987년도에 영국에서 공부를 하고 있었는데, 그때 존 스토트 목사님이 계신 교회에 일 년간 출석한 적이 있다. 나는 그 분을 개인적으로 만나면 "목사님! 복음이 무엇입니까?"라고 꼭 물어보고 싶었다.

그때 존 스토트 목사님이 목회하시는 교회의 성도가 3천 명 정도 되었다. 당시 영국교회는 이미 하향 곡선을 내려가서 바닥을 치고 있을 때였기에 3천 명은 굉장한 숫자였다. 그해는 존 스토트 목사님께서 은퇴하시는 해였지만 그 분의 복음에 대한 열정은 이루 말할 수 없을 정도로 대단했다.

어느 날, 질문할 수 있는 기회가 찾아왔다. 예배를 마치고 식사를 하고 있을 때, 목사님한테 질문했다.

"목사님, 목사님에게는 복음이 무엇인가요?"

그랬더니 이렇게 말씀하셨다.

"내게 복음은 예수 그리스도지요!"

그리고 이어서 말씀하셨다.

"복음은 나의 인생에서 가장 기쁜 것입니다. 나에게 복음은 예수님이기 때문에 아침에 눈을 뜨면 가장 큰 기쁨이 되는 예수님을 먼저 생각합니다. 특별히 예수님에 대해 다섯 가지를 되새깁니다."

이 말을 듣자마자 나는 대단한 학자이고 목회자인 그 분의 입에서 어떤 내용이 나올지 기대되어 재빨리 필기도구를 꺼냈다.

"저는 매일 아침 눈을 뜨자마자 '예수님은 날 위해서 오셨다. 예수님은 날 위해서 죽으시고 부활하셨다. 그리고 예수 그리스도께서는 승천하셨고 반드시 날 위해서 다시 오신다'라는 사실을 생각하며 기뻐합니다."

메모할 필요가 없는 너무도 단순한 메시지였다. 날마다 눈을 뜨면 이 다섯 가지를 생각하면서 살아가고, 하루를 마무리하면서도 그 생각으로 마무리한다는 게 충격적이었다. 나도 모태에서부터 신앙생활을 했고, 내 나름대로 예수님을 잘 믿는다고 생각해왔는데 복음이 예수님이라면 나도 마땅히 눈뜨면 가장 먼저 예수님을 생각해야 하지 않았을까? 하루를 살면서 마땅히 예수님을 생각하며 살고, 하루를 마무리하면서도 예수님에 대해 생각하는 게 마땅하다. 그 분이 새기고 있는 이 다섯 가지가 결국은 그 분이 어떤 상황을 만나든 흔들림 없는 믿음의 사람으로 살고 있다는 사실을 보여주는 것임을 그때 깨달았다.

한편 누가 나에게 "목사님에게 있어서 복음은 무엇입니까?"라고 묻는다면 나는 '주인이 바뀌고 장소가 바뀐 것'이라고 대답할 것이다. 죄악된 세상 가운데 살고 있었을 때는 나의 주인이 세상이고 나 자신이었지만 지금은 하나님이 나의 주인이시니 세상에 살면서도 회복된 에덴 가운데 살고 있는, 주인이 바뀌고 장소가 바뀐 사람이 바로 복음의 사람이다.

주인과 장소가 바뀐 삶에 대해 좀 더 명확한 설명을 해주는 말씀이 바로 창세기 2장과 3장이다. 창세기 2장과 3장은 불과 종이 한 장 차이이지만 완전히 다른 차원의 세계이다. 3장은 죄악의 세상이고, 2장은 죄가 없는 세상이다. 죄악의 세상과 죄가 없는 세상은 무엇이 다를까? 창세기 2장 마지막 절을 보라.

"아담과 그의 아내 두 사람이 벌거벗었으나 부끄러워하지 아니하니라"(창 2:25).

아담과 하와가 벌거벗었으나 부끄러워하지 않았다. 그런데 3장에 들어와서는 자기가 벌거벗은 줄 알고 나무로 엮어 치마를 만들었는데도 계속해서 부끄러워한다.

이에 그들의 눈이 밝아져 자기들이 벗은 줄을 알고 무화과나무 잎을 엮어 치마로 삼았더라 그들이 그날 바람이 불 때 동산에 거니시는 여호와 하나님의 소리를 듣고 아담과 그의 아내가 여호와 하나님의 낯을 피하여 동산 나무 사이에 숨은지라 창 3:7,8

3장과 2장의 차이는 '죄'이다. 죄가 없을 때는 아담과 하와가 부끄러워하지 않았는데 죄가 들어오고 나서는 부끄러워했다. 그렇다면 죄가 무엇인가? 부끄러워하는 것인가? 수많은 사람들이 죄를 도덕적인 것으로 생각한다. 물론 세상 사람들이 죄라고 평가하는 것들을 죄라고 생각할 수도 있겠지만 궁극적으로 죄는 하나님을 바라보지 않는 것을 말한다.

인간이 3장으로 갈 때는 누구나 다 죄를 뒤집어쓰고 죄의 강을 건너갔다. 그런데 예수가 우리를 위해 십자가를 짊어지신 것을 통해 2장으로 다시 넘어온 삶을 사는 사람들은 죄가 없는 상태가 되었다. 그래서 2장에 살게 된 자들은 의인된 백성들이라 칭한다.

죄는 하나님이 보이지 않고 내가 보이는 것이므로 3장의 백성은 벌거벗은 나 자신을 보면서 부끄러워한다. 반면 의인된 백성, 그리스도의 십자가로 말미암아 2장으로 다시 넘어간 백성은 내가 보이지 않고 하나님이 보이는 것이다. 벌거벗었지만 내가 나를 보는 것이 아니라 예수 그리스도로 말미암아 하나님 아버지를 볼 수 있는 눈을 가지게 되어 이제는 하나님 아버지를 보고 살아가는 것이다.

하나님은 2장에 속해 있던 백성을 잠시 동안 이 세상 속, 즉 창세기 3장의 삶으로 내보내셨다. 그래서 우리는 지금 3장 속에 와 있는데, 사실은 2장에 속한 자다. 2장에 속한 자가 3장 속에서 살고 있는 것이다. 3장 속에서 살아가고 있으니 세상에 살아가는 날 동안 하나님을 봐야 할 사람이 여전히 나 자신을 쳐다보게 되는 것이다. 그래서 내가 나를 보면 부끄러울 수밖에 없다. 절망에 빠지게 된다. 혹은 전혀 반대로 교만해질 수도 있다.

교만과 절망 처리하기

창세기 3장의 세상에 살면서 우리가 조심해야 하는 두 가지가 있다. 바로 교만과 절망이다. 사사기 7장에 보면 이스라엘 백성과 미디안 백성이 싸우고 있을 때 미디안 군대가 13만 5천 명, 이스라엘 군대는 3만 2천 명이다. 사사시대의 군대이기 때문에 사실 제대로 정비되지도 않았다. 그런 상황에서 3만 2천 명이 13만 5천 명과 싸우려고 하는데 하나님이 기드온에게 말씀하신다.

"기드온아, 너무 많다. 그러니까 돌려보내라."

성경에는 기록되어 있지 않지만 기가 막힌 기드온은 이렇게 말했을 것이다.

"하나님, 3만 2천 명으로도 13만 5천 명과는 게임이 안 되는데 돌려보내라니요?"

입으로 말하지 않았어도 마음속으로라도 그렇게 외쳤을 것이다. 그 생각을 아시는 하나님은 이렇게 말씀하신다.

"스스로 자랑하기를 내 손이 나를 구원하였다 할까 함이니라… 누구든지 두려워 떠는 자는 길르앗 산을 떠나 돌아가라 하라"(삿 7:2,3).

이는 하나님이 두 부류 사람을 쓰시지 않겠다는 말씀이다. 스스로 자랑하는 사람과 두려워 떠는 사람, 즉 교만한 사람과 절망하는 사람은 쓰지 않으시겠다는 말이다. 그래서 2만 2천 명을 돌려보냈다.

이 세상에서 살아가는 날 동안 연약한 존재인 우리 안에는 3만 2천 명의 군사가 있다. 우리는 수시로 그것을 의지하려고 한다. 그러나 하나님은 내 안에 있는 2만 2천 명을 날마다 잘라내기를 원하신다. 절망, 교만에 빠져 있는 마음을 잘라내라고 하신다. 그 비결은 바로 하나님을 볼 수 있는 눈을 갖는 것이다. 하나님을 바라보면 우리는 내 안의 교만함과 절망감을 잘라낼 수가 있다. 그러면 그것으로 충분할까? 하나님은 이제 남은 만 명에 대해 기드온에게 또 말씀하신다.

"이들을 데리고 물가에 가서 물을 마시게 하여라. 물을 마실 때 두 종류의 사람이 있을 텐데 그것을 나누도록 해라."

한 부류는 개처럼 핥아먹고 또 다른 부류는 무릎을 꿇고 머리를 물에 대고 마셨다. 개처럼 핥아먹은 사람이 300명, 무릎을 꿇고 마신 사람이 9,700명이었다. 그렇다면 기드온은 어느 편을 데리고 가면 좋겠다고 생각했을까? 당연히 인원수가 많은 쪽일 것이다. 그러나 하나님은 300명을 선택했다. 왜 하나님은 300명을 선택하셨을까? 그 편이 인원이 적었기 때문이라고 생각하면 오해다. 300명이 적어서 선택하셨다면 굳이 300명까지 데리고 갈 필요가 없다. 한 명만 데리고 가서 하나님이 그냥 다 부숴버리고 이렇게 하면 될 것 아닌가.

"얘들아! 다 부쉈다! 내가 부쉈으니 이제 너희들은 전진해서 들어가기만 해라!"

하나님이 300명을 선택한 것은 결코 인원수가 적어서가 아니다. 전쟁터에 들어가면 더 이상 물을 마실 수 없다. 그 물가에서 마시는 것이 마지막 물이었다. 무릎까지 꿇고서 물을 마신 9,700명은 전쟁터까지는 잘 왔으나 이것이 마지막 물이고 이제 전쟁터에 들어가면 더는 물을 마실 수가 없다는 생각을 하니 오직 물 먹는 일에만 집중한 것이다. 그러나 개처럼 핥아먹은 이들은 물 먹는 일보다는 앞으로 자신들이 해야 할 일, 자신들을 통하여 하나님이 행하실 일, 즉 하나님의 통치와 뜻에 집중하였기에 물을 먹는 일은 차선이었다.

전쟁을 앞두고 물을 실컷 먹어두는 것은 어쩌면 당연한 일인지도 모른다. 그러나 하나님이 기드온의 300용사를 통해 우리에게 주시는 메시지는 이것이다.

"끝까지 하나님만 바라보고 마지막까지 하나님나라만 생각해라."

마침내 기드온이 300명을 선택해서 들어갔다. 그런데 그들이 싸웠는가? 싸우지 않았다. 하나님이 다 싸워주셨다. 하나님이 다 해결해주셨다. 결국 우리는 이 세상에서 살아가는 날 동안 날마다 이 9,700까지 잘라내야 한다. 하나님을 바라봄으로 마음속의 절망과 교만을 잘라내고 최종적으로 9,700까지 잘라내고서 300으로만 하나님의 뜻을 좇으려 해야 한다. 이 험난한 세대 가운데 우리와 함께하시며 대신 싸워주시는 그 하나님이 우리를 이 시대의 용사로 앞세우시고 세계 열방까지 하나님의 나라를 이루어가실 것을 확신한다.

이렇게 날마다 하나님 한 분만 바라보고 오직 주 예수 그리스도만 바라보는 삶이 바로 창세기 2장에 거하는 사람의 삶이다. 나는 본래 쉽게 절망과 교만에 빠질 수 있는 사람이지만 이제는 창세기 2장으로 다시 넘어가 의인된 백성, 주인과 장소가 바뀐 자이기에 비록 몸은 창세기 3장에 살고 있어도 나를 보는 것이 아니라 하나님을 보아야 한다. 이것이 복음으로 말미암아 의인된 사람의 삶, 바로 믿음으로 사는 사람의 삶인 것이다.

영원하신 하나님

그렇다면 우리가 바라보아야 할 유일한 분, 하나님은 어떤 분이신가? 창세기 1장 1절은 하나님이 어떤 분이신지 구체적으로 표현하고 있다.

"태초에 하나님이 천지를 창조하시니라."

하나님은 태초의 하나님이시다. 태초라고 하는 말은 원어로 '시간의 시작'이라는 말이다. 즉 영원하신 하나님, 시간 밖에 계시는, 시간을 초월하시는 하나님이 시간을 만드심으로써 우리의 시간 속에 들어오셨다는 뜻이다. 이 세상을 통치하시고 우리를 통치해가시는 태초의 하나님은 내 시간 속에 들어와 계신 하나님이시다. 지금 이스라엘 백성 속에 들어와 계신 하나님, 내 시간 속에 들어와 계신 하나님, 인간으로서는 이 하나님을 이해할 수가 없다. 앞서 이야기한 하박국 역시 바벨론을 강하게 만드셔서 이스라엘을 전멸시키는 도구로 사용하시는 하나님을 이해할 수는 없었지만 이스라엘의 시간 속에 들어와 통치하시는 하나님을 바라보고 있다.

나는 1983년도에 독일에 유학을 가게 되었다. 간 지 3개월째에 비자 연장을 위해 건강진단을 받았는데 몸무게가 54킬로그램이었다. 워낙 못 먹고, 고생해서 그런가보다 생각했는데 원인은 그것이 아니었다. 폐 한 쪽이 다 썩어서 폐결핵 말기였다. 의사의 진단이 나온 뒤 병원이 발칵 뒤집히고, 학교도 뒤집혔다. 전염성이 있다고 하면 2만 2천 명이나 되는 학생을 다 진단해야 한다. 다행히 전염성은 아니었지만 나에게는 추방 명령이 떨어질 수밖에 없었다. 비자를 연장하려면 의사의 사인이 있어야 하는데 폐결핵 환자에게 사인을 해줄 리 만무했다. 그 당시 심정은 '내가 여기에서 죽으면 죽었지 한국은 절대 못 돌아간다'였다. 그때는 유학이나 외국 나갈 때 공항에 얼마나 사람들이 많이 나왔는지 모른다. 내가 나갈 때 250명 정도 배웅 나와서 예배를 드렸다. 어머니는 공항 바닥에 엎드려서 통곡을 하셨다.

"이제 우리 아들 언제 보나, 내 아들 언제 봐."

내가 말했다.

"어머니, 아마 최소한 5,6년은 있어야 볼 수 있어요."

이렇게 말은 했지만 사실 한 번 가면 비행기 타고 다시 온다는 게 거의 불가능할 정도로 힘들었다. 전화 한 번 하는 것도 비싸서 할 수 없었다. 힘든 상황에서 유학을 왔는데 3개월 만에 돌아가야 한다고 생각하니 앞이 캄캄했다.

'하나님이 나에게 분명히 가라고 응답하셔서 왔는데 왜 이런 상황을 만났을까?'

고민하다가 2,3일쯤 뒤에 의사를 다시 찾아갔다.

"선생님께서는 의사생활을 하면서 기적을 본 적이 없습니까?"

"나는 의사지만 날마다 기적을 체험합니다."

"나에게 기적이 일어났습니다."

의사가 눈을 동그랗게 뜨고 '이 녀석이 지금 미쳤구나'라는 눈빛으로 나를 쳐다보았다. 내가 폐결핵이 다 나았다는 얘기를 하는 것으로 오해한 것이다. 나는 말을 이어갔다.

"병이 낫는 것만 기적입니까? 병이 갑자기 생기는 것도 기적입니다."

내 병이 갑자기 생긴 병이라는 것만 입증되면 모든 문제가 해결되는 것이다. 독일에서 생긴 병은 독일이 다 책임을 져야 했기 때문이다. 그러니까 나의 주장은 한국에서는 없던 폐결핵이 갑자기 생긴 것도 기적이라는 것이었다. 내가 독일에 들어와 3개월 만에 건강진단을 받은 것이었는데 병원 쪽에서는 폐결핵이 독일에 오기 전, 1년 6개월 전쯤에 생긴 것이라며 비자 연장을 해주지 않도록 되어 있었기 때문에 한국에서 폐결핵이 없었다는 사실만 증명하면 되었다.

"선생님, 제가 증명서를 제출하겠습니다. 제가 한국에서 건강진단을 안 받았겠습니까? 6개월마다 건강검진을 받았습니다."

지금 와서 솔직하게 고백하지만 물론 한 번도 건강검진을 받은 적이 없었다. 그때는 정말 간절하게 한 달 만이라도 연장하고 싶은 마음이 컸다. 내가 그렇게 이야기하면 의사는 들림없이 "그것이 사실이라면 그 서류를 제출하시오"라고 말할 것 같았다. 그러면 한국으로 편지를 보내고 한국에서 서류를 만들어 보내는 시간이 한 달 정도는 소요될 것 같았다. 한 달이라도 연장받고 싶어서 그렇게 말을 했다. 그런데 이 분이 다음과 같이 말하는 게 아닌가.

"당신에게 6개월을 연장해주겠소."

그 말을 듣자 정말 하늘을 나는 것 같았다. 6개월 동안 먹고사는 걱정도 할 필요가 없었다. 당시 독일에서는 병을 치료할 때 병원비는 물론 먹을 것을 다 대주었기 때문이다. 게다가 내가 다른 지방으로 요양을 가겠다고 하면 독일 정부에서 요양받는 장소에 가는 비용도 모두 책임을 졌다. 치료는 물론 생활비까지 하나도 걱정할 게 없는 것이다. 6개월을 완벽하게 보장받고 병원에 누워 있는데, 그렇게 감사할 수가 없었다. 폐결핵이라고 해도 활동에는 전혀 문제가 없고 누워만 있으면 삼시세끼 주는 밥 먹고, 독일어 선생을 구할 것도 없이 간호사들이 와서 계속 이야기를 해주니 언어공부도 되고 더할 나위 없이 좋았다. 그런데도 병원에 일주일 있으니까 병원 특유의 냄새가 나서 다른 곳으로 요양 가고 싶은 마음이 들었다. 마땅히 요양을 갈 만한 곳이 없었는데 한 군데 생각이 났다.

실은 한국에서 독일로 갈 때 비행기 표를 살 돈이 없어서 홀트 아동복지회를 찾아갔었다.

"입양아를 데리고 갈 테니까 비행기 표를 주세요."

용기도 가상하게 말을 했는데 전부는 안 되고 반값을 준다고 했다. 당시 항공권이 53만 원이었다. 절반을 받는다고 해도 나머지 돈이 없었다. 그래서 또 한 번 제안을 했다.

"두 명 데리고 가면 안 돼요?"

담당자는 한 번도 그런 적이 없다고 말했다. 그런데 얼마나 간절하고 불쌍해 보였는지 그들끼리 의논한 후 나를 불러서 말했다.

"이번에 프랑스 파리로 가는 아이 셋이 있는데, 셋을 데리고 가세요."

그래서 총각인 내가 아이 셋을 데리고 비행기를 탔다. 비행기가 이륙하니까 한 명이 울더니 셋이 함께 울기 시작하는데, 손을 쓸 수가 없었다. 힘들고 어려울 때는 그냥 다 내려놓는 게 좋다. 어설프게 손을 썼다간 더 힘들다. 내가 다 내려놨더니 승무원이 와서 도와주었다. 지금이야 13시간 정도면 가지만 그때는 알래스카로 돌아서 비행했기 때문에 28시간이나 걸렸다. 나는 어느새 잠이 들었다. 한참 시간이 지난 후에 승무원이 와서 깨웠다.

"프랑스에 다 왔으니까 이제 애 데리고 나가세요."

안아보지도 않고, 정들지도 않았는데, 막상 아이들을 입양할 부모에게 건네주는데 마음이 괴로웠다.

'한국은 왜 이렇게 못살아서 애까지 팔아먹나? 도대체 이 아이의 부모는 누굴까? 어떻게 이런 핏덩이 같은 새끼를 떼어놓을 수 있을까?'

한참 동안 괴로워하고 있다가 마음 한구석에 이런 생각이 들었다.

'유럽에 입양아가 3만 명이 있다던데, 내가 방학 때 입양아를 위해서 무언가 할 수 있지 않을까?'

생각하다가 입양아들이 모여 있는 곳을 알아내어 덴마크에 갔었다. 그곳에서 20여 명의 입양아들을 만나 시간을 보내고 방학이 되면 다시 오겠다고 약속하고서 내려오던 길에 기차 안에서 만난 할머니 한 분이 당시에 내가 유일하게 알게 된 독일 사람이었다. 기차 안에서 한두 마디 나누고 주소를 교환했는데, 요양처를 생각하다가 문득 그 할머니가 떠

올라 그 분께 편지를 썼다.

"기차 안에서 만난 한국 유학생입니다. 제가 폐결핵으로 누워 있는데 할머니 생각이 났습니다. 할머니 집에 가서 요양을 할 수 없을까요?"

나는 원래 그렇게 뻔뻔스러운 사람이 아닌데 무슨 용기가 났는지 그렇게 편지를 써서 보냈다. 놀랍게도 일주일 후에 답장이 왔는데 할머니가 자기 집으로 요양을 오라는 것이었다. 너무 행복해서 그 편지를 들고 의사한테 달려갔다.

"선생님, 저는 이곳으로 요양 가겠습니다."

그랬더니 병원에서 요양갈 곳을 꼼꼼히 조사하고 교통비와 생활비를 다 대주었다. 드디어 기차를 타고 할머니 댁이 있는 곳에 도착했다. '뉴벡'이라고 하는 곳인데 독일에서도 문화도시로 알려져 있는 곳이었다. 그곳에서 할머니 집을 찾아갔는데, 집이 얼마나 좋은지 집 뒤편에는 작은 호수까지 있었다. 10년 전에 남편이 보트를 타다가 보트가 전복되어 돌아가셨고, 슬하에 자녀는 딸이 세 명 있는데 모두 결혼하여 출가한 상태였다. 그중 둘째 딸이 독일어 선생인데, 류마티스병에 걸려 요양 차 어머니 집에 와 있었다. 그러니까 한 분은 노인, 두 사람은 환자, 이렇게 셋이 생활했다. 처음에는 내가 한국 이야기를 실컷 했는데 이틀 지나자 할 말이 없었다. 그래서 따님에게 제안을 했다.

"심심하시니까 나한테 독일어를 좀 가르쳐주세요."

그랬더니 도리어 얼마나 행복해하는지!

"얼마나 가르쳐줄까?"

그 질문에 나는 하루에 8시간씩 월요일부터 금요일까지 계속 가르처달라고 했다. 어떻게 그렇게 뻔뻔하게 요구했는지 모르겠다. 그 분은 자신이 8시간을 가르쳐줄 수 있지만 내가 폐결핵 환자이기 때문에 무리하면 안 되니 오전 시간만 가르쳐주겠다고 했다. 그래서 내가 다시 오전에 3시간, 오후에 3시간씩 가르쳐달라고 부탁해서 월요일부터 금요일까지 일주일에 총 30시간씩 공짜로 독일어를 배우게 됐다. 사실 독일 사람들은 개인지도를 일주일에 10시간 이상 하는 사람이 거의 없다. 그러니 내가 30시간씩 개인지도를 받은 것은 정말 드문 일이었다.

나는 할머니가 참 좋고 감사하고 사랑스러워서 "무티!(독일어로 '할머니') 사랑해요"라는 말을 자주 하면서 할머니를 꼭 안아드리곤 했다. 할머니가 얼마나 행복해하셨는지 모른다. 한두 달쯤 지났을 무렵, 건강이 좋아진 것 같아서 병원에 가서 진찰을 해보니 흔적만 남고 완벽하게 치료되어 있었다. 이제 할머니와 헤어져야 할 시간이었다. 하루는 할머니가 세 딸을 부르더니 이런 말씀을 하셨다.

"내가 석순이를 양아들로 삼고 싶구나."

딸들이 전부 동의하자 할머니는 나를 양아들로 입적하시겠다고 말씀하셨다. 그래도 내가 한국 사람인데 아무리 할머니가 좋아도 독일 할머니의 양아들이 될 수는 없어서 이렇게 말했다.

"제가 평생 어머니로 모시겠습니다. 그러나 입적은 하지 않을게요."

내가 독일에서 석사과정을 하는 3년 동안 할머니가 생활비를 다 대주셨다. 독일어를 알아듣는 귀가 열리니까 내가 독일에 잘못 왔다는 사실을 알게 되었다. 어떤 신학자에게도 복음이 없고, 다 주님을 부인하는 것밖에 없었다. 그 짧은 기간 얼마나 눈물로 기도했는지 모른다. 나에게는 참으로 긴 고통의 시간이었다. 그런데 하나님이 왜 그렇게 하셨는지를 깨닫기 시작했다. 어떤 신학자에게 무슨 이야기를 들어도 '내가 만난 복음, 내가 만난 하나님, 내가 만난 예수님'에 대해서 흔들림이 없게 하시는 과정을 겪게 하신 것이다. 감사하지 않을 수 없었다. 그 고통의 시간들이 오늘의 내가 있게 하시는 하나님의 계획이라고 확신한다.

우리는 창세기 2장에 속한 사람이요, 주인이 바뀐 사람이다. 당신이 믿음의 사람이면 이제는 오직 예수 그리스도를 바라보아야 한다. 통치하시고 섭리하시는 하나님이 우리의 시간 속에 들어와 계신 것을 잊지 말라.

하나님의 최우선 계획

두 번째, 우리가 바라보는 하나님은 천지의 하나님이시다. 천지는 간단히 말해 하늘과 땅이다. 틀린 말은 아니다. 그러나 원어로 살펴볼 때 단순히 하늘과 땅을 말하는 것을 넘어 굉장히 깊은 뜻을 가지고 있다. 하나님의 계획 속에 온 천지가 다 엮여 있다는 의미이다. 다시 말하면, 우리가 바라보는 하나님은 계획 속에 계시는 하나님이다. 그런데 하나님의 가장 우선되는 계획이 무엇인 줄 아는가?

나는 한때, 내가 세상을 다 바꿔놓아야겠다고 생각했다. 목회도 세상을 바꿔놓기 위하여 했고, 어디 가서 강의를 하면 세상을 바꾸기 위해 강의하고 그것이 하나님의 계획이라고 생각했다. 그런데 그것보다 우선된 계획을 뒤늦게야 깨달았다.

어느 날 완도에 연합집회를 하러 가는 중이었다. 강남고속버스터미널에서 버스를 타고 목포에 갔다. 목포를 조금 지나 완도로 들어가는 진입로에서 내 앞에 앉아 있던 아주머니가 벌떡 일어나 외쳤다.

"기사 아저씨! 이거 진도 가는 거 아니에요?"

"이 아줌마야! 진도 가는 것은 옆에 있었는데! 이거 완도 가는 차예요!"

"아이고, 큰일 났네. 어떻게 하면 내가 진도를 갈 수 있어요?"

"다음 정거장에 내려줄 테니 거기서 다시 목포 가는 차를 타고 목포에서 진도 가는 차를 타요."

"그럼 오늘 저녁에 갈 수 있어요?"

"오늘 저녁에는 못 가요. 목포까지는 갈 수 있지만 목포에서 진도 가는 차가 없어요."

그랬더니 펄쩍펄쩍 뛰면서 그때부터 아무도 물어보지 않는 자기 신세 한탄이 시작됐다. 그때 나는 엄청난 진리를 하나 깨달았다.

'아, 목표가 잘못 되면 목적지를 돌아서 가는구나.'

완도에 도착해서 집회 주제를 '목표가 잘못되면 목포로 돌아서 간다'로 정했다.

나는 내가 세상을 다 뒤집어놓을 줄 알았다. 그런데 그 목표가 잘못되어 목적지까지 가는 데 얼마나 시간이 걸렸는지 모른다. 하나님의 계획 가운데 제일 우선 되는 것은 '내가 세상을 바꾸는 것'이 아니라 '내가 예수님을 닮는 것'이다. 예전에 내가 세상을 뒤집어놓아야겠다고 생각했을 때에는 부교역자들만 쳐다보면 마음에 들지 않았다. 그게 정말 솔직

한 내 속마음이었다. 장로님들은 전부 까다롭게만 느껴지고 성도가 아무리 많아도 소용이 없었다. 나는 세상을 뒤집어놓아야 하는데 그 정도의 숫자로 무엇을 하겠느냐는 생각 때문이었다. 그런데 그것은 하나님의 마음이 아니었다. 하나님은 이렇게 말씀하셨다.

"사랑하는 내 아들아, 나는 너를 원해. 네가 나를 닮기를 원해. 네가 나를 닮기만 하면 하나님의 나라는 하나님이 하실 일이고 열매로 주실 거야. 어떤 열매든 그것은 열매야."

교회가 조금 더 힘들어지고 교인 수가 적어진다고 해도 그것은 하나님의 열매고, 더 많아진다면 그것도 하나님의 열매이다. 오직 내가 할 일은 예수님을 닮기 위해 끊임없이 그 방향에 서 있는 일이다. 나를 향한 하나님의 최우선의 계획은 내가 예수님을 닮는 것이다. 이것을 깨닫게 된 지금은 목회가 그렇게 자유로울 수가 없다.

얼마 전, 유럽에 있는 목사님들을 위한 세미나에 참석했다. 목사님들의 눈빛을 보니 다들 힘을 잃고 있는 듯했다. 그럴 수밖에 없는 것이 유럽에서의 한인 목회는 몇 교회를 제외하고는 전부 20명, 30명, 50명이다. 유학을 마치면 다 떠나버리니 한국에서 성공적이었다는 각종 프로그램을 도입해도 여전히 교회는 부흥이 안 된다. 안 될 수밖에 없다. 그래서 목사님들에게 말했다.

"목사님들! 교회 키우려고 애쓰지 마세요. 조금 큰 교회의 목사라 너무 쉽게 말한다고 생각하지 마세요. 우리 하나님은 침묵하실 때에 더 멋지게 일하시는 하나님이십니다. 침묵하실 때 도리어 나를 만들어가시고 내가 예수님을 닮아가게 하십니다. 한 명이면 어떻고, 열 명이면 어떻습니까. 한 명 데리고 목회해도 내가 예수님을 닮아가는 것이 하나님의 계획입니다. 우리가 끝까지 예수님을 닮아가는 것이 하나님의 목표인데, 우리도 이것을 목표로 삼는다면, 내가 하나님의 목표에 맞춰지고 있으니 하나님이 얼마나 기뻐하시겠습니까?"

어떠한 상황을 만나도 그 상황 속에서 하나님의 계획은 내가 예수님을 닮게 하는 것이다. 그러면 도대체 예수님을 닮는 것이 무엇일까? 예수님의 마음과 생각을 닮는 것이다. 예수님의 마음은 위로는 하나님을 사랑하고 아래로는 사람들을 사랑하는 것이다. 예수님의 생각은 무엇일까? 하나님의 말씀이 다 예수님의 생각이다. 이것을 닮아가도록 하나님은 나를 이끌어가신다.

창조주 하나님을 믿는 삶

세 번째로 우리가 바라보는 하나님은 창조의 하나님이시다. '창조하다'라는 것은 동사다. 한 문장이 구성되려면 반드시 주어가 있어야 한다. 그런데 '창조하다'라는 뜻을 가진 원어는 아무 데나 쓰지 않는다. 온 세상, 처음과 마지막까지 통틀어 유일한 존재의 주어에만 쓰게 되어 있다.

따라서 내가 창조의 하나님을 믿고 창조의 하나님을 바라본다고 하는 말은 유일하신 하나님을 바라본다는 의미이다. 하나님이 내게 유일하신 분이라는 의미이다. 이것이 바로 창조주 하나님을 믿는 삶이다. 하나님만이 유일하다는 말은 내가 하나님만을 사랑한다는 말이다. 세상의 어떤 것도 이 사랑 속에 끼어들 수가 없다. '하나님 한 분이면 충분합니다. 오직 예수님으로 충분합니다.' 이렇게 고백하는 자가 창조주 하나님을 보는 사람이다.

다시 정리를 하자면, 창세기 2장에 속한 우리는 창세기 1장 1절, "태초에 하나님이 천지를 창조하시니라"의 하나님을 바라보며 산다. 창세기 1장 1절에서 설명하는 하나님은 태초의 하나님, 우리의 시간 속에 들어와 계시는 하나님이시며 두 번째, 천지의 하나님으로 어떤 환경에서나 (어려움이든 좋은 일이든) 그 일을 통해 내가 예수님을 닮도록 이끄시는 하나님이시다. 그리고 창조의 하나님, 즉 내게 유일하신 하나님을 우리는 바라보고 사는 것이다.

의인은 믿음으로 살리라! 하박국은 앞서 이야기한 하나님을 바라보는 믿음을 가진 사람이었다. 이제 다시 하박국서를 보자.

> 시기오놋에 맞춘 선지자 하박국의 기도라 여호와여 내가 주께 대한 소문을 듣고 놀랐나이다 여호와여 주는 주의 일을 이 수년 내에 부흥하게 하옵소서 이 수년 내에 나타내시옵소서 진노 중에라도 긍휼을 잊지 마옵소서 합 3:1,2

상황이 전혀 바뀌지 않았다. 그런데 지금 하박국은 하나님을 노래하는 기도를 하고 있다. 이 구절에서 '수년 내에 부흥하게 하소서'는 '하나님이 계획하시는 일이 속히 수년 내에 이루어지게 하소서!'의 뜻이다. 수가 많아지는 것이 부흥이 아니라 아버지의 섭리 가운데 아버지의 계획하심이 속히 이루어지는 것이 부흥이다.

나는 요한복음 3장 30절을 읽다가 회개한 적이 있다. 요한의 제자가 요한에게 찾아와서 속상해하면서 말한다.

"선생님, 선생님을 따르던 제자가 전부 다 예수 그리스도를 따라가고 있습니다."

요한은 이렇게 대답한다.

"그는 흥해야겠고, 나는 쇠하여야 하리라."

예전에 나는 이 말씀이 잘 이해되지 않았다.

'그도 흥하고 나도 흥하면 안되나?'

그러던 어느 날 한 가지 사실이 굉장히 충격으로 다가왔다. '그는 흥하고'에서 그는 예수님이다. 예수님이 누구신가? 바로 말씀이다. 예수님이 흥하는 것은 말씀이 흥하는 것이다. 예수님이 흥하기 위해서는 나는 죽어야 한다. 내가 쇠하면 예수님은 흥한다. 말씀이 흥하고, 예수님이 흥하기 위해서 나는 죽어야 한다. 이것이 지금 하박국이 말하고 있는 부흥이다. 하나님이 말씀하신 것, 아버지께서 지금껏 말씀해오시던 것이다.

'내가 죽고, 예수님 말씀만 흥하게 하옵소서! 아버지 하나님의 말씀이 속히 이루어지게 하옵소서!'

그래서 하박국이 이렇게 말했다.

내가 들었으므로 내 창자가 흔들렸고 그 목소리로 말미암아 내 입술이 떨렸도다 무리가 우리를 치러 올라오는 환난 날을 내가 기다리므로 썩이는 것이 내 뼈에 들어왔으며 내 몸은 내 처소에서 떨리는도다 합 3:16

하박국은 하나님의 말씀을 들었다. 그 말씀을 듣고 처음에는 이해할 수가 없어서 성문 꼭대기에 올라가서 '하나님, 어찌 이럴 수 있습니까?' 했는데 이제는 하나님만 바라보는 자가 되었다. 그렇게 오직 하나님만 바라보고 있노라니 하나님이 말씀하신 대로 이루어지기를 소망하면서 창자가 떨리는 경험을 하게 된다. 나 역시 하박국과 비슷한 경험을 하는 때가 있다. 사람들이 한국 교회가 위기의 때를 만나 무너지고 있다고 말할 때 나는 창자가 떨린다. 하나님은 지금도 일하고 계시다는 것을 알기 때문이다. 절대로 한국 교회는 무너지지 않는다는 것을 알고 있기 때문이다. 아니 오히려 더 바닥까지 내려가 완전히 끝이 나면, 그때 한국 교회는 하나님만을 갈망하는 교회로, 교회다운 교회로 다시 살아날 것이다.

하나님은 사망의 상태에서 더 멋진 일을 하시는 분이다. 그래서 상황은 아무것도 바뀌지 않았지만 하박국은 오히려 "이 환난 날이 속히 오게 하옵소서!"라고 외친다. 이 세상에 어떤 일이 있다 할지라도 "주여! 하나님의 뜻이 속히 이루어지게 하시옵소서!" 이것이 우리의 고백이 되어야 한다.

그러고 난 후에 하박국이 뭐라고 하는지 보자.

비록 무화과나무가 무성하지 못하며 포도나무에 열매가 없으며 감람나무에 소출이 없으며 밭에 먹을 것이 없으며 우리에 양이 없으며 외양간에 소가 없을지라도 나는 여호와로 말미암아 즐거워하며 나의 구원의 하나님으로 말미암아 기뻐하리로다 합 3:17,18

'내가 가진 것이 하나도 없고, 지금 하는 일이 하나도 안 되어도, 내게 아무것도 없을지라도 나는 여호와로 말미암아 즐거워하며 나의 구원의 하나님으로 말미암아 기뻐하리로다!' 내가 과거에 한참 피가 끓을 때 이걸 깨달았다면 구원의 하나님 한 분만으로 기뻐하지 못하는 한국 교회를 비난했을 것이다. 그런데 조금 나이 들어서 깨달으니 긍휼히 여기는 마음이 커졌다. "구원의 하나님으로 말미암아 기뻐하리로다." 이렇게 결론내리지 못하는 교회들과 성도들과 주변의 많은 이들이 참으로 안타깝다. 그러나 하나님은 여전히 우리를 주님 한 분만으로 기뻐할 수 있는 자로 이끄실 것이라는 소망을 가진다. 이것이 나의 결론이다.

하나님의 사랑의 수준

사도행전 말씀을 읽을 때마다 나 스스로 늘 부끄럽고 죄스러운 구절이 있다.

사람마다 두려워하는데 사도들로 말미암아 기사와 표적이 많이 나타나니 믿는 사람이 다 함께 있어 모든 물건을 서로 통용하고 또 재산과 소유를 팔아 각 사람의 필요를 따라 나눠 주며 날마다 마음을 같이하여 성전에 모이기를 힘쓰고 집에서 떡을 떼며 기쁨과 순전한 마음으로 음식을 먹고 하나님을 찬미하며 또 온 백성에게 칭송을 받으니 주께서 구원 받는 사람을 날마다 더하게 하시니라 행 2:43-47

복음을 외치고 있는 나 자신이 이 말씀대로 살아야 하는데 잘되지 않을 때가 많기 때문이다. 믿음의 사람들이라면 반드시 이 구절대로 살아내야 한다. 어떤 신학자는 "이것은 초대교회에서 있었던 일이다. 어떻게 현대 교회에서 이대로 살 수 있겠는가?"라고 말한다. 하지만 우리는 하나님의 말씀을 골동품으로 만들어서는 안 된다. 신명기에서는 이렇게 말한다.

"이 언약은 여호와께서 우리 조상들과 세우신 것이 아니요 오늘 여기 살아 있는 우리 곧 우리와 세우신 것이라"(신 5:3).

하나님의 모든 언약의 말씀은 오늘 나와 당신에게 하신 말씀이다. 하나님은 우리가 이렇게 살아내기를 원하신다. 지금 그렇게 살고 있지 못해도 최소한 이 말씀대로 살기를 갈망해야 하고 이 방향을 가지고 살아야 한다. 내가 매일 아침 눈을 뜨자마자 하는 기도가 있다.

"아버지 말씀대로 살아갈 수 있도록 오늘도 제가 한 발짝 뗄 수 있게 해주세요. 그리고 한국 교회가 그렇게 되기를 소원합니다."

한국 교회가 이렇게 살지 못하는 것에 대해 정죄할 수는 없다. 나도 지금 한 발씩 가고 있을 뿐이지 완성된 작품이 아니기 때문이다. 그러나 한국 교회의 성도들이 이 말씀을 골동품으로 만들지 말고, 이것이 삶의 방향이 되고 이렇게 살아내기를 소원하고 기도하기를 바라는 마음이 있다.

왜 하나님은 우리가 말씀대로 살아내기를 원하시는가? 말씀대로 살기 위해서 우리는 본질부터 바로 알아야 한다. '나는 누구인가'를 명확히 알아야 한다. 에베소서 2장을 보자.

"긍휼이 풍성하신 하나님이 우리를 사랑하신 그 큰 사랑을 인하여"(엡 2:4).

하나님이 우리를 사랑하시는데 '그 큰 사랑'이라고 했다. 나는 내 수준에서 '그 큰 사랑'을 생각하고 살았다. 그런데 어느 날, 이것은 내 수준에서 이해할 수 있는 부분이 아님을 알게 되었다. 긍휼이 풍성하신 분이 나를 그 크신 사랑으로 사랑하신다고 하는 말씀을 하나님의 수준으로 이해하려고 해야 한다. 이해를 돕기 위하여 내 이야기를 예로 들겠다. 영국에 가서 공부를 하던 시절이었다. 돈이 없어서 한 선교단체를 찾아가서 먹여주고 재워주기만 하면 뭐라도 하겠다고 했다.

사실 몇 군데 선교단체에 편지를 보냈는데 한 곳에서만 인터뷰 연락이 와서 간 것이었다. 무슬림 선교사를 훈련시키는 선교단체였는데, 사실 나는 선교에 대한 관심이 없었다. 당시에는 '내가 큰 목회를 해서 세상을 뒤집어놓아야지' 하는 생각밖에 없었다. 그런데 하나님이 돈이 쫄쫄 마르고, 어디서도 도움 받을 수 없는 상황을 만들어놓으시고 나를 무슬림 선교사를 키우는 훈련학교로 인도하셨다. 그 학교에서 한국 사람으로는 내가 최초로 들어갔는데 학장이 웬일로 자기 집 3층에서 나를 재워주고 먹여주기로 했다. 나는 사실대로 말했다.

"저는 사실 공부하러 왔는데 돈이 없어서 여기에 찾아왔습니다. 그러나 있는 동안 최선을 다하겠습니다."

그렇게 선교단체에서 일 년 동안 훈련을 받는데 하나님은 내게 선교에 대한 하나님의 마음을 부어주시기 시작했다. 한참 시간이 지나 한국에서 전화가 왔다. 한 권사님이었다.

"목사님, 남편이 런던에 가니 목사님이 좀 안내해주세요."

권사님은 알고 지내는 분이었지만 남편 분은 잘 몰랐다. 그래서 런던

공항에서 그분을 맞이하고 식사를 하는데, 이 분이 나에게 물었다.

"목사님, 공부하러 오셨다는데 얼마나 공부하셨어요?"

"돈이 없어서 못했어요."

"아니, 얼마가 들어가기에 돈이 없어서 못했어요?"

"일 년에 학비와 거지처럼 살아가는 생활비를 합하면 천이백만 원이 들어갑니다."

1987년에 그 돈은 적은 돈이 아니었다. 그랬더니 이 분이 자기가 나를 조금 도와주겠다고 하는 게 아닌가. 이튿날 또 만나서 식사를 하는데, 그 분이 말했다.

"임 목사님, 여기서 공부하고 있는 제 아들한테 피아노를 한 대 사주고 갈 건데, 나오셔서 같이 봐주셨으면 좋겠어요."

그 분의 아들은 런던에서 경제학을 전공하고 있었다. 나는 그 아들이 피아노가 전공도 아니고 취미로 치는 거니 중고를 사도 충분하지 않나 싶어서 그분을 데리고 중고 피아노 가게에 갔다.

"이 피아노도 괜찮습니다."

"목사님, 여기는 중고가게가 아닙니까? 저는 새 피아노를 사주려고 합니다."

그래서 다시 피아노 가게로 갔다. 거기서 대략 몇 대를 보니까 괜찮아 보였다.

"이거 사주면 어떨까요?"

"한화로 얼마인가요?"

"약 360만 원 정도요."

360만 원이면 거지처럼 사는 내가 6개월 동안 살 수 있는 생활비였다. 취미로 칠 건데 그것도 아깝다고 생각하는 나에게 그 분이 말했다.

"이 가게에서 제일 좋은 걸 사주려고 합니다."

나는 좀 뿔이 났다. '아무리 돈이 많아도 그렇지 취미로 치는 피아노를….' 그러면서 나는 가게 주인을 불러서 여기서 제일 좋은 피아노를 보겠다고 했다. 그랬더니 주인은 우리를 데리고 다른 방으로 안내를 했다. 그 안에 들어가서 보니까 한눈에 봐도 좋아 보이는 그랜드 피아노가 있었다. 얼마나 '0'이 많은지 한화로 계산을 하려는데 영 계산이 안 나왔다. 액수가 도저히 믿어지지가 않아서 두 번, 세 번 계산을 했다. 피아노 가격은 약 1억 2천만 원이었다.

"이걸 사주려고 합니다."

기가 막혔다. 내가 그 아들 집에 심방을 한번 간 적이 있는데 응접실과 방 한 칸이 있는 집이었다. 물론 나에게는 그 집도 과분했다. 결혼해서 두 식구가 한 평 반 정도 되는 방에 살았던 나는 그 집도 그렇게 부러울 수가 없었다.

"그런데 이 피아노는 그 집에 안 들어갑니다."

내가 얘기를 하자 고개를 끄덕이며 말했다.

"네, 그렇지 않아도 여기 오자마자 아들집에 가봤더니 바닥은 삐그덕거리고, 방은 조그만해서 온 김에 아예 집을 옮겨주고 피아노를 들여놓고 가려고 합니다."

이 이야기를 들으면서 생각했다.

'아, 이게 수준 차이구나. 나는 유학생으로 거지처럼 사는 사람이고

이 사람은 어쨌든 기업의 회장이기 때문에 내가 계산하는 돈과 이렇게 수준이 다르구나. 차이가 나는구나.'

그 분이 귀국하시고 나서 한 일주일쯤 됐는데, 권사님에게서 다시 연락이 왔다.

"목사님, 목사님한테 남편이 돈을 보냈어요. 목사님께 3년간 그대로 부쳐준대요."

은행에 가봤더니 1,200만 원이 와 있었다. 너무도 놀랐다. 그런데 기쁘면서도 굉장히 후회가 됐다. 왜냐하면 600만 원은 학비고, 매달 60만 원 가지고 살아가야 되는데, 그 액수는 내가 거지처럼 살 때의 재정이었기 때문이다. '왜 내가 2천만 원이라고 하지 않았을까.' 또 하나는 영국인도 3년 만에 박사학위(Ph. D)를 받는 경우는 거의 없었기 때문에 '내가 왜 5년이라고 하지 않았을까?' 정말이지 감사는 되는데 굉장히 후회했다. 이게 그 분과 나의 수준 차이였다.

'긍휼이 풍성하신 하나님의 나를 향한 그 큰 사랑.'

이것이 과연 내 수준으로 생각해야 할 말씀일까? 아니다. 하나님의 수준 속에 들어가서 이해하고 깨달아야 우리가 이 세상을 복음으로 극복하고 살아갈 수 있다. 이것을 깨닫지 못한 채 살기에는 세상이 만만치 않다. 이것을 깨닫지 못하고 어떻게 내 돈을 성도들과 나누고, 공동체에서 떡을 떼며, 내 것을 다 내놓고 살 수 있겠는가?

우리의 혈통

전에는 5절이 궁금하지 않았는데, 하나님의 수준에서 이해하려는 마음으로 4절을 보니 5절이 그렇게 궁금할 수가 없었다.

"허물로 죽은 우리를 그리스도와 함께 살리셨고(너희는 은혜로 구원을 받은 것이라)."

우리가 어떻게 허물로 죽었는가? 어떻게 그리스도와 함께 살아났는가? "예수 그리스도를 믿었다"는 말은 "예수 그리스도와 함께 내가 연합해서 접붙여졌고, 묶여졌다"는 말이다. 로마서 6장이 바로 그것을 설명해주고 있다.

무릇 그리스도 예수와 합하여 세례를 받은 우리는 그의 죽으심과 합하여 세례를 받은 줄을 알지 못하느냐 그러므로 우리가 그의 죽으심과 합하여 세례를 받음으로 그와 함께 장사되었나니 이는 아버지의 영광으로 말미암아 그리스도를 죽은 자 가운데서 살리심과 같이 우리로 또한 새 생명 가운데서 행하게 하려 함이라 만일 우리가 그의 죽으심과 같은 모양으로 연합한 자가 되었으면 또한 그의 부활과 같은 모양으로 연합한 자도 되리라 우리가 알거니와 우리의 옛사람이 예수와 함께 십자가에 못 박힌 것은 죄의 몸이 죽어 다시는 우리가 죄에게 종 노릇 하지 아니하려 함이니 롬 6:3-6

내가 예수 그리스도를 믿었다는 말은 그분과 함께 죽었고, 그분과 함께 살아났음을 믿는 것이다. 그런데 한 가지 오해할 수 있는 부분이 있다. 믿음으로 말미암아 내가 죽고 예수님과 함께 살아났다는 것을 정확하게 이해할 필요가 있다. 믿음으로 말미암아 그렇게 되었으니 믿음 자체가 힘이라고 생각할 수 있다. 그러나 요한복음 1장 12절을 보자.

"영접하는 자 곧 그 이름을 믿는 자들에게는 하나님의 자녀가 되는 권세를 주셨으니."

어떻게 영접했는가? 어떻게 믿었는가? 허물과 죄로 이미 죽은 사람은 하나님을 볼 수 없다. 빛이 왔지만 세상 사람들은 그 빛을 알아보지 못했다. 요한복음 1장 11절이 그것을 말씀하고 있다.

"자기 땅에 오매 자기 백성이 영접하지 아니하였으나."

주님이 이 땅에 오셨지만 아무도 그를 알아보지 못했다. 인간은 본래 고장 난 존재이고 눈이 감기어진 존재라서 주님이 오셔도 주님을 볼 수가 없었던 것이다. 그러면 우리는 어떻게 예수님을 영접했는가? 주님이 내 눈을 뜨게 해주셨다. 먼저 주님이 나를 새로운 피조물로 바꾸어놓으셨다는 말이다.

그래서 영접하는 자, 그 이름을 믿는 자는 하나님의 자녀가 되는 권세를 주셨다는 말은 하나님이 먼저 내 눈을 뜨게 하시고 새로운 피조물로 만들어놓으셨기 때문에 "아! 주님이시구나! 저분이 나의 주님이시구나. 구원자시구나!" 하고 알아보게 되고, 그 주님을 내가 입으로 시인하고 영접하게 된 것이다. 그리고 그분이 우리의 구원자라고 믿음으로 선포할 수 있게 된 것이다. 그러므로 영접했다는 말은 주님이 우리의 눈을 뜨게 하시고, 우리를 완전히 새로운 피조물로 바꾸어놓으셔서 우리 자신이 주님의 자녀가 되는 권세를 가지게 된 것을 확증하게 된다는 말이다. 요한복음 1장을 보자.

"이는 혈통으로나 육정으로나 사람의 뜻으로 나지 아니하고 오직 하나님께로부터 난 자들이니라"(요 1:13).

우리는 하나님께로부터 난 자들이다. 하나님께로부터 나지 아니하고는 결단코 우리는 하나님을 하나님이라고 찬송할 수 없고 예수 그리스도를 나의 구주라고 고백할 수 없다. 아무런 일도 하지 않고 그저 고장난 사람으로 고장 난 행동밖에 할 수 없는 나를 하나님이 먼저 택하여 세우시고 새로운 피조물로 만들어서 내가 아버지의 사랑을 볼 수 있고 알 수 있게 해주셨다는 것이 얼마나 큰 사건인지! 스스로 이 사실을 받아들이기 시작하는 순간 이 세상에서 하나님보다 더 귀중하신 분이 없다는 사실을 우리는 깨닫게 된다. 하나님만이 내게 유일하신 분이다. 그런데 많은 믿음의 사람들이 예수 그리스도와 함께 허물로 죽고, 예수 그리스도와 함께 살아난 것으로 끝나버린다.

나는 전공이 기독교사상이고 바울사상을 같이 전공했기 때문에 바울에 대해서는 많이 아는 줄 알았다. 그런데 뒤늦게 바울서신에서 놓치고 있는 부분이 있음을 알았다. 이 부분을 이해하지 못하면 바울서신이 주고 있는 놀라운 깨달음을 우리가 다 놓칠 수가 있다.

"또 함께 일으키사 그리스도 예수 안에서 함께 하늘에 앉히시니"(엡 2:6).

영어 성경을 보면 과거시제로 쓰였고 원문 자체도 과거시제로 쓰여 있나. "그리스도 예수 안에서 함께 하늘에 앉히시니!" 이 말을 놓치시 말아야 한다. 예수 그리스도와 내가 연합하면 이 연합을 누구도 끊을 수 없다. 나 자신조차도 하나님과 나 사이를 끊을 수 없다. 그러면 예수님은 혼자 승천하셨고, 우리는 그냥 여기, 이 땅에 놔두셨을까? 아니다. 예수님이 승천했을 때, 우리도 함께 승천했다. 예수님이 승천하실 때 나도 승천해서 하나님 보좌 옆에 앉아계신 예수님과 함께 앉았다.

고린도전서 15장에서 이렇게 말한다.

> 무릇 흙에 속한 자들은 저 흙에 속한 자와 같고 무릇 하늘에 속한 자들은 저 하늘에 속한 이와 같으니 우리가 흙에 속한 자의 형상을 입은 것 같이 또한 하늘에 속한 이의 형상을 입으리라 고전 15:48,49

우리는 이중적 삶을 산다. 흙의 형상을 가진 자로서의 삶을 사는 동시에 하늘의 형상을 가진 자로서 산다. 하늘에 속한 자의 형상을 가진 자의 영은 주님과 떼어놓을 수가 없다. 그래서 주님이 하늘 보좌에 앉아계실 때 나도 그곳에 함께 앉아 있는 것이다.

우리의 시민권

그렇다면 우리는 어디서부터 시작된 것일까? 이 땅에서 살다가 하나님의 나라로 가는 걸까? 아니면 거기서부터 와서 이 땅에서 살다가 다시 본향으로 가는 것일까? 목회자 세미나에서 목사님들도 머리를 갸우뚱거리시다가 성경을 몇 구절 찾으면 그때서야 "아, 진짜 맞네요"라고 반응한다. 우리는 하늘에서 온 자다! 골로새서 1장을 보자.

"그가 우리를 흑암의 권세에서 건져내사 그의 사랑의 아들의 나라로 옮기셨으니"(골 1:13).

나는 이것을 깨닫고 나서야 사도행전 2장 43절의 삶을 살 수 있는 힘이 생겼다. 하늘의 아버지와 사랑의 아들의 나라로 옮겼다! 앞으로 옮겨지는 게 아니라 이미 옮겼다는 말이다.

빌립보서 3장을 보자.

"그러나 우리의 시민권은 하늘에 있는지라 거기로부터 구원하는 자 곧 주 예수 그리스도를 기다리노니"(빌 3:20).

우리의 시민권이 하늘에 있다.

어느 날 목회자 세미나에서 "미국 시민권을 받으려면 어디로 가야 할까요?" "한국에서 미국 시민권을 받을 수 있나요?"라고 물었더니 어느 목사님이 손을 번쩍 들며 말했다. "25년 전에 나는 한국에서 시민권을 받고 왔어요." 내가 다시 물었다. "목사님, 진짜 한국에서 받았어요?" "한국에서 받았다니까요?" 내가 다시 한 번 묻자 이 분이 화를 내면서, 자기 부인이 증인이라고 했다. 그래서 내가 사모님한테 물었다. "사모님, 미국 시민권을 한국에서 받았습니까?" 그랬더니 사모님이 목사님한테 말했다. "한국에서 받은 게 아니잖아. 미국대사관에서 비자를 받고 미국 와서 시민권을 받은 거잖아!" 시민권이라는 것은 장차 그 나라에 가기 때문에 받는 것이 아니라 그 나라를 가야만 받을 수 있는 것이다.

자신이 하늘의 시민권을 갖고 있다고 믿는 사람은 이미 하늘나라에서 시민권을 받고 이 땅에 왔다는 것을 믿는 것이다. 자신이 하늘에서 온 사람이라는 사실을 믿는 것이다! 바울서신은 모두가 그 맥락에서 기록되어 있다. 한 군데만 더 보자. 히브리서 11장이다.

"이 사람들은 다 믿음을 따라 죽었으며 약속을 받지 못하였으되 그것

들을 멀리서 보고 환영하며 또 땅에서는 외국인과 나그네임을 증언하였
으니"(히 11:13).

믿음을 따라 죽은 사람이 이 세상에서 외국인과 나그네임을 증언하였
더라! 그분들께는 이 땅이 외국이다. 외국에 왔으니 소통이 될 리가 없
다. 나는 가끔 예수님을 안 믿는 청년과 결혼하는 청년을 보면 '어떻게
살려고 하나. 소통이 전혀 안 될 텐데. 외국 사람인데'라고 생각한다. 어
느 날 한 청년이 물었다.

"그러면 목사님, 믿는 사람들끼리만 교제해야 하나요?"

"내가 언제 믿는 사람들끼리만 지내라고 했니? 우리는 세상 속에 들어
가서 세상 사람들과 더불어 살아가야 해. 그래서 교제할 수는 있지만 상
대방이 예수 그리스도를 영접할 때까지는 결혼하지 마라."

우리는 예수님을 안 믿는 사람들과도 잘 어울려 살아야 한다. 그래
서 주님이 우리를 외국(이 땅)으로 보내주셨다. 그러나 믿지 않는 자와
의 결혼만큼은 신중해야 한다. 상대방이 예수님을 믿을 때까지 기다려
야 한다. 예수님을 안 믿으면 결혼하지 말아야 한다. 똑같이 한국말을
하는 것 같지만 서로 못 알아들을 것이다. 내가 천국에서 왔다고 말하
면 미쳤다고 하고, 주일에 하나님 앞에 찬양 드리고 예배하러 가려고 하
면 "일요일에 골프장이나 등산을 가야지, 왜 거길 가냐?"라고 할지도 모
른다. 전혀 소통이 안 된다. 외국인과 나그네로 이 땅에서 사는 것은 만
만치 않은 일이다.

"그들이 이같이 말하는 것은 자기들이 본향 찾는 자임을 나타냄이
라 그들이 나온 바 본향을 생각하였더라면 돌아갈 기회가 있었으려니

와"(히 11:14,15).

'본향'은 앞으로 갈 곳이기 때문에 본향이라고 할까? 아니면 거기서 왔기 때문인가? 거기서 왔기 때문에 우리는 천국을 본향이라고 한다. 그래서 우리 모두는 다 하늘에서 온 사람이다. 그렇다고 이미 믿지 않는 사람하고 결혼했는데 집에 있는 안 믿는 남편에게 "나는 하늘에서 온 사람이라서 당신하고 상대할 수 없어요" 이랬다가는 가정이 깨어지고 말 것이다. 그냥 남편을 보면서 너무 안타깝고 불쌍해서 "하나님! 긍휼을 베풀어주세요"라고 기도할 수밖에 없다.

집회 때 가끔 고향 이야기를 하고 나면 집회 마치고 꼭 내게 가까이 다가와서 "목사님! 나도 그 근처에서 태어났어요. 내 고향이 목사님 고향 부근이에요!" 하면서 반가워하며 껴안으시는 분들이 있다. 얘길 나눠보면 사실, 그 분의 고향은 내 고향과는 조금 떨어진 곳에 있다. 그래도 동향이라고 기뻐하며 좋아한다. 내가 하늘나라에서 왔다는 걸 믿는다면 매주일 만나는 성도들이 얼마나 소중한 사람인지 알게 된다. 이제, 하늘에서 온 식구들끼리 마주치면 아주 반갑게 인사해보자. 우리는 근처도 아니고 바로 같은 고향 사람들이다. 결론은 우리의 본질, 즉 하늘에서 온 자로 모든 것이 시작된다는 말이다.

몇 해 전에 터키 데살로니가에서 동유럽 선교대회를 마치고 2박 3일 동안 선교사님과 목사님들을 모시고 사경회를 했다. 마치고 나서 나에게 한 가지 제안이 왔다. "목사님, 바울 선교 여정을 같이하시면서 도와주시면 좋겠어요." 40여 명이 버스를 대절해서 가는데 강사인 나를 배려

해서 곳곳에서 쉬면서 안내만 해달라고 했다. 그렇게 하겠다고 하고 나는 좋은 차로 움직였는데도 결국 2시간쯤 후에 도저히 힘들어서 못하겠다고 했다. 담당 목사님도 달리 방법이 없으니까 너무 괴로워하셨다. 그때 잠시 머물러 있다가 이런 생각이 들었다.

'바울은 그 시절, 길도 나 있지 않고 죽음의 위험과 짐승의 위험들을 무릅쓰고 어떻게 이 험난한 산들을 넘어 다니면서 복음을 증거했을까? 나는 좋은 차에다 길도 잘 나 있는데 2시간 오고 못 가겠다고 하다니. 나와 바울은 어떤 차이가 있을까? 하나님이 바울에게 축지법을 쓰는 놀라운 능력을 주셨을까? 아니면 바울에게는 굉장한 은혜를 베풀어주셔서 그런 걸까?' 혼자 한참 고민을 하고 있는데, 머릿속에 스쳐지나가는 것이 있었다.

"바울에게 준 은혜를 너에게 동일하게 주었고, 바울이 가진 모든 것을 동일하게 다 가졌다. 그런데 한 가지 차이가 있어. 바울은 하늘에서 왔다가 이 땅에서 잠시 살고 다시 하늘로 가는 것을 한순간도 잊어본 적이 없어."

그러고 나서 바울서신을 다시 보니까 정말 그랬다. 내가 장차 하나님의 나라에 간다는 생각과 나는 거기서 왔다가 거기로 다시 돌아간다는 생각은 천지차이다. 이 차이만 알아도 만만치 않은 세상을 걷는 데 얼마나 그 발걸음이 기쁘고 행복한지! 물론 어렵다. 그러나 기쁘고 행복하다. 생각이 여기에 이르니 다시 한 발자국씩 뛰어가는 힘이 솟아나는 것을 경험할 수 있었다. 우리는 하늘로부터 온 사람들이다.

속성과 용도를 알라

다시 사도행전으로 돌아가보자. 사도행전 2장 43-47절은 물질에 관한 문제를 다루고 있다. 이 세상에서 사는 동안 하나님을 사랑하고, 날마다 그 본향을 생각하면서 살아야 할 우리에게 사탄은 끝없이 돈을 사랑하게 만든다. 그래서 돈이 없으면 사람 취급도 못 받고 사람 노릇도 못한다고 생각하게 만든다. 살아가는 날 동안 계속해서 돈을 떠나지 못하게 만든다. 그런데 성경은 우리에게 말씀하고 있다. 돈을 사랑하지 말라고. 사실 돈이 없으면 살 수 없지만 우리는 돈을 사랑하는 단계까지 가면 안 된다. 그것은 굉장히 위험하다. 하나님이 사랑하지 말라고 할 때는 이유가 있다.

이 세상의 모든 것들은 반드시 속성과 용도가 있다. 컵의 속성은 무엇인가. 물을 담는 것은 속성이 아니라 용도다. 속성은 깨지는 것이다. 남자의 속성과 용도가 있다. 남자의 속성은 삐치는 것이다. 미국에서 집회를 하는 기간에 만난 한 사모님이 남자의 속성을 모르셨다. 함께 식사를 하는데 사모님이 말씀하셨다.

"임 목사님은 원고도 없이 슬슬 하시는데도 은혜가 되는데, 우리 목사님은 일주일 내내 설교를 준비하시는데, 들으면 졸려요."

이 말을 듣고 남편 목사님이 삐쳤다. 남자의 속성은 삐치는 것이기 때문이다. 사람에 따라 오래가느냐 빨리 해결되느냐의 차이만 있을 뿐이다. 목사님이 잠깐 화장실에 가신 동안 사모님께 말했다.

"사모님, 남자의 속성은 삐치는 것입니다. 방금 말씀하신 것은 수정하셔야 합니다. 목사님 오시거든 그래도 남편 목사님의 설교가 은혜가 된다는 말을 꼭 하셔야 됩니다."

화장실에 갔다가 돌아온 목사님께 사모님이 은혜가 된다는 말을 덧붙이자 남편 목사님 얼굴이 환해졌다. 아내들은 자기 남편을 절대 다른 남편과 비교해서는 안 된다. 속성을 알아야 가정생활을 잘할 수가 있다. 그럼 남자의 용도는 무엇일까? 남자의 용도는 돈을 벌어서 가족을 돌보는 것이다. 여자의 속성은 무엇일까? 여자의 속성은 사랑받는 것이다. 내가 이렇게 밖으로 떠돌아도 내 아내가 나를 좋아하는 이유가 있다.

"당신이 최고야."

"내가 당신을 제일 사랑해."

"이번에도 어디 가서 봤더니 당신만한 여자가 없더라."

이렇게 칭찬해주면 엄청 좋아하고 행복해한다. 또한 여자의 용도는 돕는 배필이다.

이 세상에 있는 모든 것들은 다 속성과 용도가 있다. 돈의 속성은 떠나는 것이다. 돈은 반드시 떠나고 배신한다. 나는 우리 교회 청년들에게 말한다.

"얘들아, 너희들 만약에 어디 나가서 선을 보거나 미팅을 하고 차여서 오면 절대 안 된다. 내 새끼들이 어디 선보러 갔다가 차여가지고 오면 이 아버지가 얼마나 아픈지 아냐."

그리고 차이지 않는 방법을 가르쳐준다.

"하나님의 사람들이고 내 새끼들은 어느 정도 눈치가 있잖아. 그래서 소개팅을 하다가 저쪽에서 너를 찰 것 같으면 네가 먼저 차라."

이렇게 하면 찬 것이지 차인 것이 아니다.

하나님이 돈을 사랑하지 말라고 할 때는 이유가 있다.

'돈을 사랑하면 너는 차이게 돼. 네가 돈에 차이는 걸 내가 볼 수가 없어. 너는 내 새끼거든. 내게 속한 내 자녀들이란 말이야. 너는 나의 상속자야. 얼마나 소중한지 몰라.'

하나님이 우리를 목적이 있어서 세상에 보냈는데 결국 세상을 사랑해서 세상 것으로부터 날마다 차이면서 사는 모습을 본다고 상상해보라. 하늘 아버지께서 얼마나 가슴 아파하시고 괴로워하시겠는가? 그러니 반드시 내가 먼저 떠나보내야 한다. 이 세상에 살면서 돈이 필요 없다는 것이 아니라 돈을 사랑해서는 안 되고, 흘려보내고, 어디로 보내야 할지 늘 생각해야 한다는 말이다.

돈은 반드시 필요한 곳에 흘려보낼 수 있어야 한다. 그런데 이 돈을 낭비하는 사람들이 있다. 낭비는 감정을 실어서 쓰는 것이다. 나는 감정적으로 헌금을 강조하는 설교를 해놓고 "눈 감으세요. 백만 원 할 사람 손드세요. 이백만 원 할 사람 손드세요." 이렇게 한 적이 없다. 이런 것도 낭비다. 감정을 실어서 쓰게 하는 것이기 때문이다. 감정에 속으면, 믿는 사람들까지도 낭비하는 사람이 되고 만다.

옆 사람이 예쁜 옷을 입었다. 그걸 쳐다보다가 못 견뎌서 물어본다. "어디서 샀어?" "현대백화점에서." "얼마야?" "원래 42만 원인데 세일해서 19만 원 주고 샀어." 이러면 사고 싶다는 마음이 생긴다. 삼성이 섞인 것이다. 그런데다 옆에 있는 사람이 한마디 더한다. "너는 옷이 뭐냐, 그게." 그러면 속상해서 빚을 얻어서라도 옷을 산다. 감정이 섞인 것이다. 이게 낭비다. 돈을 허비하는 사람도 있다. 허비는 개념 없이 마구 쓰는 것이다. 하늘에서 온 사람들이 개념이 없어서는 안 된다.

하나님이 돈을 사랑하지 말라고 하는 것은 돈의 속성이 배신하고 떠나기 때문이지만 또 다른 이유가 있다.

"너는 하나님만 사랑해라."

하나님만 우리에게 사랑의 대상이지 그 외에는 그 무엇도 사랑의 대상이 될 수가 없다. 하나님만이 우리의 유일한 사랑의 대상이다.

그러면 '왜 이 세상에서 우리에게 돈이 필요한가요?'라고 질문할 수 있다. 돈이 필요한 이유는 그것으로 사랑을 표현할 수 있기 때문이다. 이는 필요에 의해서 돈을 쓰는 사람이다. 아내 생일날 선물 사는 데 돈을 쓰는 것은 아내에 대한 사랑의 표현이다. 돈은 하나님이 주실 수도 있고 안 주실 수도 있다. 안 주시면 안 주시는 대로 사랑의 표현을 하고, 주시면 주시는 대로 사랑의 표현을 하면 된다.

온전한 십일조

이 세상에서 살아가는 날 동안, 내가 돈을 사랑하는지 사랑하지 않는지 무엇으로 점검할 수 있을까? 점검기가 있다. 그것은 바로 십의 일조와 봉헌이다. 이 헌금을 드릴 때 내 손이 부들부들 떨린다면 하나님 앞에서 회개해야 한다.

"하나님, 제가 어찌하여 십일조와 봉헌까지도 이렇게 부들부들 떨리나요? 아버지, 나를 불쌍히 봐주세요. 어쩌다 내가 여기까지 왔나요."

우리 집 첫째와 둘째가 선교한다고 의학을 공부하고 있다. 큰 녀석이

미국에서 공부하는데 집세를 제외하고 한 달에 30만 원으로 생활을 한다. 내가 보내주는 것은 교회에서 보내주는 100만 원이 끝이다. 아버지가 보낼 때 이미 십분의 일을 다 뗐고 안 떼어도 되는 것으로 해석할 수도 있다. 그래도 그 돈에서 십분의 일을 뗀다. 집에 가보니 통이 두 개가 있는데 하나는 십분의 일을 넣고 또 하나에는 자기보다 더 어려운 사람을 위해 십분의 일을 또 넣고 있었다. 집세를 포함하여 80만 원 가지고 사는데 이런 고백을 한다.

"아빠, 한 번도 하나님이 굶게 하시지 않았어요."

우리 중에는 십일조를 축복받기 위해 하는 사람이 있다. 십일조의 개념을 잘 알아야 한다. 창세기 14장을 먼저 보자.

아브람이 그돌라오멜과 그와 함께한 왕들을 쳐부수고 돌아올 때에 소돔 왕이 사웨 골짜기 곧 왕의 골짜기로 나와 그를 영접하였고 살렘 왕 멜기세덱이 떡과 포도주를 가지고 나왔으니 그는 지극히 높으신 하나님의 제사장이었더라 그가 아브람에게 축복하여 이르되 천지의 주재이시요 지극히 높으신 하나님이여 아브람에게 복을 주옵소서 창 14:17-19

엘람 왕을 중심으로 한 4개의 왕국과 소돔과 고모라 성을 중심으로 한 5개 왕국이 싸웠다. 그런데 소돔과 고모라 성을 위시한 5개 왕국이 굉장히 강한데 엘람 왕을 중심으로 한 4개 왕국이 이겼다. 소돔과 고모라 성이 졌다. 그런데 거기에 아브라함의 조카 롯이 살고 있어 롯의 가정이 포로가 되고 말았다. 그러자 아브라함이 유일한 핏줄인, 조카 롯을 위해 사람들을 데리고 가서 싸웠는데 이긴 것이다. 너무 행복하고 기쁜 마음으로 돌아오는 아브라함 앞에 살렘 왕 멜기세덱이 나타난다.

살렘 왕 멜기세덱은 히브리서 7장에도 언급되고 있다.

"이 멜기세덱은 살렘 왕이요 지극히 높으신 하나님의 제사장이라 여러 왕을 쳐서 죽이고 돌아오는 아브라함을 만나 복을 빈 자라"(히 7:1).

멜기세덱, 즉 살렘 왕이 전쟁에서 승리하고 돌아오는 아브라함에게 복을 빈 자다.

> 아브라함이 모든 것의 십분의 일을 그에게 나누어주니라 그 이름을 해석하면 먼저는 의의 왕이요 그다음은 살렘 왕이니 곧 평강의 왕이요 아버지도 없고 어머니도 없고 족보도 없고 시작한 날도 없고 생명의 끝도 없어 하나님의 아들과 닮아서 항상 제사장으로 있느니라 히 7:2,3

여기에서 우리는 살렘 왕 멜기세덱이 예수님인 것을 알 수 있다. 평강의 왕, 족보도 없고, 아버지도 없는 예수님! 하나님의 아들과 닮은 분, 곧 예수 그리스도라는 말이다.

지금 승리하고 돌아오는 아브라함 앞에 예수 그리스도가 나타나셔서 아브라함에게 축복하고 "하나님 아버지여 그에게 복을 주옵소서"라고 하신 것이다. 그러니까 아브라함의 승리는 하나님이 복을 주어서 승리한 것이고 아브라함에게 더욱 복을 주시라고 간구한 것이다. 그랬더니 아브라함이 어떻게 하는지 보자.

"너희 대적을 네 손에 붙이신 지극히 높으신 하나님을 찬송할지로다 하매 아브람이 그 얻은 것에서 십분의 일을 멜기세덱에게 주었더라"(창

14:20).

예수님이 아브라함에게 "하나님을 찬송할지로다"라고 했더니 아브라함이 10분의 1을 드렸다. 그러면 십의 일조는 '하나님의 것이기 때문에 드린 것이다.' '십분의 일을 드려서 내 창고가 더 넘칠 것이다'라는 차원의 문제가 아니라 십분의 일을 드리는 것은 바로 '하나님께 찬송을 드리는 것'이다.

"하나님, 내가 한 달 살아가는 것, 일주일 살아가는 것이 아버지의 은혜입니다. 앞으로도 하나님이 살게 하실 것을 믿고 찬송합니다."

십일조는 이런 의미이다. 그런데 이것을 드리면서 손이 떨린다면 돈을 사랑하고 있는 것이다. 십일조에 대해 말씀할 때 가장 많이 다루어지는 말라기서 3장 말씀을 보자.

> 만군의 여호와가 이르노라 너희 조상들의 날로부터 너희가 나의 규례를 떠나 지키지 아니하였도다 그런즉 내게로 돌아오라 그리하면 나도 너희에게로 돌아가리라 하였더니 너희가 이르기를 우리가 어떻게 하여야 돌아가리이까 하는도다 말 3:7

하나님이 이스라엘 백성들에게 내게로 돌아오라고 하신다. 한국의 수많은 성도들에게 주님이 이렇게 말씀하시고 있다.

"내게로 돌아오라!"

그랬더니 이스라엘 백성들이 묻는다.

"어떻게 해야 돌아갈 수 있습니까?"

"사람이 어찌 하나님의 것을 도둑질하겠느냐 그러나 너희는 나의 것을 도둑질하고도 말하기를 우리가 어떻게 주의 것을 도둑질하였나이까 하는도다 이는 곧 십일조와 봉헌물이라"(말 3:8).

하나님이 "이 도둑놈들아!"라고 하신다. 이 봉헌 부분이 회개되지 않으면, 다시 말하면 사도행전 2장 43절로 돌아갈 수 없으면 우리는 끝없이 회개해야 한다. 하나님은 계속해서 내게로 돌아오라고 말씀하고 계신다.

"이 도둑놈들아, 돌아오라!"

그랬더니 이렇게 대답한다.

"우리가 언제 도둑질했어요?

이때 하나님이 하시는 말씀이 이것이다.

"십일조와 봉헌이라."

그 당시 이스라엘 백성이 정말 십일조와 봉헌을 안 드렸을까? 철저하게 드렸다. 어느 분이 이렇게 말하는 것을 들었다.

"목사님, 독일 교회 가니까 은혜가 되어요."

"왜요?"

"거긴 헌금 시간이 없어요."

그래서 내가 말했다.

"모르는 소리 하지 말아요. 독일 사람들은 월급 자체에서 종교세를 떼요. 그게 십분의 일이 넘습니다. 그걸로 교회에 사례비 주고 다합니다."

율법을 철저히 지켰던 이스라엘 백성의 십일조와 봉헌은 자동적이다. 그런데 왜 하나님이 도둑질한다고 했을까? 하나님 앞에 십일조와 봉헌을 드리는 것이 찬양으로 드려지는 게 아니라 속셈이 있었기 때문이다. 하나님과 거래를 하는 것이다. 거래를 하는 우리는 이 내용에 대해 이해를 잘 못하여 그다음 구절에 대해 또 오해가 생긴다.

> 너희 곧 온 나라가 나의 것을 도둑질하였으므로 너희가 저주를 받았느니라 만군의 여호와가 이르노라 너희의 온전한 십일조를 창고에 들여 나의 집에 양식이 있게 하고 그것으로 나를 시험하여 내가 하늘 문을 열고 너희에게 복을 쌓을 곳이 없도록 붓지 아니하나 보라 말 3:9,10

10절에서 오해가 생긴다. 너희가 십일조를 온전하게 드려보라! 그리하면 창고가 쌓을 곳이 없도록 부어주겠다. 그런데 이 온전한 십일조가 무엇일까? 우리가 생각하는 개념의 온전한 십일조는 이스라엘 백성들도 드렸다. 여기에서 말씀하는 온전한 십일조는 하나님의 긍휼이 풍성하신 은혜에 대한 감격과 깨달음으로 하나님께 찬송을 드리는 것이다.
"하나님, 그 긍휼이 풍성하신 은혜를 제가 알고 하나님께 찬송을 드립니다."
이러한 고백과 더불어 하나님이 내게 주신 것으로 온전한 십일조를 드려보라. 그러면 창고가 정말 차고 넘친다. 어떻게 차고 넘치는 줄 아는가? 지금 있는 곳에서 언제나 찬송을 드릴 수 있게 된다. 하나님의 은혜를 찬송하게 되면 지금의 창고가 차고 넘친다. 그런데 "십일조를 잘 드리면 네 창고가 차고 넘치게 해주마!"라는 말씀에 거래하는 마음으로 십일조를 드려보라. 지난 달 백만 원 벌다가 이번 달에는 이백만 원 벌었다. 그러면 족할까? 아니다. 절대 만족하지 않는다. 다시 또 부족함을 느끼게 된다. 창고를 아무리 채워줘도 그는 또다시 다른 창고를 짓는다. 하나님은 우리가 그렇게 살기를 원치 않으신다.

지금 말라기서 전체의 맥락은 하나님을 사랑하라는 말씀이다. 네가 받은 은혜를 생각하고 아버지를 사랑하라는 말씀이다. 우리에게 사랑의 대상은 오직 하나님 한 분밖에 없다. 그런데 이 세상을 살아가다 보면 자꾸 돈을 사랑하는 쪽으로 기울기 시작한다. 앞에서도 언급했지만 돈을 사랑하는지 점검하는 것은 십일조와 봉헌물을 내는 손이 떨리는지를 보면 안다. 사실 우리는 십일조와 봉헌물 정도가 아니라 하나님이 내게 주신 모든 것을 아버지께 사랑을 표현하는 데 써야 한다. 그것은 돈도, 건강도, 지식도, 우리에게 주신 모든 것은 하나님이 보내준 사랑이요, 아버지를 사랑하는 것에 쓰라고 주신 것이기 때문이다. 우리는 그 방향에 서서 한 발짝씩 내딛어가야 한다. 우리는 이 세상에서 그렇게 살도록 보냄 받았는데 돈이 항상 우리를 흔들어놓는다.

이제 다시 에베소서로 돌아가자.

> 또 함께 일으키사 그리스도 예수 안에서 함께 하늘에 앉히시니 이는 그리스도 예수 안에서 우리에게 자비하심으로써 그 은혜의 지극히 풍성함을 오는 여러 세대에 나타내려 하심이라 엡 2:6,7

6절에서는 하늘에 있었는데 7절에서는 땅에 있다! 우리는 지금 육신을 입고 이 땅에 살 수밖에 없다. 그렇다면 하나님이 우리를 이 땅에 보내신 목적이 무엇일까?

"네가 받은 지극히 풍성한 은혜를 여러 세대들 가운데 나타나게 하려 함이니라."

세상에 살면서 우리는 때로 어려움을 만날 수도 있다. 하지만 그때 우리가 놓치지 말아야 하는 것이 있다. 세상 사람들은 이 어려움 때문에 자살도 하고 원망하고 불평도 하지만 하늘에서 온 자이기 때문에 그 어려움을 만나는 순간에 지극히 풍성한 은혜를 놓치면 안 된다. 지금 이 시대에, 이 사람들에게, 은혜를 나타나기 위해서 상황은 어렵지만 여전히 환한 얼굴로 주님을 사랑하고 찬양하는 것이다.

십자가의 때

세상 사람들은 끊임없이 세상 것을 추구하지만 우리는 하나님이 지극히 풍성한 은혜를 주신 것을 여러 세대 가운데 나타내기 위하여 주어진 여러 가지를 사용하는 사람들이다. 우리 자신이 그렇게 쓰임 받는 자들이다.

그러면 여러 세대들 가운데 어떻게 나타낼 수 있을까? 우리 주님도 육신의 옷을 입고 이 세상에 오셨다. 그리고 어떤 상황 가운데서도 당신의 뜻이 아니라 아버지의 뜻을 이루려 함이리고 하셨다. 우리도 이 세상에 와서 내 뜻을 이루는 게 아니라 아버지의 뜻을 이루어드려야 한다. 예수님이 아버지의 뜻을 이루어드리는 것이 무엇이었을까? 그것은 바로 십자가였다. 제자들은 안 된다고 했지만 주님은 말씀하셨다.

"아니야, 내가 십자가를 지는 것이 아버지의 뜻이고 나는 그것을 위해서 왔어."

그리고 십자가를 지셨다. 그러면 십자가를 지는 것이 과연 무엇일까? 가나 혼인잔치 비유를 잠시 살펴보자.

> 예수와 그 제자들도 혼례에 청함을 받았더니 포도주가 떨어진지라 예수의 어머니가 예수에게 이르되 저들에게 포도주가 없다 하니 예수께서 이르시되 여자여 나와 무슨 상관이 있나이까 내 때가 아직 이르지 아니하였나이다 요 2:2-4

예수님의 말은 포도주를 만들겠다는 말인가, 안 만들겠다는 말인가. 언뜻 들으면 예수님이 포도주를 안 내겠다는 말처럼 들린다. 안 내겠다고 하셨으면 안 내셔야 되는데 예수님은 포도주를 냈다. 이 현장에서 주님이 하신 말씀을 성령으로 깨달은 사람이 있다. 그분의 어머니이다. 마리아는 예수님이 말씀하신 '내 때가 이르지 아니하였다'는 말의 뜻을 깨달았다. '내 때'는 도대체 무슨 때인가?

"그들이 예수를 잡고자 하나 손을 대는 자가 없으니 이는 그의 때가 아직 이르지 아니하였음이러라"(요 7:30).

그의 때는 십자가의 때다.

"이 말씀은 성전에서 가르치실 때에 헌금함 앞에서 하셨으나 잡는 사람이 없으니 이는 그의 때가 아직 이르지 아니하였음이러라"(요 8:20).

여기에서도 '그의 때'는 '십자가의 때'다.

"보라 너희가 다 각각 제 곳으로 흩어지고 나를 혼자 둘 때가 오나니 벌써 왔도다 그러나 내가 혼자 있는 것이 아니라 아버지께서 나와 함께 계시느니라"(요 16:32).

혼자 둘 때가 언제인가? 역시 십자가의 때다.

"예수께서 대답하여 이르시되 인자가 영광을 얻을 때가 왔도다"(요 12:23).

그 영광을 얻을 때 역시 십자가의 때다.

"지금 내 마음이 괴로우니 무슨 말을 하리요 아버지여 나를 구원하여 이때를 면하게 하여 주옵소서 그러나 내가 이를 위하여 이때에 왔나이다 아버지여, 아버지의 이름을 영광스럽게 하옵소서 하시니 이에 하늘에서 소리가 나서 이르되 내가 이미 영광스럽게 하였고 또다시 영광스럽게 하리라 하시니"(요 12:27,28).

이 말씀에서도 역시 '이때'는 십자가의 때이다. 바로 영광을 돌릴 때다.

"예수께서 이 말씀을 하시고 눈을 들어 하늘을 우러러 이르시되 아버지여 때가 이르렀사오니 아들을 영화롭게 하사 아들로 아버지를 영화롭게 하게 하옵소서"(요 17:1).

앞에서 살펴보았듯이 내 때는 십자가의 때이다. 그리고 십자가의 때는 내가 하나님께 영광을 돌리고 또 내가 영화롭게 되는 때다. 물론 우리는 하나님께 영광을 돌릴 필요가 없다. 왜냐하면 하나님은 본체가 영광이시기 때문이다. 그런데 우리에게 영광을 돌리라고 하시는 이유는 하나님께 영광을 돌리면 하나님의 영광이 내게 비추어 우리가 영화롭게 되기 때문이다. 결국 하나님은 우리를 위해서 하나님께 영광을 돌리라고 하신다.

그렇다면 도대체 십자가가 무엇인가? 영광을 돌리는 것은 무엇인가? 내가 이 세상에 살면서 아버지 하나님의 그 놀라운 뜻을 이룬다는 것은 무엇인가? 다시 가나 혼인잔치 이야기로 돌아가보자.

"그의 어머니가 하인들에게 이르되 너희에게 무슨 말씀을 하시든지 그대로 하라 하니라"(요 2:5).

예수님이 '아직 내 때가 이르지 않았다'고 하셨는데 왜 마리아는 이렇게 지시했을까? 마리아는 예수님이 말씀하신 '때'가 십자가의 때임을 알았던 것이다. 그래서 그는 하인들에게 예수님이 무슨 말씀을 하시든지 그대로 하라고 지시했다. 즉 순종으로 인하여 그 때를 이루도록 하인들에게 이야기한 것이다.

그렇다. 십자가의 때는 무슨 말씀을 하시든지 그것에 순종하는 삶을 말한다. 하나님이 무슨 말씀을 하시든지 그대로 하는 것이 십자가이다.

십자가란?

선교지에서 집회를 마치고 그곳에서 사역하시는 목사님한테 이런 말을 들었다.

"임 목사님, 우리 사모가 십자가여서 더는 선교를 못하겠어요. 교단에서 이혼을 막고 있지만 이혼하지 않고는 절대 선교 못하겠어요."

"선교사님, 진짜 사모님이 십자가입니까?"

"왜 내 말을 안 믿으세요? 진짜 사모가 십자가라니까요."

"진짜 사모님이 십자가입니까?"

목사님이 한쪽 팔을 걷어 올리자 큰 상처가 보였다. 사모가 물어뜯어서 살점이 떨어져나갔다는 것이다. 그 밑에도 이빨자국으로 상처가 크게 또 나 있는데, 정말 물어뜯겼던 모양이다. 내가 말했다.

"목사님, 그래도 사모가 십자가는 아니에요. '하나님이 이혼해라' 하면 이혼하는 게 십자가고 '끝까지 네가 불쌍히 여기고 긍휼히 여기고 그를 위해서 기도하라' 그러면 기도하는 게 십자가입니다. '너 선교 못해도 괜찮아. 네 여자 하나 끝까지 인내하고 참아라' 그러시면 순종하는 게 십자가인 것이지 사모가 십자가는 아니에요."

내 옆에 있는 사람이 십자가가 아니라 그 사람과 내게 닥친 상황 속에서 하나님이 말씀하시는 것이 십자가다. 하나님이 나를 이 세상에 보내실 때, 절대로 하나님과 나는 떨어질 수 없다. 주님과 떨어질 수 없기 때문에 우리는 그 나라에 함께 갔고 또 이 세상에서도 주님은 성령으로 함께하고 계신다. 그 성령께서 날마다 속삭이신다. 어느 날은 상대하기도 싫은 사람이 있는데 하나님이 말씀하신다.

"애야! 상대하기 싫으냐? 인상 보니까 상대했다가는 손해만 보게 생겼냐? 그래도 네가 만난 하나님에 대해 한 번만 얘기해라. 네가 만난 복음에 대해 한 번만 얘기하거라. 예수님이 얼마나 소중한지 한번 얘기 좀 해봐라."

그러면 그것이 십자가다. 나는 목회하면서 이런 경험을 수없이 많이 했다. 기도하다가 성령께서 마음 가운데 누군가에게 전화하기를 원하실 때가 있다. 그때 전화를 하면 정말 그 분이 힘을 얻는다. 반면 전화를 못했을 때 그 사람이 나에 대한 섭섭함을 갖게 된 일이 굉장히 많았다.

십자가는 '무슨 말씀을 하든지 그대로 하라!'이다. 하나님이 '세상으로 나가라' 혹은 '아무리 여기가 천국이고 너희 교회가 싸우고 있어도 그곳으로 가라' 그러면 우리는 하나님이 말씀하시는 대로 따라야 된다.

이 말씀대로 순종하는 데에는 두 가지 중요한 요소가 있다는 것을 놓치지 말아야 한다.

요한복음 2장으로 다시 가자.

거기에 유대인의 정결 예식을 따라 두세 통 드는 돌항아리 여섯이 놓였는지라 예수께서 그들에게 이르시되 항아리에 물을 채우라 하신즉 아귀까지 채우니 이제는 떠서 연회장에게 갖다 주라 하시매 갖다 주었더니 요 2:6-8

이스라엘의 규례에 따라서 혼인잔치에 들어가려면 손을 씻어야 하며, 이방 땅을 밟은 사람은 발까지 씻고 들어가야 한다. 이러한 내용은 이스라엘 백성들은 다 아는 상식이다. 그렇기 때문에 빈 항아리에 물을 채우라는 것은 상식선의 일이다. 아주 쉽다. 그러나 두 번째 명령은 쉽지 않다. 발 씻고 손 씻는 물을 떠서 연회장에게 갖다 주라니. 예수님이 거기에 축사를 하셨다는 말도 없다. 주님이 언급도 하지 않았다. "애야, 네가 떠다 주면 이 물이 포도주로 바뀐다"라는 말씀도 하지 않으셨다. 그냥 떠서 갖다 주라고만 하셨다. 그러면 하인은 무슨 생각을 했을까. 이 물을 떠다 주고 내가 어떻게 될 것인가를 생각할 것이다.

'이제 난 죽었네.'

이렇게 생각했을지도 모른다. 그러나 하인은 "주님께서 무슨 말씀을 하든지 그대로 하라"는 말을 의지하고 다시 십자가를 지고 물을 떠서 연회장에게 갖다 주었다.

"연회장은 물로 된 포도주를 맛보고도 어디서 났는지 알지 못하되 물 떠온 하인들은 알더라 연회장이 신랑을 불러"(요 2:9).

죽을 각오를 하고 갖다 주었는데, 그것이 포도주로 변해 있었다. 순종은 하인이 했다. 그런데 포도주는 연회장을 비롯해 잔치에 참여한 사람들이 마셨다. 연회장과 하인의 차이가 있다. 연회장은 포도주가 어디서 났는지를 몰랐지만 하인은 알았다! 다시 말하면 순종할 때 하나님이 어떤 분이신지를 알게 된다. 그래서 하나님만 사랑하게 되어 있다. 이제는 순종도 거래가 되어버려 내가 순종했으니 포도주도 내가 마셔야 한다고 주장하는 한국 교회가 놓치지 말아야 할 것은 바로 이것이다. 우리가 순종했는데 포도주의 맛은 보지 못할 수 있다. 그러나 하나님을 더 깊이 알게 되고 사랑하게 되는 복이 우리에게 임한다.

우리는 하늘에서 온 사람이다. 하늘에서 온 우리는 사도행전 2장의 삶을 향해 가야 한다.

그 길이 쉽지는 않지만 이 말씀을 사도행전 시대에만 역사했던 골동품으로 만들지 말아야 한다. 내가 이 자리에 설 수 있도록, 한국의 모든 교회들이 이 자리에 설 수 있도록 계속 기도해야 한다. 이 세상 살아가는 날 동안, 내가 받은 지극히 풍성한 은혜를 여러 세대들 가운데 나타내기 위해서 하나님이 삶의 현장 속에서 말씀하실 때마다 말씀을 들은 대로 행하면 된다. 그렇게 순종할 때 하나님을 더 깊이 알게 될 것이고, 알면 알수록 하나님만 사랑하게 될 것이고 하나님 한 분만으로 충분하다고 고백하게 될 것이다.

　내가 가진 모든 것을 하나님을 위해서 흘려보내고 함께 나누기 원하는 사람이 하나님의 사람이다. 나 자신이, 우리 모두가, 한국 교회가 하나님의 사람으로 살아가기 위해 매일 그 방향에 설 수 있기를 간절히 기도한다.

구약에 나타난
예수 그리스도

메노 칼리셔

Only Jesus Christ

Only Jesus Christ

하나님에 대해 공부하려면

나는 53년 전에 예루살렘에서 태어났다. 네 아이가 있는데 첫째가 스물아홉 살이고, 그 아래로 스물여섯 살, 스물세 살 그리고 막내가 스물한 살이다.

이스라엘에서 예수 그리스도를 믿는다고 말하는 것은 상당히 위험한 상황을 야기한다. 이스라엘에 사는 99퍼센트의 유대인은 예수 그리스도가 주님이시고 구세주라는 사실을 인정하지 않는다. 학교에 가면 역사 시간에 다음과 같이 가르친다.

"기독교인들이 기독교라는 이름으로 얼마나 많은 유대인들을 학살하고 죽였는 줄 아는가? 가장 많은 유대인들을 죽인 자들이 바로 기독교인들이다."

이런 상황이다 보니 유대인 사회에서 "나는 그리스도인이다"라고 말하는 것은 스스로 국가적 원수가 되기를 자처하는 것이나 다름없다.

나는 하나님의 은혜로 예수 그리스도를 믿는 가정에서 태어나고 자라났다. 매주 토요일이면 교회에 가서 예배를 드렸다(이스라엘은 일요일이 아니라 토요일이 안식일이다). 내가 열일곱 살이 될 때까지는 몇몇 소수의 친구들과만 기독교인임을 공유하고 공개적으로는 알리지 않았다.

당시는 이스라엘 전체에서 200가정 정도만 예수님을 믿고 있었다. 한마디로 아주 소수자들이었다. 만약 예수님을 믿는다는 사실이 동네에 알려지게 되면 이웃 사람들이 와서 얼굴에 침을 뱉고 조롱하며 모욕했기 때문이다. 그래서 열일곱 살이 되었을 때 나는 결정을 해야 했다. 한번 생각해보라. 아주 적은 소수의 무리만이 예수님을 믿는 상황이었다. 박사도 없고 교수도 없고 말 그대로 별 볼 일 없어 보이는 사람들 몇몇이 믿는 것을 누가 옳은 신앙이라고 자신 있게 이야기할 수 있겠는가? 게다가 남자가 열일곱 살이면 그때부터는 어린 소년으로서가 아니라 남자로서 사고하기 시작해야 한다. 그런데 당시의 모든 친구들이 "네가 지금 믿는 것은 우리 사회에서는 죄야, 잘못된 거야"라고 말한다. 그래서 나도 고민이 되었다.

'혹시 나에게 이 기독교 신앙을 전수해준 우리 부모님이 잘못된 거면 어떻게 하지? 어떻게 거우 200명밖에 안 되는 우리들이 하나님에 대한 비밀을 가지고 있고 유대교 회당과 유명한 대학에 있는 박사들과 랍비들이 눈이 멀어 잘못 보고 있다고 자신 있게 말할 수 있지?'

그래서 나는 예수 그리스도에 대해서 스스로 공부하기 시작했다. 나는 너무 어렸고 성경책은 너무 컸다. 어떻게 성경을 공부해야 할지 고민했다. 유대교나 기독교나 거룩함이나 가정의 순결함을 지켜야 하는 부분은 똑같다. 그러니 그런 일반적인 것 말고 가장 중요한, 핵심적인 한 가지를 공부해야겠다고 생각했다.

'그래, 하나님에 대해서 공부하자.'

나는 구약성경에서 예수 그리스도에 대해서 예언하고 있는 구절들을 뽑아서 공부하기 시작했다. 그렇게 예언서들을 공부하면서 놀랍게도 모든 예언서가 오직 한 인격인 예수 그리스도를 나타낸다는 사실을 발견하게 되었다.

시내산에서 주어진 말씀

여기에서 잠깐 정리하고 가야 할 것이 있다.

"2천 년 전에 이스라엘에서 읽었던 성경은 구약인가, 신약인가?"

단순한데 의외로 잘 모를 수 있다. 2천 년 전 제자들의 손에는 오직 구약성경만 들려져 있었다. 왜냐하면 아직 신약성경은 쓰이지 않았으니까. 제자들이 예수님에 대해서 아는 모든 것들은 구약성경을 통해서였다. 예수님이 제자들에게 "얘들아, 이것은 마태복음에 쓰여 있는 거야"라고 설교하셨을 리가 없다. 예수님이 "율법에 이렇게 쓰여 있다. 성경에 이렇게 쓰여 있다"라고 하셨던 것은 다 구약성경이었다.

그래서 나도 생각했다.

'예수님에게 구약성경이 인용할 만한 좋은 성경이었다면 그것은 나에

게도 좋을 것이다.'

이제부터 히브리어 문법으로 된 구약성경을 통해 예수님을 살펴보도록 할 것이다. 한국어 성경은 대부분 영어 성경으로부터 번역된 것이다. 모두가 알겠지만 시내산에서 주어진 말씀은 영어가 아니라 히브리어였다.

그럼 지금부터 시내산으로 가서 하나님에 대해서 한번 알아보자.

이스라엘아, 들어라. 주는 우리의 하나님이시요, 주는 오직 한 분뿐이시다.

신 6:4, 표준새번역

'하나님은 한 분'이라는 사실을 영어로 들을 때는 말이 되는데 히브리어로 들으면 문제가 생긴다. 하나님은 히브리어로 엘로힘이다. 문제는 이 엘로힘이라는 단어가 단수가 아닌 복수 형태로 되어 있다는 것이다. 그런데 어떻게 복수인 '엘로힘, 하나님이 한 분이시다'라고 말할 수 있을까. 그렇다면 우리는 필연적으로 구약성경에서 말하는 '하나'가 무슨 뜻인지 살펴봐야 한다.

"하나님이 빛을 낮이라 부르시고 어둠을 밤이라 부르시니라 저녁이 되고 아침이 되니 이는 첫째 날이니라"(창 1:5).

하루에 아침과 저녁이 있다. 하루 안에 아침도 있고 저녁도 있는 것이다. 아빠, 엄마 그리고 아이들을 다 합쳐서 '가족'이라고 한다. 가족 구성원 수가 많다고 해도 '한 가족'이라고 한다. 단순하다. 에스라서 3장 1절을 보면 예루살렘에 있는 모든 거민들이 다 하나로 모였다고 했다.

"이스라엘 자손이 각자의 성읍에 살았더니 일곱째 달에 이르러 일제히 예루살렘에 모인지라"(스 3:1).

그런데 2장에서 그 숫자를 정확하게 말하고 있다.

"온 회중의 합계가 사만 이천삼백육십 명이요"(스 2:64).

4만 2천 명 더하기 360명. 그런데 히브리어 성경에는 그 모든 사람들을 '한 군중'이 모였다고 표현한다. 결론적으로 성경에서 말하는 '하나'는 '완전함'을 뜻한다. 각각의 수많은 조각들이 합쳐져서 완성된 하나가 되는 것이다. 하나의 자동차는 수천 개의 부품으로 이루어졌다.

히브리어는 그 의미가 아주 풍성한 언어이다. 하나라는 단어 중에서 '야히드'가 있고 '에하드'가 있는데 에하드는 둘을 절대로 떼어놓을 수 없는 하나를 뜻한다. 하나님이 '나는 한 하나님이다'라고 했을 때 그것은 분리할 수 없는 하나로서의 하나가 아니다. 물론 우리는 한 분 하나님을 섬긴다. 그런데 그 하나님이라는 단어가 복수 형태를 띠고 있다. 그래서 이 하나 됨은 한 부분 이상이 있다는 것을 말하는 것이다.

이제 하나님이 자신을 어떻게 묘사했는지 살펴보자.

"하나님이 이르시되 우리의 형상을 따라 우리의 모양대로 우리가 사람을 만들고… 하나님이 자기 형상 곧 하나님의 형상대로 사람을 창조하시되 남자와 여자를 창조하시고"(창 1:26,27).

하나님이 지금 누군가에게, 최소한 한 명 이상에게 말씀하고 계신다. '우리가'라고 할 때는 최소한 둘을 의미한다는 것은 상식이다. 그런데 유대교의 어떤 랍비는 이 구절에서 지금 하나님이 땅을 향해서 얘기하고 있다고 말한다. '땅아 네가 흙을 올려보내라. 나는 손을 내려보내서 그렇게 인간을 만들자.' 또한 하나님이 천사들에게 얘기하시고 그들과 합력하여서 인간을 만들었다고 주장하기도 한다. 초등학생이 봐도 틀린 게 분명한데 왜 랍비들은 이런 관점을 적용할까? 이유는 하나다. 예수 그리스도를 믿지 않을 이유를 찾기 위해서다. 그들은 삼위일체를 부정할 수 있는 어떤 증거라도 찾아내서 우기고 싶은 것이다.

두 번째는 '우리의 모양대로'라고 했으니까 그들이 공통적으로 갖고 있는 어떤 모양이 있다는 말이다. 그리고 '우리의 형상을 따라'라고 했으니까 그들이 공유하고 있는 어떤 형상이 있었다. 지금 그들은 창조할 수 있는 능력도 똑같이 갖고 있고 같은 모양도 갖고 있었다. 히브리어로 보면 이 모든 것이 다 똑같음을 알 수 있다.

예수 그리스도는 절대적으로 중요하다

결혼한 남자가 자기 아내가 어떻게 생겼는지 잘 모르겠다는 것은 말이 안 된다. 내 뒤에 여성들이 열 명쯤 있는데 내가 그중 어떤 목소리가 내 아내인지 구별해내지 못하겠는가? 당신의 엄마가 "빨리 와!"라고 했을 때 당신의 볼기를 때리려고 그러시는 걸까, 아니면 당신의 유익을 위해서 그러신 걸까? 후자의 관점이 정상적인 것이고 신학적으로도 그게 옳다.

예수님이 요한복음 8장 19절과 42절에서 이렇게 말씀하신다.

너희는 나도 모르고, 나의 아버지도 모른다. 너희가 나를 알았더라면 나의 아버지도 알았을 것이다. 요 8:19, 새번역

하나님이 너희의 아버지라면, 너희가 나를 사랑할 것이다. 그것은, 내가 하나님에게서 와서 여기에 있기 때문이다. 내가 내 마음대로 온 것이 아니라, 아버지께서 나를 보내신 것이다. 요 8:42, 새번역

많은 사람들이 "하나님이 살아 계시죠"라고 말한다. 성경이 그렇게 말하고 있기 때문이다. 그런데 하나님이 어떤 성품이신지 어떤 말씀을 하시는지 알아채고 있는가?

느헤미야서 9장에서 오직 하나님만이 이 지구상에 있는 모든 것을 창조하셨다고 말한다. 땅뿐만이 아니라 하늘과 하늘 위에 있는 모든 것까지도 다 하나님이 창조하셨다.

"오직 주는 여호와시라 하늘과 하늘들의 하늘과 일월성신과 땅과 땅 위의 만물과 바다와 그 가운데 모든 것을 지으시고 다 보존하시오니 모든 천군이 주께 경배하나이다"(느 9:6).

욥기 38장에 보면 하나님이 천지를 창조하실 때 천사들이 옆에서 노래하고 박수치고 환호했다고 기록하고 있다.

"그날 새벽에 별들이 함께 노래하였고, 천사들은 모두 기쁨으로 소리를 질렀다"(욥 38:7, 새번역).

하나님이 우리를 창조하실 때 정말 자기와 동일시할 수 있는 또 다른 어떤 존재와 대화를 나누셨고 그들이 함께 우리를 창조하셨다는 것이다. 전도서에서도 "너의 창조주를 기억하라" 이 부분이 히브리어로는 "너의 창조주들을 기억하라"라고 되어 있다.

"너는 청년의 때에 너의 창조주를 기억하라 곧 곤고한 날이 이르기 전

에, 나는 아무 낙이 없다고 할 해들이 가깝기 전에"(전 12:1).

시편 149편의 '창조주'도 마찬가지다.

"이스라엘아, 창조주를 모시고 기뻐하여라. 시온의 주민아, 너희의 임금님을 모시고 큰소리로 즐거워하여라"(시 149:2, 새번역).

여기서도 '창조주'는 'Maker'가 아닌 'Makers'(창조주들)라고 말하고 있다. 지금 계속해서 인용을 통해 증거하고자 하는 것은 '유대인들이 믿고 있는 신앙의 기본은 삼위일체 하나님이 계시다는 것인데 그것은 이미 구약성경에서부터 존재했다'는 점이다. 마태가 만들어낸 이야기가 아니라는 것이다. 어떤 유대인이 이 성경을 읽으면서 삼위일체를 인정하지 않는다면 그는 성경을 받아들이는 것이 아니라 랍비의 가르침에 더 권위를 두고 인정하는 것이다.

이 부분에 대해서 먼저 결론을 내리자. 오직 한 하나님이 계신다. 그런데 그 하나라고 하는 말 안에 여러 파트가 모여서 완전함을 이루는 하나를 말하고 있다. 아담과 하와를 창조하신 그 하나님은 자기와 똑같은 또 다른 존재에게 말씀하시면서 우리를 창조하셨다.

하나님의 세 인격

이제 한 하나님 안에 몇 인격이 있는지 알아보자. 대부분 셋이라고 빨리 대답할 것이다. 그렇다면 다시 묻겠다. 그것은 어디에서 얻은 결론인가. 왜 셋인가? 교회 전통이 그렇게 말해왔고 또 우리 부모님이 그렇게 말했으니까? 그런 이유 말고 성경 안에서 증거를 찾아야 한다(물론 당신의 부모님은 훌륭하다. 그러나 성경은 당신의 부모님보다 훨씬 더 위대하다).

유대교와 가톨릭은 사실 두 개의 샴쌍둥이 같은 존재들이다. 가톨릭과 유대교가 각각의 수장을 가지고 있다. 가톨릭은 교황, 유대교는 랍비인데 두 존재가 말하는 모든 가르침은 오류가 없다고 한다. 이 두 종교가 다 정경 이외에 외경을 가지고 있는데, 외경이 정경과 같은 권위를 갖고 있다고 주장한다. 그리고 그들은 '우리가 가르치고 있는 이 모든 교리를 받아들이지 않으면 너희는 우리로부터 나온 자들이 아니고 우리와 다르다'며 배척한다.

그리고 랍비를 따르는 이 유대교는 이런 중요한 교리를 가지고 있다. 현재 전 세계에 유대교 랍비를 따르는 종교를 유대교라고 하는데 11세기에 '마이포니디스'라는 랍비가 그 모든 교리의 기초를 놓았다. 마이포니디스는 13개의 중요한 선언을 발표했는데 이 13개의 문장이 구약성경 전체를 요약하는 아주 중요한 교리들을 담고 있다. 그래서 그 뒤로 유대교에서는 이 13개의 조항을 받아들이면 유대교 교인이고, 이걸 받아들이지 않으면 그들과 상관없다고 분리한다. 여기에서 가장 중요한 문항 중 하나가 "하나님은 절대로 분리할 수 없는 한 하나님이시기 때문에 삼위일체를 말하는 자들은 유대교 신자가 될 수가 없다"라고 선언하고 있다. 종교심이 특심인 유대교인들이 랍비의 가르침에 어느 정도의 권위를 두는지 알면 놀랄 것이다. 그들은 이렇게 말한다.

"시내산에서 하나님은 모든 율법을 모세에게 주셨다. 그런데 모세가 모든 율법을 다 적지는 않았다. 그래서 그 뒤로 하나님이 영감을 주셔서 그다음 세대에 나오는 랍비들에게 그 율법을 가르쳐주셨기 때문에 랍비들이 새로 쓴 율법도 하나님이 시내산에서 모세에게 주셨던 율법과 같은 율법이다."

사실은 율법에 대한 주석들인데 그 주석의 권위를 모세가 받았던 율법과 같은 권위로 취급하는 것이 유대인들이다. 그래서 마이포니디스가 '하나님은 절대로 복수가 될 수 없다. 그래서 삼위일체는 있을 수 없다'라고 말해버리면 그것이 곧 시내산에서 모세가 받은 율법과 같은 권위를 갖기 때문에 더는 논쟁이 있을 수 없다.

그럼 이제부터 본격적으로 한 하나님 안에 세 인격이 있다고 하는 것에 대해서 살펴보자.

창세기 1장 2절에 보면 "하나님의 영은 수면 위에 운행하시니라"라고 기록되어 있다. 하나님의 영이 수면 위에 운행하셨다는 것을 통해서 우리는 하나님의 영이 어떤 존재인지를 성경을 통해 볼 수 있다. 구약성경 안에 있는 하나님의 영을 언급하고 있는 구절들을 찾아보면 하나님의 영은 독립적인 인격체라는 사실을 알 수 있다. 몇몇 중요한 참고 구절들을 소개하면 다음과 같다.

사무엘하 23장 2,3절, 이사야서 11장 2절, 이사야서 59장 19-21절, 이사야서 63장 10절, 시편 139편 7-12절. 그러나 이보다 훨씬 더 많다.

갈라디아서 5장 22,23절에 보면 성령의 열매에 대해서 말하고 있다. 성령의 아홉 가지 열매의 특징들을 살펴보면 그것은 한 인격체의 특징이라는 것을 알 수 있다.

모세는 몇 권의 책을 썼을까? 다섯 권? 아니다. 모세는 창세기부터 신명기까지 율법이라는 한 권의 책을 썼는데 그걸 우리가 다섯 개로 나

눈 것이다. 출애굽기 33장에 하나님과 모세 사이에 오고 가는 토론이
나온다.

> 모세가 이르되 원하건대 주의 영광을 내게 보이소서 여호와께서 이르시되 내가 내 모
> 든 선한 것을 네 앞으로 지나가게 하고 여호와의 이름을 네 앞에 선포하리라 나는 은혜
> 베풀 자에게 은혜를 베풀고 긍휼히 여길 자에게 긍휼을 베푸느니라 또 이르시되 네가
> 내 얼굴을 보지 못하리니 나를 보고 살 자가 없음이니라 출 33:18-20

모세는 지금 하나님에게 하나님의 얼굴을 보여달라고 요청하고 있다.
하나님의 영광 가운데에서 하나님의 얼굴을 보기 원하고 있다. 그런데
하나님은 모세에게 이렇게 말씀하신다.

"넌 나를 볼 수 없다. 왜냐하면 네가 보면 죽게 될 것이다."

하나님의 보좌에 앉아 계시는 하나님의 얼굴을 우리는 볼 수가 없다.
여기 이 존재는 당신이 보도록 허용되지 않는 그런 존재이다. 예수 그리
스도의 피로 거룩함을 입은 우리가 영화롭게 되어서 하나님을 얼굴과 얼
굴을 대하여 뵙는 일은 나중이고 지금은 볼 수 없다.

결론적으로 한 영이 있다. 그리고 우리가 얼굴을 볼 수 없는 한 존재
가 있다. 그럼 이제 출애굽기 33장 11절로 가보자.

"사람이 자기의 친구와 이야기함같이 여호와께서는 모세와 대면하여
말씀하시며 모세는 진으로 돌아오나 눈의 아들 젊은 수종자 여호수아
는 회막을 떠나지 아니하니라."

사람이 자기의 친구와 이야기함같이 여호와께서는 모세와 대면하여

말씀하신다.

여기 아주 분명하게 나온다. 하나님이 지상에 여러 차례 내려오셨다. 바벨탑을 사람들이 세우고 있을 때, 소돔과 고모라 때에도 하나님이 이 땅에 내려오셨다. 그리고 나중에 보겠지만 아브라함과 하나님이 함께 앉아서 음식을 먹는다.

신약성경은 완전히 새로운 성경이 아니라 구약성경으로부터 나온 책이고 구약성경을 완성하는 책이다. 왜냐하면 하나님은 변하시지 않기 때문이다.

하나님이 내려오셔서 모세에게 말씀하신다. 그리고 그가 어떻게 이스라엘 백성들을 이끌어야 될지에 대한 방향을 말씀하신다. 모세는 알고 있었다. 지금 자기가 하나님과 얼굴과 얼굴을 맞대고 이야기하고 있다는 것을. 이분은 볼 수 있도록 허락된 분이었다. 물론 나중에 우리는 그분이 예수님이라는 것을 알 수 있다.

예수님이 하늘에서 양복을 입고 있는 그런 분은 아니시지만 이 땅에 필요가 있을 때 인간의 몸을 입고 내려오시는 분이셨다는 것이다. 그다음 절부터는 이제 모세가 봐서는 안 되는 분과 이야기를 하고 있다.

"당신이 우리를 누구보다도 사랑한다고 말씀하셨습니다. 당신이 우리를 여기까지 데리고 오셨다면 증거를 보여주세요. 저들은 목이 곧은 백성들입니다. 어떻게 저들을 내가 이끌 수 있겠습니까? 제 스스로는 할 수가 없습니다. 당신은 우리가 특별한 당신의 백성이라고 얘기하시는데 그 증거를 보여주세요."

그때 하나님이 말씀하신다.

"내가 증거를 보여주겠다."

영어 성경에 보면 "나의 임재가 너희들 앞에 가서 너희들을 이끌리라"고 이야기하고 있는데 히브리어 성경에는 분명하게 "나의 얼굴이 너희 앞에 갈 것이다"라고 나와 있다. 히브리어로 이사야서 63장 9절에 그 얼굴의 천사들이 그들을 구속하고 지켜줬다는 표현이 나온다. 히브리어에서 천사라고 하는 단어는 꼭 날개를 달고 있는 존재일 필요가 없고 단지 메신저, 즉 메시지를 전달하는 사람이라는 의미를 갖고 있다.

그리고 성령님이 계신다. 또 한 분은 얼굴을 대하여 볼 수 있는 분이 있다. 내가 그 얼굴을 보면 죽기 때문에 볼 수가 없는 분이 있다. 총 세 분이 계신 것이다. 이 세 존재가 하나로 붙어 있다는 것이다.

이사야서 48장 12-16절 말씀을 어린아이라도 다 이해할 수 있도록 쉬운 말로 설명해보겠다. 여기서는 하나님이 말하는 자로 나오신다.

"내가 이스라엘을 창조했고 내 손이 땅의 기초를 정의하였고 내 오른손이 하늘을 폈다. 내가 이 나라들을 세우기도 하고 무너뜨리기도 하고 내가 왕들을 세우기도 하는 하나님이다. 나에게 어떤 것도 숨겨질 수가 없다. 내가 처음부터 거기 있었다."

이 구절들 전체에서 하나님이 직접 말씀하신다.

그런데 놀랍게도 내가 창조주 하나님이라고 말씀하시던 분이 16절에 보면 "주 여호와께서 나와 그의 영을 보내셨느니라"라고 하신다. 세 분이 계신 것이다.

이사야서 61장 1절 안에 몇 인격이 있는지 잘 찾아보라.

"주 여호와의 영이 내게 내리셨으니 이는 여호와께서 내게 기름을 부으

사"(사 61:1).

이제 어떤 결론에 도달했는지 알 것이다.

한 분 하나님이 계신다. 이 하나님은 세 인격이 한 하나님이시다. 그리고 이 세 인격은 그 가치에 있어서 온전히 하나이시고 동등하시다. 그래서 성령님이 당신 안에 계시면 하나님의 충만하심이 당신 안에 있는 것이다. 우리가 눈으로 볼 수 있는 두 번째 인격이신 그분이 당신 안에 계시다면 역시 하나님의 충만하심이 당신 안에 있는 것이다. 그분 각각의 가치가 동등하시다.

전능하시고 완전하신 분

이스라엘에서는 오직 어머니만이 임신을 한다(한국에서도 마찬가지다). 아빠와 엄마는 똑같은 가치를 가지고 있다. 아빠와 엄마는 하나이다. 그런데 아빠와 엄마가 하나이지만 하나님은 각각 다른 일을 하도록 창조하셨다. 그래서 하나님 아버지와 아들과 성령님은 온전히 한 분이시고 동등한 가치를 지니고 계신다. 그렇지만 그 세 분이 각각 다른 일을 하신다. 십자가에 달리신 분은 성자 하나님이시다. 왜 성자 하나님이 달리셨을까? 아버지 하나님은 무서우셨을까? 아니다. 세 분이 각각 자신들이 헤야 될 일이 있으셨다.

예수님이 돌아가셨기 때문에 우리는 생명을 갖게 되었다. 예수님이 대가를 지불하셨다. 우리가 마땅히 치러야 될 형벌을 그분께서 대신 받아주셨기 때문에 우리는 생명을 얻었다.

성령님은 우리가 하나님을 볼 수 있도록 우리의 눈을 열어주시고 새 생명이 우리 안에 잉태될 수 있도록 도와주시고 우리가 하나님을 알 수 있도록 깨달음을 주시고 우리가 믿을 수 있도록 능력과 힘을 주시고 예수님이 그 대가를 지불하실 때 성령님이 그 사실을 믿을 수 있도록 도와주셔서 우리가 아버지께로 돌아갈 수 있도록 도와주신다.

우리 중에 성령님과 악수해본 사람은 없다(제발 있다고 하지 말라). 그렇지만 우리는 믿는 자들의 삶을 통해서 성령님을 볼 수 있다. 우리는 사람들이 회개하는 것을 보면서 그리고 그들의 삶이 변화되는 것을 보면서 성령님이 역사하고 계심을 볼 수 있다.

아버지 하나님을 본 사람이 있는가?(제발 없다고 하라.) 누구도 아버지 하나님을 본 사람은 없다. 우리에게 남은 마지막 선택은 무엇인가. 예수님이다. 우리가 볼 수 있도록 허락된 유일한 분, 자기 자신을 비우시고 인간의 몸을 입으시고 우리와 같이 되시기 위해서 이 땅에 내려오신 분이다. 그분은 완전한 인간이셨고 동시에 완전한 하나님이셨다. 우리가 보았고 만졌고 대화를 나눴다고 말할 수 있는 유일한 하나님이 바로 성자 하나님이신 예수님이다. 세 분 하나님 가운데 볼 수 있도록 허락된 유일한 분이 예수님이셨다면 이제 구약성경 안으로 들어가서 예수님이 사람들과 만났던 기록들을 통해서 예수님에 대해서 더 살펴보도록 하자.

아브람이 구십구 세 때에 여호와께서 아브람에게 나타나서 그에게 이르시되 나는 전능한 하나님이라 너는 내 앞에서 행하여 완전하라 창 17:1

아브라함이 99세가 되었을 때 하나님이 아브라함에게 나타나셨다. 그때 하나님이 아브라함을 얼굴과 얼굴을 대하여 바라보셨다. 이 만남은 이론적인 만남이 아니고 인터넷을 통한 온라인상의 만남도 아니며 그림자도 아니고 얼굴과 얼굴을 대하여 만난 만남이었다고 말하고 있다.

"아브라함아, 나를 봐라. 나는 엘 샤다이다. 너는 내 앞에서 행하여 완전하라."

이 대목에서 하나님을 어떤 하나님이라고 말하고 있는가? 한국어 성경에는 전능한 하나님이라고 되어 있다. 물론 맞는 번역이긴 하다. 그러나 엘 샤다이에서 '샤다이'라는 단어는 '나는 마땅히 네가 두려워해야 될 존재이기 때문에 너는 내 앞에서 절대로 죄를 짓지 말고 거룩하게 행하고 내가 말하는 대로 순종해야 한다'는 뜻을 갖고 있다. 그런데 물론 여기에 약간의 언어유희가 있다. 이 단어의 어원은 '여인의 가슴'이라는 의미가 있다. 어린아이에게 절대적으로 필요한 것은 다른 어떤 것이 아닌 엄마의 가슴에서 나오는 젖이듯이 '너는 다른 데 가지 말고 나에게로 와서 공급받으라'고 하는 것이 바로 샤다이의 의미이다. 그렇기 때문에 '전능한'이라고도 번역되고 '완전한'이라고도 번역이 되어 있다.

여기 두 가지 이슈가 있다. 하나는 문법적으로 '이게 무슨 의미인가' 하는 것이고 또 하나는 '이게 어떻게 들리느냐' 하는 의성어의 문제다. 여기서 중요한 것은 하나님이 진히 이 땅에 내려오셔서 "내가 엘 샤다이다"라고 자신을 밝히고 계시는 부분이다. 하나님은 하나님이시다. 그분이 하나님이시기 때문에 많은 이름들을 가지고 계신다. 하나님을 한 이름으로 표현할 수가 없다. 예를 들어, 만군의 주 하나님이라는 하나의 이름으로 하나님의 그 모든 것을 다 표현할 수가 없다는 말이다. '하나님' 하면 그 수많은 이름들이 의미하는 모든 것을 다 포함하는 것이다. 어린 아이들에게 가서 '하나님'을 이야기해보라. 아주 추상적이다. 당신이 정말 하나님이 어떤 분이신지 알고 싶다면 하나님의 이름들을 공부하고 그것을 통해 하나님의 성품을 깨달을 때 진정 하나님이 누구이신지를 알게 된다.

예를 들어 내가 서울에서 대구까지 차를 운전해서 가고 있는데 타이어가 펑크 난 차를 타고 있는 만삭의 여자를 보게 됐다. 차를 멈추고 내려서 타이어를 갈아준 뒤에 떠났다. 그러면 그녀에게 있어서 나는 자동차를 고쳐준 수리공이다. 그런데 나의 원래 직업은 의사였다. 다음 날 내가 병원에서 그녀가 아이 낳는 것을 돕는다. 그런데 그녀가 집에 돌아왔는데 와보니까 아래층에 사는 이웃이었다. 그녀가 올라와서 문을 두드리고 "저희 집 냉장고가 고장 났는데 좀 도와주시겠어요?"라고 해서 내가 내려가서 고쳤다. 그러면 그녀는 내가 누구라고 생각할까? 자동차 수리공? 의사? 냉장고 수리공?

사람들은 하나님에게 이름을 드린다. 그들이 경험한 하나님에 의해서 이름을 붙여드리는 것이다. 성경 속 인물들은 이 땅에 내려오신 하나님과의 만남이라는 경험을 통해서 하나님의 이름을 붙이게 된다. 그 이름들을 하나하나 성경에서 살펴보면 그중에 한 이름이 메시아, 그리스도임을 알 수 있다. 하나님이 아브라함에게 나타나셔서 "나는 엘 샤다이다"라고 말씀하셨다.

상수리나무 아래에서 만난 하나님

출애굽기 6장에서 하나님이 모세에게 말씀하셨다.

> 하나님이 모세에게 말씀하여 이르시되 나는 여호와이니라 내가 아브라함과 이삭과 야곱에게 전능의 하나님으로 나타났으나 나의 이름을 여호와로는 그들에게 알리지 아니하였고 출 6:2,3

이 말은 하나님이 아브라함과 이삭과 야곱에게 다음과 같이 말씀하시는 것이다.

"나는 전능하신 하나님으로 나타난 엘 샤다이다. 그러나 내 이름 야훼로는 내가 그들에게 알려주지 않았다."

다른 말로 하면 이것이다.

"그들에게는 내 아들이 갔고 나는 그들에게 가지 않았다. 그렇지만 걱정하지 마라. 그 아들은 아버지의 얼굴을 아는 아들이니까."

요한복음 14장에서 빌립이 예수님에게 "우리에게 아버지 하나님을 보여주십시오"라고 했을 때 예수님이 말씀하셨다.

"빌립아, 날 봐. 그러면 하나님을 본 거야. 이해하겠니? 됐어, 그럼."

창세기 18장에서 우리의 조상들에게 하나님이 나타나셨다는 이야기를 할 때 우리는 어쩌면 그냥 지 뒤에 숨어서 나타나셨거나 그림자로 나타나셨다고 생각할 수 있는데, 그렇지 않다.

여호와께서 마므레의 상수리나무들이 있는 곳에서 아브라함에게 나타나시니라 날이 뜨거울 때에 그가 장막 문에 앉아 있다가 눈을 들어 본즉 사람 셋이 맞은편에 서 있는 지라 그가 그들을 보자 곧 장막 문에서 달려나가 영접하며 몸을 땅에 굽혀 이르되 내 주여 내가 주께 은혜를 입었사오면 원하건대 종을 떠나 지나가지 마시옵고 창 18:1-3

이 말씀을 보면 여호와께서 마므레의 상수리나무들이 있는 곳에서 아브라함을 만나셨다. 그런데 마므레는 '말하는 나무'라는 뜻을 가지고 있다. 고대 세계에서는 많은 사람들이 우상숭배자였다. 아브라함 시대에 살았던 주변 사람들이 그런 큰 나무들을 보며 거기야말로 하나님이 머무시는 곳이라고 생각했다.

다니엘서 4장에서 다니엘이 해석해준 꿈에 보면 큰 나무 아래서 누군가가 말을 한다. 왜 그 큰 나무를 택했을까? 당시 사람들이 그 큰 나무 안에 신이 살아서 말한다고 하는 관념이 있었기 때문이다. 그래서 당시 사람들이 큰 나무들을 보면 그 나무가 무엇인가 말해줄 수 있는 것으로 생각하고 나무에게 무언가 물어보기도 하고 요청하기도 했던 것이다. 그래서 영어에 "knock on the tree"(나무에게 가서 두드려서 물어본다)라는 표현이 있다. 바로 아브라함이 하나님을 만났던 그 자리가 당시 사람들이 신을 만나는 자리라고 생각하고 그 나무 아래에서 만나신 것이다.

그런데 하나님이 아브라함에게 할례를 요구하신다. 아브라함이 할례를 받는다. 그 천막 안에 있었다. 그때 사람들이 방문했다. 세 사람이다. 도대체 이 세 사람은 누굴까? 그 세 사람의 외모는 인간으로 보였다. 이 부분을 주목해서 봐야 한다. 다른 언어에서는 찾아볼 수 없는 아주 섬세한 문법적인 차이가 있기 때문이다. 아브라함이 세 사람을 바라본다. 그리고 한 분을 알아본다. 엘 샤다이다. 그리고 히브리어로 조금 전에 얘기한 것처럼 "내가 주께 은혜를 입었사오면"이라고 할 때 '주'라는 호칭이 남성 단수다. 세 사람 모두에게 얘기하는 것이 아니라 한 사람에게만 얘기하고 있다.

"제가 지금 여기 있는 두 분에게 얘기하는 것이 아니라 엘 샤다이이신 당신에게만 얘기하고 있습니다."

하나님이 인간의 형상을 입고 이 땅에 내려오신 것이다. 따라온 두 천사들도 인간처럼 보였다. 그리고 아브라함이 그분에게 말한다.

"떠나지 마십시오. 여기 머물러주십시오."

그리고 그들을 섬겼다. 아브라함의 아내가 맛있는 케이크를 굽고 고기를 준비해서 5성급 호텔 수준의 접대를 했다.

우리가 이야기했던 모든 것을 다 정리해보면 하나님은 한 분이시라는 것이다. 그리고 하나님의 하나 됨 안에 세 인격이 있다. 이 세 분이 한 분이시다. 성령님은 볼 수 없다. 보도록 허락되어지지 않은 그 한 분도 볼 수 없다. 하나님이 우리에게 보내주신 그 한 분만 볼 수 있다. 그리고 그분께서 오셔서 각각 다른 이름으로 자기 자신을 소개하고 있다.

내 앞에서 일하시는 하나님

우리는 성경 자체가 우리를 가르칠 수 있도록 우리를 내어드려야 한다. 우리가 생각하는 하나의 개념이 중요한 것이 아니라, 성경이 말하는 하나가 무엇을 뜻하는지를 알아야 한다. 성경에서는 아침과 저녁이 한 날이라고 하고 군중들도 한 군중이다. 하나라는 단어는 여러 개로 구성된 완성된 하나를 말한다.

또 다른 하나가 있다. 이 하나는 복수 형태로 구성될 수 없는 그냥 딱 하나를 뜻하는 히브리어 단어 '야히드'이다. 영어로는 'unit'(한 단위)라고 한다.

우리가 하나님에 대해서 얘기할 때, 하나님은 한 분이시지만 그 한 분 안에 여러 개체가 있는 것이다. 우리가 그런 차원에서 구약성경을 들여다보았더니, 성령님이 계셨고, 얼굴을 볼 수 있도록 허락하신 하나님이 계셨으며, 얼굴을 볼 수 없는 하나님이 계셨다. 이사야서 48장, 61장, 63장 이 세 곳에서 하나님은 세 위격을 가지고 계시다는 것을 정확하게 보여주고 있다. 우리는 하나님을 더 알기 원한다. 그런데 우리가 성령님을 볼 수 없는데 어떻게 성령님에 대해서 알 수 있을까? 내가 그분의 얼굴을 보면 죽는데 어떻게 그분을 알 수 있을까?

놀랍게도 하나님은 그분의 풍성하신 은혜 가운데서 세 분 중 한 분을 보내셨다. 인간의 몸을 입고 오신 그분을 통해 하나님은 어떤 분이신지 우리에게 보여주셨고, 설명해주셨으며, 우리로 하여금 그분을 알 수 있도록 은혜를 베풀어주셨다. 하나님이 아브라함을 방문하셨을 때 아브라함은 이방인이었다. 예수 그리스도께서는 이 땅에 오셨을 때, 유대인이든 이방인이든 구별하지 않고 구원해주시기 위해 오셨다. 내 유전자는 당신의 유전자와 다르지 않다. 그리스도 안에서 나와 당신은 완전히 동일한 존재이다. 교회 안에 유대인이나 이방인의 구별이 있어서는 안 된다. 오직 교회 안에는 하나님의 자녀만이 있을 뿐이다.

구원에 대해서 생각해볼 때, 유대인을 구원할 방법이 따로 있고, 이방인을 구원할 방법이 따로 있다는 건 말도 안 된다. 오직 구원의 방법은 한 가지다. 예수 그리스도의 보혈이다. 이 사실을 받아들이지 않으면 지옥에 갈 수밖에 없다. 하나님은 계획을 가지고 계셨다. 한 나라를 만드셨고 그 나라를 통해 메시아가 오셨고, 그를 통해 온 나라를 구원하는 것이 그분의 계획이셨다.

하나님이 사람들과 관계를 갖기 위해 이 땅에 오셨다. 우리와 대화를 나누기 위해서 이 땅에 오신 분이 예수님이다. 오직 아들 되신 하나님만이 이 땅에 오셔서 사람들과 대화를 나누셨다. 물론 성령님이 우리와 지금 함께하고 계시지만 영을 가지고 계신 인격과 어떻게 분리할 수 있겠는가? 그래서 나는 성령님의 역사를 그 사람이 맺고 있는 열매를 통해서 확인한다. 우리는 성령님과 마주 앉아서 아침식사를 할 수는 없다. 왜냐하면 성령님은 매 아침마다 저녁마다 우리 생의 모든 순간마다 우리 안에 함께 계시기 때문이다.

세 분 하나님 가운데 한 분이 인간의 육체를 입으시고 우리 가운데 거하기 위해 오셨다. 하나님이 처음에 이 땅에 오셨을 때, 마치 사람과 사람이 처음 만나 서로 자기 이름을 밝히며 인사하는 것과 같이, 하나님은 자신의 이름을 소개하셨다.

"아브라함아, 만나서 빈가워. 내 이름은 엘 샤다이야."

그분 자신의 이름을 우리에게 주셨기 때문에, 우리는 삼위일체 중 두 번째 위격이신 그분에 대해서 알게 되었다. 이제 우리는 구약성경으로 가서, 사람들이 어떻게 하나님을 만났는지를 살펴보고 그들에게 어떤 이름을 주셨는지를 볼 것이다.

그 이름 중 하나는 메시아다. 메시아는 그리스도, 기름부음 받은 자라는 뜻이다. 창세기 22장에 하나님이 아브라함에게 독자 이삭을 재물로 바치라고 명령하시는 이야기가 나온다.

> 너의 아들, 네가 사랑하는 외아들 이삭을 데리고 모리아 땅으로 가거라. 내가 너에게
> 일러주는 산에서 그를 번제물로 바쳐라. 창 22:2, 새번역

아브라함에게 아들을 희생제물로 바치라고 말씀하시는 분이 하나님이다. 11,12절은 야훼의 천사가 아브라함에게 하늘에서부터 그를 불러 말했다고 나온다(한글성경에는 '여호와의 사자'). "안 돼, 멈춰! 네가 네 아들 독자까지도 아끼지 아니하였으니 내가 이제야 네가 하나님을 경외하는 줄을 아노라." 여기에서 남성 단수형을 쓰고 있으면서 처음 이 일을 시작하신 그분이라는 사실을 보여주고 있다.

> 여호와의 사자가 하늘에서부터 그를 불러 이르시되 아브라함아 아브라함아 하시는지
> 라 아브라함이 이르되 내가 여기 있나이다 하매 사자가 이르시되 그 아이에게 네 손을
> 대지 말라 그에게 아무 일도 하지 말라 네가 네 아들 네 독자까지도 내게 아끼지 아니
> 하였으니 내가 이제야 네가 하나님을 경외하는 줄을 아노라 창 22:11,12

'천사' 하면 대부분의 사람들은 제일 먼저 날개를 떠올릴 것이다. 하지만 성경에 나오는 '천사'의 첫 번째 뜻은 '메신저'이다. 천사에 대한 진실

을 알아야 된다. 구약성경의 대부분의 천사들은 날개를 달고 날아다니는 존재를 말하는 것이 아니라, 하나님의 메시지를 전달하는 존재들이었다. 구약성경에서 '천사'라는 존재가 하나님인 것처럼, 남성 단수형으로 말하고 있으면 그렇게 말하는 천사 자체가 실제로 엘 샤다이 예수님이셨다는 사실이다. 보통의 천사들은 자기 자신이 마치 하나님인 것처럼 말하는 법이 없다.

구약성경에 예수님이 '한 여호와의 사자' 즉 '천사'라고 말하신 곳을 한 번 찾아보라. 구약성경 중 하나님이 그의 백성과 실제적으로 교류하셨던 사건들을 찾아보라. 한 예로 창세기 32장 24-32절 내용을 꼽을 수 있다. 우리가 잘 아는 대로 야곱이 얍복강에서 어떤 사람과 씨름을 한다. 날이 새도록 씨름을 했다. 동이 트려고 할 때 하나님의 천사가 야곱의 관절을 칠 때까지 씨름은 계속된다. 그런데 야곱이 나중에 이렇게 말한다.

"내가 하나님과 얼굴과 얼굴을 맞대어 만났다."

모세가 광야에 있을 때, 불타는 떨기나무를 통해 하나님과 만났던 것을 기억할 것이다. 출애굽기 3장에 나온다. 모세가 불타는 떨기나무 가운데 계시는 하나님과 직접 대화를 나눈 것을 우리는 알고 있다.

이에 모세가 이르되 내가 돌이켜 가서 이 큰 광경을 보리라 떨기나무가 어찌하여 타지 아니하는고 하니 그때에 여호와께서 그가 보려고 돌이켜 오는 것을 보신지라 하나님이 떨기나무 가운데서 그를 불러 이르시되 모세야 모세야 하시매 그가 이르되 내가 여기 있나이다 출 3:3,4

아주 아름다운 예는 이스라엘 백성이 40년 동안 광야에 있을 때였다. 하나님은 그 백성들 앞에 서서서 40년 광야생활을 친히 이끄셨다. 메시아의 이름 가운데 하나가 바로 이스라엘의 구속자이다. 히브리어로 말하면 '고엘 이스라엘'이다. 그것이 메시아의 이름 가운데 하나이다. 출애굽기 13장에는 "야훼께서 사람들 앞에서 행하셨다"고 나온다.

"여호와께서 그들 앞에서 가시며 낮에는 구름 기둥으로 그들의 길을 인도하시고 밤에는 불 기둥을 그들에게 비추사 낮이나 밤이나 진행하게 하시니"(출 13:21).

출애굽기 14장에서는 이스라엘 진 앞에서 걸어가셨던 여호와의 천사가 바로 하나님이셨다는 것을 말해준다.

"그들의 병거 바퀴를 벗겨서 달리기가 어렵게 하시니 애굽 사람들이 이르되 이스라엘 앞에서 우리가 도망하자 여호와가 그들을 위하여 싸워 애굽 사람들을 치는도다"(출 14:25).

출애굽기 23장을 보면 하나님이 모세와 이스라엘 백성에게 "내가 나의 천사를 너희 앞에 보낼 것이라"라고 하면서 이렇게 경고하신다. "그의 목소리를 청종하라. 감히 그에게 NO라고 얘기하지 마라." 굉장히 단순화시켜서 말하면 "그에게 너희가 못되게 굴면"이라는 뜻으로, 히브리어 성경을 원문 그대로 번역하면 이렇다. "너희가 그를 거절하면 너희들의 죄를 내가 절대로 봐주지 않겠다. 왜냐하면 내 이름이 그 안에 있기 때문이다. 나는 내 이름을 다른 누구에게도 주지 않을 것이다." 무슨 뜻인가? 내 이름을 다른 사람에게 주지 않겠다고 하신 그분이, 그 안에 내 이름이 있다고 한 말은 곧 그와 하나님이 한 분이시라는 것이다.

내가 사자를 네 앞서 보내어 길에서 너를 보호하여 너를 내가 예비한 곳에 이르게 하리니 너희는 삼가 그의 목소리를 청종하고 그를 노엽게 하지 말라 그가 너희의 허물을 용서하지 아니할 것은 내 이름이 그에게 있음이니라 네가 그의 목소리를 잘 청종하고 내 모든 말대로 행하면 내가 네 원수에게 원수가 되고 네 대적에게 대적이 될지라 내 사자가 네 앞서 가서 너를 아모리 사람과 헷 사람과 브리스 사람과 가나안 사람과 히위 사람과 여부스 사람에게로 인도하고 나는 그들을 끊으리니 출 23:20-23

샬롬의 하나님

또 다른 예는 사사기 6장 11절부터의 말씀이다. 이 말씀의 배경은 이스라엘은 굉장히 약해졌고 적들은 아주 강해졌을 때였다. 이스라엘 백성들이 들에 나가서 씨를 뿌려놓으면 그것들이 열매를 맺어서 추수하기 직전에 블레셋 사람들과 다른 종족들이 그것을 다 훔쳐가버렸다. 그래서 이스라엘 백성들은 추수 때가 되면 곡식들을 땅 밑으로 숨겼다. 기드온도 그랬다. 기드온이 자기가 추수해온 곡식을 가지고 일하고 있을 때, 한 사람이 다가온다. 성경은 여호와의 사자라고 말하고 있다. 이 성경 말씀을 통해서 우리는 여호와의 사자가 사람들에게 찾아오신다는 것을 알 수 있다. 그가 기드온에게 와서 말한다.

"니는 하나님의 큰 용사다! 영웅이다."

그때 기드온이 이렇게 말한다.

"영웅이라고요? 지금 하나님이 우리와 함께 계시다고요? 우리 조상들을 애굽에서 끌어내주신 그 하나님이 만약에 정말로 지금 우리와 함께 계시다면, 도대체 왜 우리가 이런 고난을 당하고 핍박을 받아야 하는 것입니까?"

14절에는 "여호와께서 그를 향하여 이르시되"라고 표현하여, 여호와의 사자를 야훼라고 말하는 구절이 나온다. 삼위일체 가운데 인격이신 성자 예수님이 이 땅에 오실 때, 하나님 아버지로부터 메시지를 전하도록 보냄을 받고 오신 것이기에 여호와의 사자라고 말할 수 있는 것이다. 그렇게 오신 하나님이 기드온에게 말씀하신다.

"네가 이제 미디안 족속과 싸울 것이고 승리할 것이다."

그래서 기드온은 너무 행복해서 하나님께 새로운 이름을 드렸다.

"평화(샬롬)의 하나님."

전쟁터에 나가야 하는 상황에서 어떻게 하나님을 평화의 하나님이라고 말할 수 있는가? 우리 가운데 평화가 있을까? 있다. 왜냐하면 하나님이 우리 안에 거하시기 때문이다. 이 말의 뜻은 우리 인생에 장애물도 없고 어떤 고난도 없다는 뜻이 아니다. 그렇지만 분명히 아는 것은 '내가 그 전쟁에 나가게 될 때에, 하나님이 나와 함께 계시고 내 안에 계시다면 나는 평화를 누릴 수 있고 유지할 수 있다'는 것이다. 히브리어의 '평화'라는 단어는 전쟁이 없는 상태를 말하는 것이 아니다. 진정한 평화는 하나님이 우리와 함께하신다는 것이다. 하나님 아들의 또 다른 이름이 바로 평화이다.

또 다른 예는 여호수아서에서 찾아볼 수 있다.

여호수아가 여리고에 가까이 이르렀을 때에 눈을 들어 본즉 한 사람이 칼을 빼어 손에 들고 마주 서 있는지라 여호수아가 나아가서 그에게 묻되 너는 우리를 위하느냐 우리의 적들을 위하느냐 하니 그가 이르되 아니라 나는 여호와의 군대 대장으로 지금 왔느니라 하는지라 여호수아가 얼굴을 땅에 대고 엎드려 절하고 그에게 이르되 내 주여 종에게 무슨 말씀을 하려 하시나이까 여호와의 군대 대장이 여호수아에게 이르되 네 발에서 신을 벗으라 네가 선 곳은 거룩하니라 하니 여호수아가 그대로 행하니라 수 5:13-15

당신이 여호수아의 입장이 되어보라. 모세가 그의 사역을 시작했을 때, 하나님은 즉각적으로 그에게 2인자를 세우게 하셨다. 그 2인자가 바로 여호수아였다. 40년 동안 여호수아는 계속해서 2인자였다. 우리가 지금 살펴보는 주제를 잠깐 벗어나서 여호수아의 머릿속이 어땠을지 한번 생각해보자. 아침마다 여호수아가 일어나서 "도대체 우리 보스는 언제 죽나? 저 보스가 죽어야 내가 보스가 될 텐데…" 하면서 일어났을까? 자기 포지션 앞에 '부'자가 들어가 있는 사람들은 얼마나 그 글자를 빼기 원하는가? 하지만 우리는 하나님이 결정하시기 전까지, 우리에게 맡겨주신 일에 충실해야 된다. 모세는 여호수아를 준비시켰다. 그리고 모세가 죽었을 때, 그 자리에 여호수아가 서 있었다. 여호수아가 했던 첫 번째 일은 이렇게 간구하는 것이었다.

"하나님, 저를 도와주세요!"

하나님은 여호수아의 마음을 아셨다. 그래서 요단을 건너기 전에 아주 작은 기적을 보여주셨다.

"여호수아야, 걱정하지 마라. 내가 모세와 함께한 것처럼 너와 함께하리라."

그리고 흘러내리는 요단강 물을 막으시고 이스라엘 백성들이 그 강을 건너게 하셨다. 그리고 그들이 여리고 성벽 앞에 섰을 때에도 하나님은 말씀하셨다.

"내가 너희들을 위해서 싸우겠다."

여리고성 전투를 하기에 앞서, 여호와의 사자가 여호수아에게 나타나 그에게 용기를 주고 격려를 하면서 "내가 네 대신 싸우겠다"고 말한다. 불타는 떨기나무에서 모세를 만나주시고 도와주셨던 하나님이 동일하게 여호수아에게도 그렇게 해주겠다고 약속하신다.

"여호수아야, 네가 서 있는 곳은 거룩한 곳이니, 네 신을 벗으라."

여호수아 앞에 나타나 말하고 있는 이 사람은 여호와의 군대장관이다. 다른 말로 하면 그가 우리를 대신해서 싸워주시겠다는 것이다.

성경에서 최초의 MRI를 찍는 현장이 나타나는 곳이 있다. 하갈은 아들과 함께 주인의 집에서 도망쳐 나왔다. 그녀는 자신의 인생이 끝났다고 생각했다. 그때 누군가가 그녀에게 나타났다.

"너는 하갈이다. 너는 지금 사라한테서 도망쳐왔구나. 넌 지금 임신 중이다. 그 아기는 아들일 것이고 이름은 '이스마엘'이라고 할 것이다. 문제 있나?"

하갈의 입장이 한번 되어보라.

"이분은 내 생각을 읽고 내 배 속을 알고, 모든 것을 읽으실 수 있잖아! 와, 당신은 살피시는 하나님이시군요."

하나님의 이름들을 살펴봤는데 "엘 샤다이", "여호와의 사자", "여호와의 군대장관", "살피시는 하나님"이 있다.

다른 이름들

또 다른 이름은 이사야서 48장에 나온다.

너희의 구속자시요 이스라엘의 거룩하신 이이신 여호와께서 이르시되 나는 네게 유익
하도록 가르치고 너를 마땅히 행할 길로 인도하는 네 하나님 여호와라 네가 나의 명령
에 주의하였더라면 네 평강이 강과 같았겠고 네 공의가 바다 물결 같았을 것이며

사 48:17,18

리디머(Redeemer, 구세주, 구제해주는 사람, 예수 그리스도)의 이름 중
하나는 'HOLY ONE'(거룩한 자)이 있다. "나는 너의 하나님이다. 내가
너를 가르치는 자다. 의를 가르치는 자이다." 또 다른 구속자의 이름은
이사야서 54장 5절에 등장한다. 바로 '온 땅의 하나님'이다.

그 모든 이름들을 다 연구하면 할수록 그 모든 이름들이 시편 2편으
로 향하고 있는 것을 보게 된다. 왜냐하면 시편 2편에 어떤 사람이 등장
하는데, 그 사람이 '모든 왕 중의 왕'이라고 기록되어 있기 때문이다. 시
편 2편은 메시아를 아주 잘 가리키고 있다. 시편 2편은 사실 1편으로부
터 연속되는 말씀이다. 왜냐하면 시편 1편에 보면, 복이 있는 사람은 죄
인의 길에 서지 아니하고 악인의 꾀에 빠지지 아니한다고 말하는데, 누
가 그렇게 죄를 멀리하고 거룩할 수가 있을까? 바로 메시아를 말하는
것이다.

시편 2편 1절에서 "어찌하여 이방 나라들이 분노하며 민족들이 헛된
일을 꾸미는가"라고 말한다. 도대체 뭐가 문제인가? 세상의 군왕들이

나서며 관원들이 서로 꾀하여 여호와와 그의 기름부음 받은 자를 대적한다고 말하고 있다. 모든 세상이 두 인격체를 향해 대항하고 있다는 것이다. 하나님을 대하여 그리고 그의 기름부음 받은 자를 대하여. 그들은 그와 그의 기름부음 받은 자의 계명을 따르길 싫어했던 것이다. "우리는 당신이 우리에게 이래라 저래라 하는 것이 싫습니다! 우리는 우리의 육체가 원하는 대로 살고 싶습니다!"

인간은 결코 하늘 위로 가서 하나님의 뺨을 때릴 수 없다. 인간이 할 수 있는 최대치는, 이 땅에 오신 성자의 얼굴을 때리는 것이다. 그래서 그들은 메시아의 다스림을 받기 싫어했던 것이다. 그런데 시편은 하늘에 계신 이가 웃으셨다고 했다. 하나님이 그들을 비웃으셨다. 마치 이와 같다. 개미 떼가 코끼리 앞에 모여들었다. 개미들 중 한 용감한 개미가 코끼리와 싸워 이기길 원했다. 그래서 나머지 개미들은 그 개미를 향해 외친다. "루이, 가서 맞서 싸워! 넌 이길 수 있어!" 그런데 코끼리가 한 발자국 움직이자 모든 개미들이 다 죽어버렸다. 하나님의 입장에서 우리가 어떠한 모습인지 짐작이 가는가?

하나님은 유머감각이 뛰어나신 분이다. 시편 2편에 보면 세 번이나 어리석은 사람들이 하나님을 웃게 만든다. 그리고 난 후 몰살당해 죽었다. "하나님, 우리는 당신이 필요 없어요!" 하다가 푹 찔려 죽었다. 하나님을 비웃게 하지 말고, 기쁘게 해드리라.

말씀에서는 하나님이 이 세상을 향한 그분의 계획이 무엇인지를 알려준다. "내가 이 세상에 나의 왕을 세울 것이다. 거룩한 땅 시온에 내 왕을 세울 것인데, 너희들이 그 왕국에 있든 없든 상관없이 나는 세울 것이다." 그리고 시편 기자를 통해서는 이렇게 말씀하신다.

"내가 여호와의 명령을 전하노라 여호와께서 내게 이르시되 너는 내 아들이라 오늘 내가 너를 낳았도다"(시 2:7).

사도행전 13장과 히브리서에서 바로 이 대목을 이용하신다.

"곧 하나님이 예수를 일으키사 우리 자녀들에게 이 약속을 이루게 하셨다 함이라 시편 둘째 편에 기록한 바와 같이 너는 내 아들이라 오늘 너를 낳았다 하셨고"(행 13:33).

"하나님께서 어느 때에 천사 중 누구에게 너는 내 아들이라 오늘 내가 너를 낳았다 하셨으며 또다시 나는 그에게 아버지가 되고 그는 내게 아들이 되리라 하셨느냐"(히 1:5).

"너는 내 아들이라 오늘 내가 너를 낳았도다"에서 '낳았도다'는 말은 '부활'을 말한다. 왜냐하면 예수 그리스의 죽음과 부활 덕분에 우리의 모든 구원이 완성되었기 때문이다. 십자가에서 예수 그리스도의 죽음은 하나님이 전쟁에서 실패하셨다는 뜻이 아니다. 오히려 십자가에서의 예수 그리스도의 죽음은 하나님의 승리였다. 유대인들 때문에만 예수님이 십자가에서 죽으신 것이 아니다. 한국 사람을 위해서도 예수 그리스도가 십자가에서 죽으셨다.

그런데 왜 성경은 유대인들에게 더 큰 책임이 있다고 말하고 있을까? 왜냐하면 유대인이 먼저 율법을 받았고 성경을 받았기 때문이다. 그들은 마땅히 예수님을 알고 있어야 했다. 그래서 이스라엘 백성들이 마땅히 십자가에 달리신 예수님께 무릎으로 기도하고 그분이 흘리신 피에 적셔지면서 용서를 구하는 것이 마땅한데 오히려 십자가에 달리신 예수님을 조롱하고 침 뱉었다.

우리가 어디서 하나님의 아들이라는 타이틀을 얻는가? 여기서 말하고 있는 그 왕은 다윗왕이 아니다. 왜냐하면 다윗왕은 오직 이스라엘만 다스릴 수 있다. 그런데 여기에 보면 모든 이방 나라를 주셨다고 했다. 모든 이방 나라를 다스릴 수 있는 분은 오직 예수 그리스도, 하나님의 아들뿐이다. 그렇기 때문에 이 이야기는 그분을 믿고 신뢰하는 자는 복되다고 끝을 맺고 있다. 여기서 그는 아들이다. 시편 2편 12절에 보면 "그의 아들에게 입맞추라"라고 한다. 바로 그 아들이 기름부음 받은 자이다. 그 아들이 이 세상에 오셔서, 이 세상을 다스리시게 될 것이다.

만약에 여기서 말하는 이 아들을 알고 있다면 당신은 하나님을 아는 것이다. 예레미야서 17장 5절에서 "마음이 여호와에게서 떠난 그 사람은 저주를 받을 것이라"라고 했다. 그런데 7절에서는 "그러나 무릇 여호와를 의지하며 여호와를 의뢰하는 그 사람은 복을 받을 것이라"라고 한다. 하나님의 아들에 관해서 말하는 성경의 다른 대목이 또 있다. 잠언 30장 말씀이다.

이 말씀은 야게의 아들 아굴의 잠언이니 그가 이디엘 곧 이디엘과 우갈에게 이른 것이니라 나는 다른 사람에게 비하면 짐승이라 내게는 사람의 총명이 있지 아니하니라 나는 지혜를 배우지 못하였고 또 거룩하신 자를 아는 지식이 없거니와 하늘에 올라갔다가 내려온 자가 누구인지, 바람을 그 장중에 모은 자가 누구인지, 물을 옷에 싼 자가 누구인지, 땅의 모든 끝을 정한 자가 누구인지, 그의 이름이 무엇인지, 그의 아들의 이름이 무엇인지 너는 아느냐 잠 30:1-4

아굴이라는 사람과 다른 두 사람 사이에서 논쟁하는 대목이다.

"도대체 아굴 당신은 뭐하는 사람입니까? 우리가 당신보다 젊으니 우리가 더 지혜롭습니다. 당신보다 우리가 훨씬 더 많이 알고 있습니다."

그들의 말에 아굴이 대답한다.

"그래, 맞아. 나는 늙었어. 그리고 나는 멍청해 보여. 나는 학위도 없는 평범한 사람이야. 그런데 내가 너희에게 질문을 한번 해볼게. 이 땅에 내려왔다가 온 세상을 다스리기 위해서 올라가신 분이 누구냐? 그분의 이름이 무엇이냐? 이 세상의 모든 물들을 한 번에 잡아서 자기 바지 주머니에 넣고, 세상의 모든 바람을 한 손에 잡고 있는 그 사람이 누구냐? 저 우주에 펼쳐져 있는 은하수를 두시고, 모든 별들을 떨어지지 않도록 붙들고 있는 자는 누구냐? 그분의 아들의 이름은 무엇인지 아느냐?"

아굴은 자기에게 늙고 멍청하다고 한 두 사람에게 이 질문을 하면서 "너도 그거 모르지? 너도 멍청한 거야. 그러니까 잠언 1장으로 다시 돌아가서 공부해"라고 말하는 것이다. 당신이 정말 예수님을 알고 예수님과 개인적으로 친밀한 관계를 맺고 있으면 당신은 정말 지혜로운 사람이다.

메시아, 예수 그리스도

이제 결론을 내릴 때기 되었다. 한 분 하나님이 계신다. 그 하나 되심 안에 세 위격이 있다. 이 세 분은 동일한 가치를 지니셨다. 단지 하시는 사역에 따라서 차이가 있을 뿐이다. 이분들의 프로젝트는 하나님으로부터 멀어져 있는 백성들을 다시 돌아오게 하는 것이다. 아들 되신 하나님이 인간의 몸으로 이 땅에 오셔서 우리의 죄의 대가를 치러야 하는 그 형벌의 자리에 우리를 대신하여 가주심으로써 우리로 하여금 의롭다 하심을 얻게 해주셨다. 성령님의 역할은 성자 하나님을 우리가 알고 믿을 수 있도록 도와주시고 그분의 말씀을 들을 수 있도록 도와주시는 것이다. 우리로 하여금 하나님이 처음 의도하셨던 하나님의 임재 가운데 거할 수 있도록 하시는 것이다. 그래서 우리는 거룩함과 의로움을 회복할 수 있다.

두 번째 인격이신 성자 하나님이 인간의 몸을 입고 이 땅에 오셨다. 우리는 그분의 이름을 알고 있다. 그 이름들 중 하나는 메시아이다. 성경은 우리에게 메시아가 두 번 오신다고 말한다. 이사야서 53장에서 말씀하는 것처럼 메시아는 고난받기 위해 오신다. 두 번째로 오시는 메시아는 이 세상의 모든 죄를 다 없이하시고, 이 세상에 자신의 왕국을 세우기 위해 오신다. 어떻게 우리는 다시 오시는 메시아가 예수님이라는 사실을 알 수 있을까? 다니엘서 9장은 정확하게 처음 오시는 메사아가 언제 생명이 끊어지게 되는지를 우리에게 가르쳐주고 있다. 실제적인 날짜로 말이다. 다니엘은 지금 하나님께 부르짖고 있다.

"도대체 언제 포로 된 이스라엘이 유다로 돌아갈 수 있습니까?"

천사 가브리엘이 다니엘에게 나타나 말씀해주고 있다. 도대체 메시아가 언제 생명이 끊어지게 되는지 다니엘은 그 대답을 받고 있다. 그런데 사실 다니엘은 언제 메시아가 죽임을 당하게 되는지를 물어본 적이 없다. 단지 "언제 우리 이스라엘이 다시 돌아가서 하나님의 성전을 세울 수 있을까요?"라고 묻고 있었을 뿐이다. 하나님은 가끔 우리가 구하지 않은 것들도 보너스로 알려주실 때가 있다. 왜냐하면 우리가 무엇이든 하나님께 구할 때, 하나님은 우리가 정말 필요한 것이 무엇인지를 우리보다 더 잘 아시기 때문이다. 어린아이들이 엄마에게 "엄마, 나에게 좋은 음식을 주세요" 하면서 속으로는 캔디를 생각하고 있을 때 엄마는 캔디가 아닌 진짜 몸에 좋은 음식을 주시는 것과 같다.

가브리엘이 다니엘에게 이렇게 말하고 있다. "70주가 너희 백성들에게 주어져 있다." 70에 7을 곱하면 490이다. 70주라고 하는 것을 7이레로 하면 490단위의 횟수가 된다. 가브리엘은 지금 다니엘에게 이 70주 안에 어떤 일들이 일어나고 완성될지를 말해주고 있다. 여섯 가지 일이 이 기간 안에 이루어질 것이라고 얘기한다. 그래서 다니엘이 다시 천사에게 묻는다. "70주는 언제부터 시작되는 것인가요?" 천사가 말한다. "이스라엘이 다시 예루살렘에 성을 재건하고 그 예루살렘에 성벽까지도 다 쌓을 수 있도록 조서가 발표되는 날부터 카운트가 시작될 것이다."

바로 그 조서, 이스라엘의 모든 성벽을 쌓을 수 있도록 허락되는 그 사건이 느헤미야서 2장에 기록되어 있다. 물론 이 느헤미야서 2장에 있는 조서가 발표되기 이전에 몇 번 재건이 허락되는 조서가 발표된 적은 있었지만, 원수들의 방해가 있었고 그 조서 자체가 예루살렘을 완벽하게 재건하도록 하는 조서가 아니었다. 그래서 가브리엘은 느헤미야서 2장에 나오는 모든 조건을 충족시키는 조서를 말하는 것이다.

느헤미야서 2장에서는 우리에게 정확한 날짜를 주고 있다. "니산월." 니산월 안에는 바로 유월절이 포함되어 있다. 아닥사스다 왕이 20년 재위 기간이 되었을 때이다. 우리가 쓰고 있는 그레고리력으로 환산하면,

BC 445년이다. 내가 만들어낸 이야기가 아니라 역사다. 이 70주야는 BC 445년 니산월로부터 시작된다. 가브리엘이 다니엘에게 이렇게 말한다. "이 70이레가 세 부분으로 나뉘어진다." 7주야면 49년이다. 이 49년 동안에 예루살렘 성전이 재건될 것이라고 말했고, 정확히 그 일이 일어났다. 예루살렘 성 재건이 완성된 7이레가 지난 다음부터 62이레가 지나갔는데 그 62이레가 끝나는 날 메시아가 죽임을 당하게 될 것이라고 말한다. 예루살렘성 재건이 시작되는 날로부터 메시아가 죽임을 당하는 날까지가 69이레, 483년이다. 성경에서 말하는 한 해는 360일이다(우리가 쓰고 있는 그레고리안에서는 365일이 1년). 360일에 483을 곱한 날을 그레고리안 달력으로 환산해서 계산해보니까 정확하게 69이레가 끝나는 날이 AD 32년의 니산월이었다.

AD 32년 유월절에 메시아이기에 십자가에서 죽임을 당한 유일하신 한 분이 하나님의 아들 예수님이다. 그분이 "엘 샤다이"이다. 우리는 그분의 재림을 기다리고 있다. 그런데 거기에 빠진 주간이 있다. 70이레 중에 69이레라는 말은, 예언이 완성될 때까지 아직 1년이 남아 있다는 말이다. 이 마지막 한 이레는 미래에 우리가 겪게 될 7년 환란의 기간을 말한다. 마지막 한 이레 그 7년의 중간에 적그리스도가 나타나서 모든 유대인들이 그 적그리스도를 메시아라고 인정하는 사건이 일어난다. 그리고 많은 사람들이 회개하게 될 것이다. 유대인들이 고난을 받게 되고 그때로부터 시작해서 많은 유대인들이 그리스도에게 돌아올 것이라고 바울은 이야기하고 있다.

요한계시록 19장 11절에서 예수님은 반드시 다시 오실 것이라고 말씀하신다. 우리가 그분과 함께 다시 돌아오게 될 것이다. 그분이 오시기 전에 먼저 믿는 자들을 끌어올리신다고 말씀하셨기 때문이다. 우리는 그분의 왕국에서 영화롭게 된 몸으로써 그분과 함께 다스리게 될 것이다. 육체의 질병도, 뱃살도, 대머리도 없다. 우리는 그분의 의로우신 나라에서 그분과 함께 다스리게 될 것이다. 당신이 예수 그리스도와 함께 하면 영원히 그분과 다스리게 될 것이고, 그분을 대적하게 되면 영원한 지옥 불에 떨어지고 말 것이다. 예수님만이 유일한 왕이시고, 예수님만이 모든 하나님 말씀의 목적이다.

절기를 통해 보는 예수 그리스도

크리스마스에 뭘 하느냐고 물으면 대부분은 다음과 같은 풍경을 떠올린다. 트리를 꾸미고 맛있는 음식을 먹고, 누군가 분장하고 와서 산타클로스라고 하면서 선물을 나누어주는 모습. 많은 기독교 국가에서 크리스마스를 경축하고 우리도 그렇다. 그렇다면 성경에 크리스마스를 경축하라고 한 구절이 있을까? 사실 없다. 성경에 크리스마스를 경축하라고 하신 적이 없는데 왜 우리는 크리스마스를 경축할까. 크리스마스를 경축해야 되는 진정한 이유가 어디에 있을까? 우리가 절기를 만들어서 경축하는 이유는 바로 그런 경축을 통해서 그날의 의미를 기억하고 하나님이 우리에게 신실하게 행하신 일들을 생각하기 위해서다. 그리고 다음 세대에게 가르치기 위해서다.

그런데 누군가 이유 없이 6월 22일에 크리스마스를 경축한다고 하면 우리는 미쳤다고 생각할 것이다. 이스라엘 백성들은 그 특별한 날들이 하나님으로부터 주어졌다고 생각하기 때문에 그날을 경축했다.

> 믿음이 오기 전에 우리는 율법 아래에 매인 바 되고 계시될 믿음의 때까지 갇혔느니라 이같이 율법이 우리를 그리스도께로 인도하는 초등교사가 되어 우리로 하여금 믿음으로 말미암아 의롭다 함을 얻게 하려 함이라 믿음이 온 후로는 우리가 초등교사 아래에 있지 아니하도다 갈 3:23−25

믿음에 대해 이야기할 때는 오직 예수님만 말한다. 아주 단순하다. 율법의 목적, 계명이 주어진 목적이 예수님에 대해서 가르치기 위해서다. 모세를 통하여 우리에게 주어진 모든 것들은 그림자 가운데서 우리에게 예수님을 가르쳐주기 위해서였다. 모든 율법과 희생제사 제도가 예수님을 가리키는 그림자다. 이 땅의 모든 성전은 예수님의 그림자인 것이다.

이 모든 것들은 우리를 구원할 수 없고 구원하기 위해서 주어진 것도 아니다. 모세에게 율법이 주어지기 전에도 사람들은 구원받았다. 에녹도, 노아도, 아브라함도, 욥도 구원받았다. 이로 보아 율법이 주어진 것은 누군가를 구원하기 위해서가 아니다. 하나님이 창조하셨을 때 이미 구원을 우리에게 허락하셨다. 그런데 율법이 우리에게 주어진 이후에 아무것도 바뀐 것이 없다.

하박국서 2장 4절에서는 "의인은 그의 믿음으로 말미암아 살리라"라고 했다. 태초부터 지금까지 구원받은 모든 사람들은 예수님이 죽임 당하시기 직전까지 구원받고 죽었다. 그렇지만 하나님의 임재 가운데 들어갈 수는 없었다. 누가복음 16장에 보면 아브라함 품에 안겨 있는 나사로 이야기가 나온다. 그들이 갈 수 있는 것은 오직 아브라함의 품까지다. 오직 예수님의 보혈만이 우리로 하여금 하늘에 있는 성전 안으로 우리를 인도해주실 수 있기 때문이다. 그 사실을 기억하라. 예수님이 십자가에 달리시기 전날 우편에 있는 강도에게 "네가 오늘 나와 함께 낙원에 있으리라"라고 말씀하실 수 있었다. 왜냐하면 바로 그날 모든 조건들이 바뀌었기 때문이다. 바울이 빌립보서 1장 23절에서 '내가 죽으면 하나님의 임재 가운데 들어간다'고 했지 아브라함 품으로 간다고 하지 않았다.

율법은 완전하고 거룩하다. 율법은 좋은 것이다. 그러나 율법이 누군가를 구원하기 위해서 주어진 것은 아니다. 율법이 우리에게 주어진 가장 중요한 이유는 하나님이 누구이신지 가르쳐주기 위해서다. 또 다른 이유는 나에게 죄가 무엇인지 가르쳐주기 위해서이다. 그리고 범죄한 결과가 무엇인지, 대가가 무엇인지 알려주고 그것이 반드시 구속되어야 한다는 사실을 가르쳐주기 위해서다.

이 율법이 우리에게 가르쳐준 것은 우리가 하나님 앞에 가기 위해서는 정결하고, 거룩하며, 온전해야 된다는 사실이다. 율법의 목적은 메시아가 어떤 분이실지 미리 보여줌으로써 메시아가 오셨을 때 우리가 그분을 알아볼 수 있기 위함이다. 예를 들어 어떤 아버지가 아이에게 메르세데스 벤츠의 장난감 모델을 사준다. 아이가 레고를 가지고 이것저것 만들면서 노는 것은 정상이다. 아이가 18살이 되어서 군대에 2년 갔다 온 후에, 아버지가 아들의 손에 진짜 벤츠의 자동차 키를 쥐어준다. 그런데 아들이 "나는 이런 거 싫어요. 레고 갖고 놀래요"라고 한다면 큰일이다.

그런데 이스라엘 사람들이 똑같은 일을 행했다는 것이다. 율법이 주어진 이유는 사람들로 하여금 그리스도를 알아볼 수 있도록 하기 위해서다. 구약성경 안에 있는 모든 예언들과 그 안에 주어진 모든 제도 안에는 메시아의 지문이 찍혀 있다. 제대로 율법을 공부하면 그 안에서 그리스도를 볼 수 있게 된다. 그리고 메시아가 오셨다. 율법이 우리에게 말씀해주셨던 그분이 오신 것이다. 그런데 놀랍게도 사람들이 "싫어요. 저리 가세요. 우리는 율법으로 놀래요"라고 했다. 너무너무 슬픈 일이다.

구약성경에 하나님이 정하신 날들, 우리가 절기라고 알고 있는 그 모든 날들이 주어진 이유는 그 절기들을 통해서 오직 예수 그리스도를 우리에게 가르쳐주시기 위함이다.

"여호와께서 모세에게 말씀하여 이르시되 이스라엘 자손에게 말하여 이르라 이것이 나의 절기들이니 너희가 성회로 공포할 여호와의 절기들이니라"(레 23:1, 2).

먼저 주목할 것은 여호와께서 모세에게 말씀하실 때 이것이 "내가 정한 절기"(레 23:2, 새번역)라고 했다.

내가 아내와 첫 번째 데이트했던 날을 기억한다. 지금으로부터 31년 전 1월 16일 수요일 7시 30분 다운타운에서 만나기로 했다. 데이트하기로 한 날 나는 군대 상사에게 "오늘 첫 번째 데이트가 있습니다"라고 했더니, "축복한다. 빨리 가라"고 해서 면도하고 향수를 뿌리고 꽃을 준비하고 정말 열심히 뛰어가서 기다렸다. 한번은 우리 아들이 나에게 물었다.

"아빠, 만약 그날 엄마가 제시간에 오지 않았으면 어떡할 뻔했어요?"

"난 그냥 바람맞은 거지. 그랬으면 아마 다른 사람과 결혼했겠지?"

우리가 사람과 사람 사이 약속에 대해서는 이렇게 웃으면서 얘기할 수 있다. 그런데 하나님이 오셔서 "너의 달력을 펼쳐라. 지금부터 내가 너에게 정한 날을 줄 테니까 체크를 하고 반드시 지키도록 하라"고 하셨다면, 우리는 어떤 태도로 그날을 지켜야 될까?

물론 우리는 일곱째 되는 날 안식일을 지킨다. 그런데 안식일에 대해서는 잠시 제쳐두고 일 년에 한 번씩 지켜야 되는 여덟 개의 구약성경의 절기에 대해서 알아보도록 하자.

"이것이 너희가 그 정한 때에 성회로 공포할 여호와의 절기들이니라"(레 23:4).

유월절

첫 번째 절기는 유월절이다. 유월절은 니산월, 니산월은 4월 14일이다. 그런데 구약성경에서 사용하고 있는 월력은 지금 우리가 쓰고 있는 서양 달력과는 순서가 다르다. 성경의 달 중에서 첫 번째 달이 '니산'이다. 보통은 3월과 4월 사이에 시작되는데 이때가 바로 한 해가 시작된다. '이 14일째 되는 날 저녁에 너희들이 야훼 앞에서 유월절을 지킬 것이니라.' 하나님이 정하신 이때로부터 영원히 니산월 14일은 유월절이다.

이스라엘 사람들이 유월절 동안에 한 주간 내내 먹을 음식은 '마짜'였다. 누룩을 넣지 않은 빵인 마짜의 맛은 딱딱한 나무 씹는 맛이다. 부풀지 않아서 납작하고 딱딱하다. 출애굽기에 여호와의 사자가 애굽을 덮었을 때 첫 번째 태어난 자들이 다 죽임을 당했던 사건을 기억할 것이다. "양을 3일 동안 집에 데리고 있다가 그것을 죽여 그 피를 너희 집 문설주에 표식으로 바르라"고 명령하셨다. 내가 심야에 와서 이집트에 있는 모든 집들을 하나하나 점검할 것인데 문설주의 피를 보면 넘어갈 것이다.

히브리어로 페샥은 '건너뛰다'는 뜻이다. "피를 보면 내가 어린아이를 죽이지 않을 것이다. 하지만 만약에 그 피를 보지 못하면 그 첫아이가 죽을 것이다." 생과 사가 '문설주의 어린양의 피가 있느냐, 없느냐'에 달려 있다. 니산월 14일째다. 그래서 율법에 의해서 모든 이스라엘 백성들은 니산월 14일부터 일주일 동안 집에서 유월절을 지키면서 누룩이 들어가지 않는 무교병을 먹어야만 했다.

하나님은 사람의 속까지를 다 들여다보시는데 피가 있든지 없든지 이 사람이 애굽인인지, 유대인인지 다 아시는데 왜 굳이 피를 바르게 하셨을까? 하나님은 내가 몰라서, 나를 위해서 피를 바르라고 한 게 아니다. 우리가 이 일을 통해서 배우고 깨닫도록 하기 위함이다. 당신이 이집트 사람이고 지금 이집트 가정에 있다고 생각해보라. 이스라엘 사람들이 문설주에다가 양의 피를 바르는 것을 보았다.

"이스라엘의 하나님은 진짜 하나님이신데 만약에 우리가 저걸 바르지 않으면 우리의 첫아들이 죽겠구나. 그래서 집 문에다 어린양의 피를 발랐다. 그럼 이집트인 집 안에 있는 아이가 죽을까? 안 죽을까?"

이집트인이라고 해도 문설주에 그 피가 발라져 있었다면 하나님은 그 피를 보시고 죽이지 않으셨을 것이다. 바로 구원이라고 하는 주제에 들어오면 거기에는 유대인도, 이방인도 없다. 오직 거기에는 한 원칙이 있을 뿐이다.

예수님이 바로 니산월 14일에 희생되셨다. 요한복음 1장에서 세례 요한이 예수님을 바라보았을 때 뭐라고 말했는지 생각해보자.

"저기 하나님의 코끼리가 오신다. 하나님의 기린이 오신다."

이렇게 말하지 않았다.

"하나님의 '어린양'이 오신다."

이렇게 말했다. 이는 "저분이 바로 우리를 위한 희생 제물이다"라고 말한 것이다.

베드로가 뭐라고 말했는가?

"유월절의 그 희생이 바로 나를 위한 것이다."

하나님이 말씀하신다.

"바로 그날이 내가 정한 날이다."

마태복음 26장에 예수님이 제자들과 함께 최후의 만찬을 드신다. 유월절 만찬이다. 그 밤에 예수님이 잡히시고 다음 날 아침에 예수님은 십자가의 길을 걸어가기 시작하셨다. 다른 어떠한 휴일에 잡히신 것이 아니고, 바로 유월절에 잡히신 것이다. 그래서 이 유월절을 통해서 하나님이 정하신 첫째 절기가 이루어졌다. 만약에 예수님이 우리를 위해서 죽으셨을 때, 그날이 유월절이 아니었다면, 그분은 우리의 메시아가 아니었을 것이다.

무교절

두 번째 하나님이 정하신 날은 레위기 23장 6절에 나온다.

"이달 열닷샛날은 여호와의 무교절이니 이레 동안 너희는 무교병을 먹을 것이요"(레 23:6).

성경에 보면 누룩은 죄를 상징하고, 나쁜 영향을 끼치는 것으로 묘사된다. 그래서 하나님이 7일 동안 무교절을 지키면서 무교병만 먹으라고 하시는 것이다. 그러면서 내가 무교절을 지킬 때에 너희 집 안에 모든 가구와 심지어 앞마당까지도 깨끗하게 해서 어떤 누룩도 있지 못하게 하라고 하신 것이다. 그렇지만 일주일이 지나고 나면 다시 비즈니스도 하고 또 무엇이든지 먹게 된다. 이것은 하나님이 일주일 동안 무교병 먹는 것을 상징으로 우리에게 주신 것이다.

누룩은 죄의 상징이다. 예수님이 우리에게 주신 것은 의로움이고, 거룩함이며, 순결함이다. 예수님의 보혈로 말미암아 우리가 바로 그 의로 들어가는 길의 문이 열리게 되었다. 예수 그리스도 보혈 안에 우리의 대속이 있고, 정결함이 있으며, 의로움이 있다. 그리고 예수님이 십자가에 돌아가신 그 순간부터 새로운 언약이 시작되었다. 율법을 통해 주어졌던 그 모든 권위는 다 이루어졌다. 끝났다.

물론 예수님이 돌아가신 이후에도 계속해서 정결법을 지킬 수도 있다. 또 모든 구약의 절기들을 다 지킬 수 있다. 그러나 그것에 원래 주어졌던 모든 권위들은 이제 더는 주어져 있지 않다. 갈라디아서 3장에서 그것을 말하고 있다.

믿음이 오기 전에 우리는 율법 아래에 매인 바 되고 계시될 믿음의 때까지 갇혔느니라 이같이 율법이 우리를 그리스도께로 인도하는 초등교사가 되어 우리로 하여금 믿음으로 말미암아 의롭다 함을 얻게 하려 함이라 믿음이 온 후로는 우리가 초등교사 아래에 있지 아니하도다 갈 3:23-25

예를 하나 들면, 나와 아내가 몇 시간 동안 좋은 식당에 데이트를 가기로 했다. 우리가 밖에 나간 사이 네 아이들을 위해 베이비시터를 고용했다. 우리는 고용한 베이비시터를 신뢰하기 때문에 아이들을 맡겨놓고 식당에 갔다. 그동안 우리 집과 아이들에 대한 권세 또는 권위를 갖고 있는 사람은 베이비시터다. 최고로 좋은 베이비시터를 비싼 돈을 주고 모셔왔는데, 그런 권위를 주지 않을 이유가 없다. 나와 아내가 레스토랑에서 식사를 즐기고 있는 동안 나는 아이들로부터 "아빠, 이거 해도 돼요?" 이런 전화를 받고 싶지 않다. 그것은 아이들이 베이비시터에게 물어보면 된다.

어느덧 아내와 함께 저녁을 먹고 집에 돌아가야 될 시간이다. 우리 집문 앞에 왔을 때, 열쇠를 꺼내 당당히 문을 열고 들어간다. 그리고 베이비시터에게 돈을 주면서 "고맙습니다. 수고했어요. 이제 집에 가세요" 하고 보내면 된다. 그런데 나와 아내가 집에 돌아온 후에 베이비시터가 집을 떠나지 않고 여전히 우리 집에 조금 더 머물길 원해서 함께 있게 되었다면 이제 누구에게 그 집의 권위가 있는가? 당연히 나다. 베이비시터는 완벽했어도 내가 우리 집에 들어간 순간부터 이이에 대한 권위는 니에게 있다. 한번 상상해보라. 완벽한 베이비시터가 있다고 치자. 너무 완벽해서 내가 집 문을 열고 들어왔을 때, 아이들이 나에게 와서 "당신은 이제 더 이상 우리 아버지가 아니에요. 가세요" 그러면 내 마음이 어떨까. 아마도 산산이 깨질 것이다. 바로 이런 일이 이스라엘 백성들에게 일어났다.

율법이 예수 그리스도를 정확하게 보여주는 것처럼 이 절기를 통해서 예수님이 십자가에 달리실 것에 대해서 정확하게 보여주고 있다. 그래서 유월절의 예수님은 십자가로 가셨다. 정확하게 하나님이 정해주신 그날에 십자가에서의 그의 죽음이 우리에게 의로움과 정결함과 깨끗함을 주었다. 바로 무교절이다. 이렇게 두 절기가 이루어졌다.

초실절

세 번째 절기는 약속의 땅 가나안에 들어간 때로부터 시작된다.

"이스라엘 자손에게 말하여 이르라 너희는 내가 너희에게 주는 땅에 들어가서 너희의 곡물을 거둘 때에 너희의 곡물의 첫 이삭 한 단을 제사장에게로 가져갈 것이요"(레 23:10).

안식일 이튿날에 그 절기를 지키도록 되어 있다. 한 주일 안에 7일이 있다. 예를 들어 월요일부터 토요일까지 있는데, 화요일에 유월절이 있다고 생각해보라. 그리고 수요일은 무교절이 시작되는 날이다. 가운데 손가락이 수요일이고 그다음이 목요일이고 그다음 넷째 손가락이 금요일이고 마지막 손가락이 토요일이다. 그런데 출애굽 때 죽음의 사자가 이스라엘 민족의 집 문설주에 발라진 어린양의 피를 보고 그냥 '넘어간'(pass over) 장자의 구속 사건이 있었던 날로부터 가장 가까운 토요일이 지난 날, 사람들에게 첫 번째 곡식을 경축하라고 정해주신 것이다.

초실절은 첫 열매를 드리라고 하는 절기다. 4월에 열매를 거두어서 성전에 가져갈 때, 아직 밀은 다 익지 않았다. 밀은 6월에 익게 되어 있다. 4월에 들판에서 익은 곡식은 보리였다. 보리는 보통 가난한 사람들의 음식이다. 그러면 어떻게 해야 하는가? 바로 그 유월절이 지나고 난 첫 번째 일요일에 들판에 나가서 익은 곡식의 첫 열매를 가지고 성전에 와서 대제사장에게 주면 대제사장은 그것을 흔들면서 "하나님, 감사합니다" 라고 말한다.

대체 무슨 이런 절기가 다 있는가? 이것은 어떤 상징이 있을까? 이 절기는 믿음에 대한 것이다. 어떤 믿음인가? 눈에 보이는 첫 열매를 가지고 와서 제사를 드리면서 그들은 하나님이 들판에 밀이 가득 익게 하실 것이라는 믿음을 갖게 되는 것이다. 그런데 이 절기가 어떻게 예수님과 연결되는지 살펴보면 우연의 일치라고 하기엔 너무 놀랍다. 예수님이 일요일에 부활하셨다. 우연이 아니라 하나님의 완벽하신 계획에 의해서 그렇게 된 것이다. 예수님은 분명히 "내가 3일 동안 죽을 것이요, 그다음에 부활할 것이다"라고 말씀하셨다. 그래서 예수님은 유월절에 죽으셔야만 했고, 초실절이 바로 지난 그 일요일 아침에 부활하셔야만 했다.

요한복음 19장에 보면, 예수님이 죽기로 작정하셨다.

"예수께서 신 포도주를 받으신 후에 이르시되 다 이루었다 하시고 머리를 숙이니 영혼이 떠나가시니라"(요 19:30).

예수님의 십자가 좌우에 있던 두 강도는 (무슨 죄로 그 자리에 오게 되었는지 모르겠지만) 죽음을 선택하지 않았다. 그런데 예수님만은 바로 그 날이 될 때까지 기다리셨다가 바로 그날 돌아가셨다. 하나님이 나와 당신의 삶에 있어서 매 순간 어떤 상황마다 우리를 주권적으로 다스리고 계신 것을 믿으라. 그래서 예수님은 바로 첫 열매를 드리는 초실절, 이 세 번째 절기를 일요일 아침에 부활하심으로써 또한 완성시키셨다. 요한복음 20장에 보면 마리아와 여러 여인들이 예수님의 무덤에 왔는데 와서 보니깐 비어 있다. 이 휴일들의 상징이 무엇인가? 사람들이 믿음을 가지면 저 들판이 추수할 곡식들로 가득 차게 될 것을 보여주는 절기다.

레위기 23장 15절에 보면 "안식일 이튿날 곧 너희가 요제로 곡식단을 가져온 날부터 세어서 일곱 안식일의 수효를 채우고"라고 했다. "이제 저 벌판에 알곡들이 가득하게 될 것인데 그러면 그것들을 다 베어다가 그 첫 열매를 하나님께 감사함으로 바쳐라"라고 해서 그날이 요제라고 되어 있다.

오순절

예수님이 부활하신 다음에 제자들과 40일을 함께하셨다. 그 후에 제자들에게 말씀하셨다.

"너희가 예루살렘을 떠나지 말고 내가 너희에게 약속한 성령이 오시기를 기다려라 그리고 성령이 너희에게 임하면 너희가 권능을 받고 예루살렘과 유대와 사마리아 땅 끝까지 이르러서 내 복음을 전해라."

그날로부터 한 주일 반이 지난 다음이 오순절이었다. 그리고 사도행전 2장에 바로 그 열흘이 지난 오순절에 정확하게 성령강림이 있었다. 120문도들에게 성령이 임해서 여러 나라의 방언으로 말하기 시작했고, 이 일로 말미암아 베드로가 수많은 군중들에게 설교할 수 있는 기회를 얻게 되었다. 바로 정확하게 오순절 날 성령님이 임하셨다. 예수님이 말씀하신 것이 정확하게 이루어졌다. 그래서 베드로가 복음을 전할 수 있는 기회를 얻게 되었다. 그 결과로 바로 그날 3천 명의 유대인들이 세례받는 역사가 일어났다. 이 3천 명이 첫 열매였던 것이다. 그리고 이 첫 열매를 통해서 저 벌판이 추수한 알곡들로 가득 차게 될 것을 보여주고 있다.

예수님이 첫 번째 이 땅에 오심으로써 구약의 8개 절기 중에 4절기가 완성되었다. 이 날짜들은 상징적으로 주어진 게 아니고 정확하게 하나님이 정하신 날에 이루어졌다. 예수님이 재림하실 때에 레위기 23장 23절부터 기록되어 있는 나머지 4절기가 완성될 것이다. 율법을 통해서 하나님이 하신 일은 정확하게 메시아가 어떤 분이신지를 보여주고, 그분이 올 때 '이분이다'라고 정확하게 알 수 있도록 하셨다.

나팔절

다섯 번째 절기는, 일곱째 달 곧 그달 첫날이다.

"이스라엘 자손에게 말하여 이르라 일곱째 달 곧 그달 첫날은 너희에게 쉬는 날이 될지니 이는 나팔을 불어 기념할 날이요 성회라"(레 23:24).

일곱째 달 이름은 티슈레이다. 여기서 한 가지, 어떻게 이날이 그달의 첫날인지, 마지막 날인지, 중간에 있는 날인지 알 수 있을까? 달력이 없을 때는 달을 보고 안다. 보름달, 반달, 초승달. 티슈레이 첫날은 안식일처럼 아무 일도 하지 않고 쉬는 날이라고 하나님이 말씀하셨다. 그런데 티슈레이 첫날 안식일을 트럼펫, 즉 나팔이라고도 말했는데 이는 반만 맞다. 정확히는 나팔을 기념하는 절기다. 그래서 나팔절이라고 하면 아주 정확하게 맞는 이름은 아니다. 히브리어를 정확하게 번역하면 나팔 소리의 기념일, 나팔의 목소리를 기억하는 절기이다.

내가 무언가를 기억한다고 하는 것은 과거에 무슨 일이 있었다는 것을 의미한다. 구약을 공부해보면 이 나팔 소리가 들렸던 날은 굉장히 특별한 날이었음을 알 수 있다. 구약성경에서 이스라엘 백성들이 언제 처음으로 이 나팔 소리를 들었을까? 여리고가 아니다. 시내산이다. 예레미야서 6장 17절을 보면, "내가 또 너희 위에 파수꾼을 세웠으니 나팔 소리를 들으라 하나 그들의 대답이 우리는 듣지 않겠노라 하였도다"라고 했다. 이건 한 가지 예다. 여기서 말하는 여호와의 나팔 소리가 하나님의 소리였다는 것과 동일하다는 것을 증명하는 구절의 한 예제다. 민수기 23장을 보면, 발람이라고 하는 예언자가 나온다. 당나귀가 말했던, 이스라엘 백성 가운데 우리가 목소리를 들을 수 있는데, 하나님의 나팔에 목소리를 들을 수 있는 소리가 있다. 그런데 다른 날로 말하면 이 절기는 시내산으로 돌아가는 절기다.

출애굽기 19장에 하나님이 이스라엘 백성들에게 말할 때 하나님의 말씀을 나팔의 소리라고 말하고 있다. 그래서 이 절기가 시작되면 열흘 동안 이스라엘 백성들은 시내산에서 들었던 그 목소리를 기억해야 한다. 하나님의 목소리를 알아채는 것이다. 그분의 말씀이 들려오는 주파수에 맞추어야 하는 것이다. 왜냐하면 동일한 날 그분께서 다시 오실 것이기 때문이다. 그리고 당신이 그분의 목소리에 주파수가 맞추어져 있지 않으면 문제가 생긴다.

대속죄일

열흘이 지나면 바로 대속죄일(욤 키푸르)이다. 열흘 동안 다시 한 번 하나님의 말씀에 당신을 튜닝하고, 주파수를 맞추고 난 다음에, 그 열흘 동안 하나님의 목소리를 기억한다는 게 도대체 무슨 의미일까? 말씀을 읽는 것이다. 하나님은 다른 언어가 아니라 바로 그분이 우리에게 주신 성경 말씀을 통해서 우리에게 말씀하신다. 그리고 그분의 약속을 성취하신다.

예수 그리스도를 믿는 새 언약의 백성으로서, 계속해서 우리는 성경 말씀을 읽음으로써, 하나님의 말씀이 우리의 심령 가운데 새겨지도록 해야 할 것이다. 그래서 예수님이 다시 오시고 나서 열흘 동안 다시 예수님으로 인하여 그들이 축하를 하게 될 것이고, 그때 남은 자들이 열흘째 되는 날 대속죄일을 경험하게 될 것이다. 비로소 이스라엘 백성들이 예수 그리스도를 그들의 대제사장으로서 받아들이게 될 것이다.

장막절

5일 후에 이 오순절은 천년왕국의 시작이다. 스가랴서 14장 16-20절을 보면, 바로 이 오순절에 온 열방으로부터 이방인들이 예루살렘으로 와서 함께 하나님을 예배할 것이라고 했다.

예수 그리스도를 구주로 고백하는 많은 신자들 안에도, 미지막 날에 일어날 일들에 대해서는 여러 다른 의견들을 가지고 있다. 여기에서 나누고자 하는 것은 이스라엘의 복음주의적인 교회들이 공유하고 있는 믿음이다. 누군가가 이 견해와 다른 견해를 가지고 있다고 해서 그의 구원은 50퍼센트밖에 안 된다는 말이 절대 아니다. 우리는 예수 그리스도의 보혈로 구원받는다. 그리고 우리는 예수 그리스도를 믿는다. 그걸로 끝이다. 예수님이 우리가 종말에 대해서 어떤 믿음을 가지고 있는가에 따라서 일부 사람들만 데리고 올라가고 나머지는 남겨두는 일은 없다.

예수님이 다시 오실 때, 믿는 자들이 그분과 함께 다시 오게 될 것이다. 그전에 믿은 자들은 들림을 받는 것이다. 예수님이 다시 오실 때 믿는 자들이 언제 들림을 받게 될 것인가에 대해서 기독교 안에 다양한 의견들이 있다. '7년 환란이 오기 전이다, 7년 환란 중간에 들림을 받을 것이다, 7년 환란의 4분의 3쯤 지났을 때 들림 받을 것이다' 등 다양한 의견들이 있다. 물론 나는 개인적으로는 환란 전에 들림 받을 것이라고 믿고 있지만, 다양한 견해가 있을 수 있음을 인정한다. 그래서 성도들이 언제 들림 받았는지와 상관없이 어쨌든 이스라엘에 있는 복음주의 교회들은 예수님이 재림하실 때에 믿는 자들이 들려 올림 받은 믿는 자들과 함께 재림하게 될 것이라고 믿는다.

우리 믿는 자들이 그렇게 예수님과 함께 올 때 영화로운 몸으로 변화되어 있을 것이다. 그리고 우리는 예수 그리스도와 함께 다스리게 될 것이다. 천 년 동안. 요한계시록 22장에 있다. 나 같은 사람도 정확하게 알 수 있도록 천 년씩 여섯 번이 지나 6천 년이 지나고 마지막 천 년. 내가 천 년이라고 말한 것은 상징적인 것이고, 다른 견해를 갖고 있을 수 있다. 우리는 서로 말씀을 함께 연구하는 학생의 입장에서 말씀을 보는 것이고, 서로의 의견을 나누는 것이고, 그리고 난 다음에 또 집에 가서 성경을 체크해보면서 우리의 믿음이 성숙해나가는 것이라고 생각한다.

시내산에서 하나님은 이스라엘 백성들에게 정확하게 말씀하고 있다. "너희는 왕 같은 제사장이 될 것이다." 예수님이 다시 오실 때 회개한 유대인들은 하나님이 이 시내산에서 말씀하신 대로 제사장 나라가 되어서 열방을 섬기게 될 것이다. 모든 나라들이 예수님을 만나기 위해서 예루살렘에 올 것이고, 그분의 말씀을 듣게 될 것이다. 이전에는 이방인들이 유대인들을 쫓아와서 말하기를 "하나님이 당신들과 함께 계시기 때문에 우리에게 하나님을 좀 알려주십시오"라고 하는 때가 있었다. 그다음에는 이방인들이 쫓아오면 경찰서로 도망갔던 때가 있었고 이제 마지막 때가 되면 다시 이방인들이 이스라엘 백성들에게 와서 하나님이 당신과 함께 계시기 때문에 우리가 당신들을 통해서 하나님께 가기를 원한다고 요청할 때가 오게 될 것이다.

성회

마지막 절기가 있다. 레위기 23장 36절에 나오는 바로 여덟째 날 모이는 성회이다. 바로 이 여덟 번째 성회를 통해서 모든 절기의 사이클이 완성된다. 주님의 날의 중심에는 예수 그리스도가 계신다. 예수님이 그 모든 절기 한가운데 계시고 정확하게 그 절기를 지켜서 역사하고 계신다. 당신은 주님과 함께하는 이 절기들을 지키기 원하는가. 미래에 있을 완성된 장막절에 함께 있기를 원한다면 질러가는 지름길은 없다. 이 모든 절기에 당신이 참여하기 위해서는 반드시 첫 절기였던 유월절을 통과해야만 한다. 유월절을 통해서 나머지 절기들 가운데로 들어갈 수 있다.

당신이 바로 예수 그리스도의 보혈로 말미암아 유월절을 통과하게 되면 이제 다른 절기들 안으로 들어가게 되는 것이다. 이 절기들 안에 자신의 어떤 권세나 힘으로 들어가는 것이 아니고, 유월절을 통과함으로 자동으로 들어가게 된다. 왜냐하면 나의 대제사장 되신 그분께서 이미 가장 거룩한 지성소에 들어가셨기 때문에 우리는 자동으로 따라 들어가는 것이다. 이미 성령께서 내 안에 거하고 계신다.

형제가 나를 좋아하든 안 하든 우린 형제이다. 예수 그리스도의 보혈 때문에 우리는 이미 한 가족이다. 그분께서 우리를 부르시는 날이 있을 것이다. 그러나 그날이 오기까지는 우리가 하나님나라 기준에 맞추어서 예수 그리스도를 사랑해야 한다. 하나님이 이스라엘 백성들에게 이 절기들을 주셨다. 왜냐하면 이 절기들을 통해서 그들이 예수 그리스도를 알아볼 수 있도록. 당신이 만약 예수 그리스도를 주와 구세주로 알고 있다면, 당신은 이미 율법을 완성한 자다.

영원하시고 완전하신
그리스도

김용의

05
chapter

Only Jesus Christ

Only Jesus Christ

약속의 땅으로

이스라엘 역사 가운데 가장 위대한 세계를 경험한 지도자가 있다면 바로 모세일 것이다. 그런 그에게 가장 두려웠던 일은 다름 아닌 여호와 하나님이 그들과 함께할 수 없다는 것이었다. 애굽에서 나와 홍해를 건넌 지 몇 개월 만에 시내광야에 이르렀을 때 하나님은 모세를 불러서 이스라엘 백성의 삶에 진정한 지표이자 교훈이 된 하나님과의 언약과 그분의 말씀을 주셨다.

하나님의 영광스러운 은혜 앞에서 말할 수 없는 자비를 경험하고 이스라엘 백성에게 주시는 표현할 수 없는 큰 사랑과 자비를 얻고 주님이 친해 새겨주신 십계명 돌판을 안고 부푼 마음으로 산 아래로 내려왔을 때, 그는 경악을 금치 못했다. 400년 노예생활에서 기적적으로 구출받고 그

날도 하나님의 기적은 계속되고 있었을 텐데 불쌍하고 가련한 백성들이 모세가 내려오질 않자 그들 속에 있던 죄악을 마음껏 발현해서 우상을 만들고 멸망의 짓을 자초하고 있었다. 모세는 기가 막혔다. 그때 그가 가장 두려워하던 말을 하나님으로부터 친히 선고받게 되었다.

"기왕에 약속해준 것이니 이 백성을 끌고 가나안 땅으로 가거라. 거기에서 너희에게 집도 주고, 땅도 주고, 먹고살 것도 주겠다. 다 주겠는데 다만 한 가지만은 너희에게 줄 수 없는 게 있다. 너희는 목이 곧고 패역한 백성이므로 거룩한 나 하나님이 너희와 함께할 수 없노라."

모세는 그 두려운 선고를 듣고 엎드려 울면서 주님 앞에 호소한다.

"주님, 이스라엘 백성을 하나님이 천하 만민과 구별하심이 우리의 무엇 때문이 아니잖습니까? 세상 백성과 우리가 차이가 있다면 여호와 하나님이 우리와 함께하심이 아니겠습니까? 만약에 주님이 우리와 함께하실 수 없다면 여기서 죽게 해주십시오. 우리를 올려보내지 마옵소서."

모세가 가장 두려워했던 현실이 닥쳤다. 다른 어떤 고난이나 역경은 괜찮지만, 하나님이 함께할 수 없는 이 상황은 가장 두렵고 무서운 일이었다. 간신히 고비를 넘긴 이스라엘 백성 중에 하나님의 홍해 기적까지를 봤던 20세 이상의 군사로 나설 만한 사람들을 계수하니 60만 명이었다. 하지만 모두가 그들의 한계를 넘지 못하고 믿음 없이 하나님을 원망하다가 결국 40년 광야 생활 중에 다 엎드러져 죽었고, 광야에서 태어난 자녀들과 함께 여호수아가 약속의 땅을 정복하러 들어가게 됐다.

그 위대한 지도자 모세도 감당하기 힘들었던 백성을 이끌고 가나안 땅에 들어간다는 건 여호수아에게 엄청난 과업이었다. 그때 주님이 여호수아에게 하신 말씀은 다른 게 아니었다. 두려워 떨며 어찌할 바를 모르던 그에게 주님은 다른 대안을 말씀하지 않으셨다.

"모세와 함께 있었던 것같이 내가 너와 함께하리라."

천하 인간에게 줄 수 있는 하나님의 가장 큰 축복이자 위로요, 약속이 있다면 아마 주님이 함께하신다는 약속일 것이다. 그리고 이어서 말씀하셨다. "두려워 말라. 놀라지 말라. 마음을 강하게 하고 담대히 하라. 내가 너와 함께하리라!"

존재적으로 일생 두려움에 매여 종노릇하다 죽을 인생들에게 두려워하지 말라는 말은 실제가 될 수 없다. 두려워하지 말라고 하실 수 있는 유일한 근거는 "내가 너희와 함께 있으리라"이다. 하나님이 함께하신다는 근거 없이 우리가 두려움에서 벗어날 길은 없다.

그런데 역시 여호수아가 위대한 걸음을 떼었다. 오직 믿음으로만 들어갈 수 있는 약속의 땅에 요단강을 건너 들어가는 기적을 경험했다. 순종했더니 영광을 보았다. "네가 믿으면 영광을 보리라!"

그들이 건너갈 수 없었던 요단강에 하나님의 함께하심의 약속을 믿고 발을 들여놓으니 요단강이 갈라지고 기적같이 그곳을 넘었다. 천하에 의지할 게 아무것도 없는 그들이 유일하게 붙들 수 있는 보장은 하나님이 함께하시는 것이었다. 그리고 그 전쟁터에서, 상식에 맞지 않게, 광야 노정 중에 할례 받지 못한 백성들이 오직 주님의 명령에 의지해서 할례를 받는다. 주님 앞에 제사를 지내고 하나님의 거룩한 구별된 백성으로 그들의 '수치가 굴러가다'라는 뜻의 '길갈'에서 할례를 행하고 또 주님과 함께하심을 확증하고 드디어 순종의 첫 전쟁으로 여리고성 전쟁에 임하게 되었다.

그리고 그들은 영광을 보았다. 질그릇 같은 우리 안에 보배를 담아놓으신 그 신비하고도 놀라운 하나님의 영광이 어떻게 드러나는지를. 두려워하고 초조해하며 고아처럼 두려움에 종노릇하고 살던 인생에게 그들의 상식을 넘어, 경험해보지 못했던 하나님께 순종했더니 견고한 여리고성을 무너뜨리게 해주셨고 멋진 승리를 경험하게 해주셨다.

헤렘 사건이 발생하다

그 기쁨에 들뜬 나머지 아이성은 굳이 전력을 다 쓸 필요가 없어 보였다. 몇 천 명만 올려 보내면 될 만한 작고 만만한 성읍이었다. 위대한 여리고성의 승리는 앞으로 가나안 땅의 전쟁이 어떤 양식으로 이루어질 것인지 보여준다. 승리가 우리의 칼과 창이 아니라 우리와 함께하시는 주님에게 있다는 사실을 보여주는 아주 놀라운 약속의 보증이었다.

그런데 '헤렘 사건'이 벌어진 것이다. 그 성은 원래 400여 년 전 아브라함 때에 하나님이 이미 그 언약의 백성에게 주시고자 약속하신 땅이다. 그 땅을 심판하실 때의 목적은 두 가지였다. 하나는 그 땅에 대한 심판이요, 또 하나는 하나님의 언약 백성을 그곳에 두심으로 주님의 계시를 드러내는 것이었다. 400여 년 전부터 그 땅은 음탕하고 사악한 땅이었다. 그러나 그때는 아직 죄악이 관영치 않았다. 죄는 분명히 있는데 그것이 무르익어 열매가 떨어질 때가 되지 않았던 것이다. 죄는 반드시 자멸한다.

시간이 흐르자 그 죄가 충만히 꽃을 피우고 열매를 맺고 더는 돌이킬 수 없을 만큼 죄악이 가득 찼을 때 주님이 하나님의 백성을 사용하셔서 그 땅에 심판의 명령을 주셨다. 모든 것이 진멸되어야 했다. 누구도 거기에 손을 대지 않았다. 하나님의 완전한 인내와 긍휼로 심판을 유보하시고 기다려주셨던 세월이 지나자 더는 돌이킬 수 없는, 그냥 두면 자멸할 그 땅을 심판하신다.

그런데 그만 가장 두려워하던 일이 벌어졌다. 여리고성의 잿더미에서 아간의 탐욕을 부추기기에 충분히 화려한 유혹이 펼쳐졌다. 결국 그는 하나님의 심판이 벌어지는 현장에서 하나님 경외함을 내던지고 탐욕의 종이 되어서 아름다운 외투와 금덩이에 손을 댔다. 이어진 아이성 전투는 비참한 패배로 이어졌다. 그것은 단순한 실패가 아니었다. 약 30명이 넘는 가나안 땅의 왕들과 끊임없이 전쟁이 진행되어야 할 초반에, 기세등등하게 시작했던 그들이 아이성 싸움에 실패했다는 말은 나머지 숨을 죽이며 두려워했던 가나안인 모두가 연합하여 공격하는 날이면 이스라엘은 몰살당할 위기에 놓이게 된 것이다. 뒤로 물러설 수도, 앞으로 진행할 수도 없는 두려운 상황이 펼쳐졌다.

이스라엘은 본래부터 전쟁을 위해 태어난 민족이 아니었다. 떠돌이 민족이었던 이들이 잘 준비된 가나안 땅의 정착민들과 전쟁한다는 것은 상식으로 안 되는 일이었다. 전쟁 자체가 본래부터 하나님의 특별한 은혜가 아니면 승산이 없었다. 그런 와중에 여리고성의 모든 승리의 기쁨을 다 사로잡아먹을 만큼 비참한 패배가 벌어졌다. 알고 봤더니 헤렘, 즉 진멸되어 바쳐질 것에 탐욕으로 손을 대는 일이 일어났던 것이다.

그 결과는 "하나님이 너희와 함께할 수 없다"였다. 하나님의 백성에게 가장 무서운 선고는 하나님이 우리와 함께할 수 없다는 것이다. 예나 지금이나 아간의 범죄 이후에 하나님을 떠난 인간은 파멸의 구더기로 스스로 걸어 들어가고 있다. 세대가 바뀌고 세월이 가도 새롭게 기대할 것 없이 죄악으로 충만한 땅은 결국 그 죄의 결과를 볼 수밖에 없다.

존재적 절망

우리 안에서 헤렘을 제하지 않는 한 하나님은 우리와 함께할 수 없다. 아무리 세상이 바뀌고 상황이 바뀌어도 한 가지 변할 수 없는 사실이 있다. 하나님은 영원히 거룩하시다. 어떤 현란한 신학으로 포장하고 어떤 상황으로 변명을 늘어놓아도 거룩하신 주님은 절대 죄악과 함께하실 수 없다. 대단한 성공을 말하고, 화려하고 멋진 종교 조직과 건물과 수많은 예배 의식을 바친다고 해도, 하나님은 예나 지금이나 영원토록 거룩하시다. 헤렘이 있는 한 주님은 결코 함께하실 수 없었다. 몰랐다면 모르지만 그 견고한 여리고성이 무너지고 난 뒤 안락한 정착생활을 하던 사람들이 흐드러지게 준비해놓은 화려한 유혹거리들이 번쩍이며 그들의 눈을 유혹했을 것이다.

아간을 향해 돌을 들었던 자들의 마음이 어떠했을까. 간음한 여자를 향하여 심판의 돌을 들고 덤비려다가 "너희 중에 죄 없는 자가 돌로 치라"는 예수님의 말씀 앞에 율법으로 서슬 퍼렇게 남을 판단하던 예수님 당시 이스라엘 백성들 중 어린아이부터 노인에 이르기까지 모두 돌을 떨어뜨리고 돌아서고 말았던 것처럼 구약이나 신약이나 어떤 시대에도 어느 누구도 남을 정죄할 수 있을 만큼 의로운 자가 없다.

괴로움의 골짜기라고 하는 아골 골짜기에 자기의 사랑하는 동족이요 형제요 골육인 아간과 그의 일족을 돌무더기로 치면서, 아간과 그 가족들의 비명소리를 들으면서 이스라엘 사람들은 간담이 서늘해졌을 것이다. 아간과 같은 욕심을 안 내본 사람이 어디 있겠는가. 그 탐심이 안 생겼던 사람이 어디 있겠는가. 그 비참한 상황을 겪고 나서 울며불며 한 번만 살려달라고 매달리는 동족들의 아우성을 뿌리치고 심판의 돌로 자기 형제들을 치던 이스라엘 백성의 가슴에 피멍이 들었을 것이다. 아마 그날보다 더 괴로운 날이 없었을 것이다. 아간 한 사람을 정리하면 나아질 줄 알았다. 하지만 이스라엘의 운명은 아간으로 끝날 수가 없었다. 아간은 곧 나의 모습이요 이스라엘의 모습이었다.

간신히 그 세대가 전쟁을 마무리하고 가나안 땅을 정복한 후에 이스라엘이라는 나라가 생겨났다. 그리고 아간의 저주가 그들의 심령 안에, 뼈마디 속, 세포 하나하나에 절절히 젖어 있다는 사실은 오래지 않아 드러났다. 의인은 없나니 하나도 없다. 모두가 다 아간이 되어 아골 골짜기의 심판의 돌무더기에 떨어졌어야 할 죄인들이었음을 증명하는 데 한 세대가 더 필요하지 않았다. 그 영웅적인 세대가 돌아가고 사사시대가 시작되었다.

"그 세대(여호수아 세대)의 사람도 다 그 조상들에게로 돌아갔고 그 후에 일어난 다른 세대는 여호와를 알지 못하며 여호와께서 이스라엘을 위하여 행하신 일도 알지 못하였더라"(삿 2:10).

성경 역사 속에 가장 어둡고, 가장 노골적으로, 죄악이 엉망진창으로 충만하게 일어났다. 아간은 우리와 종류가 다른 사람이 아니었다. 그는 유다지파, 세라의 증손, 삽디의 손자, 갈미의 아들이라는 분명한 혈통을 가지고 있는 아브라함의 정통 자식이요, 유다 가문의 정통 계보를 잇는 믿음의 혈통을 가진, 오늘날로 말하면 모태신앙이었다. 유대인이라고 할 때는 멀어 보였는데 모태신앙이라고 하면 가깝게 느껴질 것이다.

그는 여리고성 전투 직전에 할례를 행했다. 오늘날로 말하면 세례를 받았다. 하나님의 백성으로 정확한 할례를 행했던 자였다. 그는 살아 계신 하나님의 명령을 똑똑하고 분명하게 들었다. 애매모호할 수 없는 하나님의 명령을 두려울 만큼 분명히 들었다. 오늘날로 말하면 명확한 신학 지식을 가지고 있고 체험을 했다. 율법만 가지고 있던 게 아니다.

하나님의 여리고를 향한 심판을 두 눈 똑똑히 뜨고 보았다. 하나님의 준엄하고 거룩한 심판이 온통 죄악으로 찌든 그 땅에 어떻게 무섭고 완전하게 이루어지는지를 보았다. 요즘 말로 하면 체험신앙이라는 말이다. 혈통에다 할례에다 율법과 체험을 가졌던 그는 이스라엘 사람 중의 이스라엘 사람이었다. 그는 어떤 핑계도 댈 수 없을 만큼, 오늘날로 말하면 신앙생활하기에 조금도 부족함이 없는 완벽한 사람이었다.

단지 그의 심령 안에서 조금 더 용기 있게 행했다는 것 외에는 달리 차이를 볼 수 없는 사람이었다. 아간이 이럴 수 있다면 나머지 이스라엘은 과연 괜찮을까?

불길한 예감은 빗나가지 않고 그 다음 대를 넘기지 못하고 이스라엘 모두가 그 자리로 들어섰다. 세월이 흘러 이제 나라의 모습을 갖추고 수

많은 우여곡절을 겪는 동안 제2, 제3의 아간이 나타났다. 이스라엘 모두가 한결같이 치우쳐서 누구도 예외 없이 아간 아닌 사람을 찾아볼 수가 없을 만큼 돼버렸다.

솔로몬 성전을 금으로 세우고 잘 준비된 성전 의식과 성직과 그들에게 주어진 완전한 율법의 말씀으로 그들이 경험했던 수많은 체험들이 조금도 부족할 것 없이 하나님의 살아 계심을 증거해주었으나 이사야는 비통한 마음으로, 온 이스라엘이 아간이 된 모습을 보며 비참하게 울부짖어야 하는 상황에 이르게 되었다. 이사야서 1장에서는 그 시대를 향하여서 참 서글픈 하나님의 선고가 떨어지고 있다.

하늘이여 들으라 땅이여 귀를 기울이라 여호와께서 말씀하시기를 내가 자식을 양육하였거늘 그들이 나를 거역하였도다 소는 그 임자를 알고 나귀는 그 주인의 구유를 알건마는 이스라엘은 알지 못하고 나의 백성은 깨닫지 못하는도다 하셨도다 슬프다 범죄한 나라요 허물 진 백성이요 행악의 종자요 행위가 부패한 자식이로다 그들이 여호와를 버리며 이스라엘의 거룩하신 이를 만홀히 여겨 멀리하고 물러갔도다 너희가 어찌하여 매를 더 맞으려고 패역을 거듭하느냐 온 머리는 병들었고 온 마음은 피곤하였으며 발바닥에서 머리까지 성한 곳이 없이 상한 것과 터진 것과 새로 맞은 흔적뿐이거늘 그것을 짜며 싸매며 기름으로 부드럽게 함을 받지 못하였도다 너희의 땅은 황폐하였고 너희의 성읍들은 불에 탔고 너희의 토지는 너희 목전에서 이방인에게 삼켜졌으며 이방인에게 파괴됨같이 황폐하였고 사 1:2-7

이사야 선지자 시대의 이스라엘의 모습이 바로 이러했다.

"너희 소돔의 관원들아 여호와의 말씀을 들을지어다 너희 고모라의 백성아 우리 하나님의 법에 귀를 기울일지어다"(사 1:10).

지금 하나님의 백성인 이스라엘과 그 지도자들을, 죄악이 하늘까지 치솟아 하나님의 진노의 불벼락을 맞았던 소돔과 고모라에 비유하고 있다. 이렇게 질타하실 만큼 "주여, 주여" 하는 주의 백성은 완전히 하나님의 법을 떠나 기가 막힐 죄악과 함께 버무려졌다.

> 여호와께서 말씀하시되 너희의 무수한 제물이 내게 무엇이 유익하뇨 나는 숫양의 번제와 살진 짐승의 기름에 배불렀고 나는 수송아지나 어린양이나 숫염소의 피를 기뻐하지 아니하노라 너희가 내 앞에 보이러 오니 이것을 누가 너희에게 요구하였느냐 내 마당만 밟을 뿐이니라 헛된 제물을 다시 가져오지 말라 분향은 내가 가증히 여기는 바요 월삭과 안식일과 대회로 모이는 것도 그러하니 성회와 아울러 악을 행하는 것을 내가 견디지 못하겠노라 내 마음이 너희의 월삭과 정한 절기를 싫어하나니 그것이 내게 무거운 짐이라 내가 지기에 곤비하였느니라 너희가 손을 펼 때에 내가 내 눈을 너희에게서 가리고 너희가 많이 기도할지라도 내가 듣지 아니하리니 이는 너희의 손에 피가 가득함이라 사 1:11-15

이것이 바로 아간으로 드러났던 이스라엘의 비참한 운명을 보여준다. 하나님은 전능한 능력과 신실한 약속으로 가나안 땅을 주고자 하셨는데, 진멸되어 바쳐져야 했던 헤렘에 손을 댄 아간 때문에 하나님이 함께할 수 없는 기가 막힌 고통을 받았다. 다시는 이런 일이 없었어야 할 텐데 그들은 그 잊을 수 없는 순간을 경험하고도 거기서 벗어날 수가 없었다. 머리를 쥐어뜯고 가슴을 치며 '이렇게 살면 안 되는데, 이럴 수는 없는데' 몸부림을 치고 각오를 하고 애를 써도 우리는 우리의 존재의 한계를 넘을 수가 없다.

"오호라 나는 곤고한 사람이로다 이 사망의 몸에서 누가 나를 건져내랴"(롬 7:24).

'내가 저주 받았구나. 내가 죄 장아찌구나! 존재적인 죄인이구나. 모를 때는 몰라서 망하더니 알고 나니 행할 능력이 없어서 망하니 큰일났구나!' 아무리 애를 쓰고 몸부림쳐도 내가 나를 변화시킬 수 없을 뿐 아니라 배우고 들어서 옳은 것을 알고, 양심이 소리를 치고, 내 영혼이 그렇게 갈망하면서도 주님을 따라 순종할 수 없는 나의 한계 앞에 털썩 주저앉아본 적이 있는가? 주님을 사랑하고 따라가고 싶은데 그게 안 돼서 나의 한계 앞에서 '나는 도저히 안 되는가보다' 하고 자신의 한계 앞에 두려워 떨며 엎어져서 낙망했던 적이 있는가?

이 기가 막힌 비극은 멈추지 않았고 끝내 구약성경에 존재했던 이스라엘의 모든 운명을 결정했다. 아간 한 개인의 모습이 한 민족의 모습으로 확장되어 역사의 무대에서 사라져가는 것을 볼 수 있다. 바벨론의 포로로 끌려가기까지 비참한 결과를 맞이하고 하나님의 엄위하심을 보고도 끝내 돌이킬 수 없었던 안타까운 이스라엘의 모습은 같은 인간인 우리로서도 지겨울 만큼 어떻게 이럴 수가 있나 싶다. 한편 돌아보면 우리도 나은 게 없다는 게 절망적이다.

붉은 줄 언약

하나님이 다 이루어놓으신 그 어마어마한 구원! 죽을 영혼의 구원과 심판이 아주 뚜렷하게 갈리는 사건이 바로 가나안 땅 첫 정복 전쟁이었던 여리고성과 아이성 싸움이었다. 그 문제를 해결하지 않는 한 아무리 몸부림을 쳐도 우리에게 가장 두려운 위기는 거룩한 하나님이 우리와 함께할 수 없다는 것이다. 하나님이 함께할 수 없는 인간은, 하나님이 함께할 수 없는 가정은, 하나님이 함께할 수 없는 역사는, 하나님이 함께할 수 없는 시대는 긴말할 게 없다. 편하면 썩어서 망하고 환란을 당하면 주저앉아 망한다. 우리의 삶에 가장 두렵고 비극적인 일이 하나님이 우리와 함께할 수 없는 것이다. 반대로 주님이 우리에게 주시는 최고의 축복이 있다면 그건 주님이 우리와 함께하시는 것이다.

도대체 우리가 어떻게 이 기가 막힌 운명, 나의 존재의 한계를 넘어 하나님의 놀라운 구원을 받으며, 주님과 동행하며 하나님의 약속을 누릴 수 있는가? 결론은 딱 하나다. 우리에게 가장 큰 복음은 하나님이 우리와 함께하시는 것이다. 만약 주님이 함께하시지 않는다면 어떤 길도 우리에게 복음이 될 수 없으며 그것은 승리가 될 수 없다. 아간처럼 눈앞에서 다 안겨준 승리를 바라보고서도 아골 골짜기에서 제 스스로의 죗값으로 망할 수밖에 없는 게 우리의 운명이다.

여리고성 사건은 우리에게 살 자가 죽은 비참한 역사를 보여줄 뿐만 아니라 심판을 받기로 작정된 여리고성에서 구원의 역사를 경험했던 한 무리의 사람들을 보여준다. 바로 '라합'이라는 기생이었다. 하나님 없는 아담의 자식들의 운명을 그대로 이어받은 채로 죄악으로 가득 찬 여리고

성에서 그것도 기생으로 불행한 인생을 살아가던 한 여인에게 소식이 들려왔다. 출애굽으로부터 시작해서 저 가나안 동편의 왕들을 물리치며 하나님의 기적적인 인도하심을 받은 이스라엘의 이야기였다. 상천하지의 오직 살아 계신 참된 하나님, 여호와라고 하는 이스라엘 하나님에 대한 소식을 듣고 간담이 녹아내렸다. 두려워서 견딜 수가 없었다. 그 하나님의 기적의 손안에서 살아가던 이스라엘 백성에게는 하나님을 두려워함이 눈곱만큼도 없는데, 오히려 이방 땅 사람들에게는 이스라엘에 함께하신 하나님의 소문만으로도 이미 선택할 여지가 없을 만큼 하나님을 믿기에 충분한 정보였다.

살아 계신 하나님을 믿고 못 믿고는 '정보가 얼마나 많으냐, 체험의 양이 많으냐'와는 별 상관이 없는 것 같다. 역사상 가장 많은 기적을 경험했고, 가장 많은 하나님에 대한 지식을 가졌던 사람들이 이스라엘이기 때문이다. 신학적인 지식이나 기적적인 체험이 신앙의 유무를 가늠할 수가 없다. 홍해를 육지같이 건너게 하시고 광야 노정 중에 만나와 메추라기를 먹이시며 아말렉과의 전투에서 기적적인 승리를 주시는 등 이스라엘의 모든 행보에 하나님이 함께하신다는 얘기를 이방인들은 직접 보지 않고 듣기만 해도 경외하지 않을 수가 없는 하나님이셨다. 그 하나님을 향한 두려움을 갖고 있던 라합에게 정탐꾼을 숨겨주는 일과 함께 복음의 기회가 주어졌다. 정탐꾼을 숨긴 대가로 약속을 하나 얻어내는데 창문가에 붉은 줄을 달아 내리면 멸망하기로 되어 있는 성에서 살려달라는 것이었다. 꼭 예수님의 우편 강도를 생각나게 하는 절박한 절규였다.

"우리가 죽게 된 것을 압니다. 당신의 생명을 보존해주었으니 여호와의 이름으로 맹세하여 하나님의 자비를 구하고 싶습니다. 우리가 살길이 있습니까?"

이 부탁을 들은 정탐꾼들이 말한다.

"당신의 목숨을 대신하더라도 우리의 목숨을 살려줬으니 하나님 앞에서 하나님의 이름으로 맹세합니다. 붉은 줄을 창밖에 달아내리면 여기를 정복하러 들어올 때에 이 붉은 줄이 있는 집 안에 있는 사람의 생명은 누구도 손대지 않을 것이며 모두 살려줄 것입니다."

그리고 멸망을 기다리고 있는 여리고 성벽 창문에서 붉은 줄이 내려질 한 집이 있게 된다. 7일 동안 말없이 하루에 한 바퀴씩 성벽을 돌고 마지막 일곱 바퀴를 돌던 이스라엘 백성들 눈에 그 붉은 줄이 보이지 않을 리가 없었다. 다 진멸되어 바쳐지기로 하나님의 심판의 선고가 내려진 성이었다. 누구도 빠져나갈 수 없는 하나님의 엄위한 심판이 떨어졌다.

이스라엘 백성들이 그 땅을 점령하러 들어갈 때, 놀라운 건 성경은 이별 볼일 없는 기생에게 해준 언약 하나를 전쟁 전략을 명령하는 중에 두세 차례나 언급한다.

"여리고성을 정복하고 들어갈 때 기억해라. 누구도 그 붉은 줄이 내려진 집 사람들에게 손을 대면 안 된다. 거기는 여호와의 이름으로 언약이 있는 집이다. 그 집에 있는 누구도 손대지 마라. 그리로 들어오는 모든 자는 구원을 얻게 될 것이다."

그리고 정복이 진행되는 중에 거기에 들어갔던 정탐꾼 둘이 특별한 사명을 가지고 하나님의 이름으로 맺은 언약으로 그들을 구원해낸다. 라합에게 주었던 붉은 줄의 언약, 초조한 하나님의 심판을 기다리는 그 피 말리는 시간에 라합과 함께 그 집 안에 머물러 있는 그들이 오직 믿은 건 하나님의 언약뿐이었다. 심판 속에서 살아나는 유일한 길이 하나님의 이 붉은 줄 언약이었다.

자기 형제인 아간을 돌로 치고 심판해야 하는 이스라엘 백성의 찢어지는 고통 속에서 누구도 저주받아 진노를 당하는 자리를 대신해줄 자가 없었다. 하나님의 심판은 주님께서 우리의 진정한 저주를 당신이 짊어지시고 모든 저주를 끝내시는, 그 언젠가 오시는 죽임당한 어린양을 생각나게 하는 언약이다. 붉은 줄 언약을 붙들고 살아가는 사람들.

우리는 죽을 자가 살고 살 자가 죽은 기가 막힌 구원과 심판이 뚜렷하게 갈린 사건을 보았다. 우리는 기가 막힌 상황 속에서 하나님의 심판을 뚫고 영원히 저주받은 운명을 바꿀 오직 하나, 하나님이 영원히 우리와 함께하시기 위하여 우리 저주를 대신 가져간 헤렘이 되어주실 한 분을 기다리게 되는 것이다.

구약의 해답

무엇이 우리를 향한 하나님의 진노를 막아주고, 누가 우리의 헤렘이 되어주며, 누가 우리에게 붉은 줄의 구원을 이룰 것인가? 소망 없이 방황하던 해답이 보이지 않던 구약시대의 마지막 결론을 바로 이사야서 53장이 보여준다.

우리가 전한 것을 누가 믿었느냐 여호와의 팔이 누구에게 나타났느냐 그는 주 앞에서 자라나기를 연한 순 같고 마른 땅에서 나온 뿌리 같아서 고운 모양도 없고 풍채도 없은 즉 우리가 보기에 흠모할 만한 아름다운 것이 없도다 그는 멸시를 받아 사람들에게 버림받았으며 간고를 많이 겪었으며 질고를 아는 자라 마치 사람들이 그에게서 얼굴을 가리는 것 같이 멸시를 당하였고 우리도 그를 귀히 여기지 아니하였도다 그는 실로 우리의 질고를 지고 우리의 슬픔을 당하였거늘 우리는 생각하기를 그는 징벌을 받아 하나님께 맞으며 고난을 당한다 하였노라 그가 찔림은 우리의 허물 때문이요 그가 상함은 우리의 죄악 때문이라 그가 징계를 받으므로 우리는 평화를 누리고 그가 채찍에 맞으므로 우리는 나음을 받았도다 우리는 다 양 같아서 그릇 행하여 각기 제 길로 갔거늘 여호와께서는 우리 모두의 죄악을 그에게 담당시키셨도다 사 53:1–6

붉은 줄의 언약을 통해서 우리를 영원한 심판과 멸망에서 구원해줄, 하나님의 심판을 막아설 어떤 것도 하나님으로부터 주어지지 않으면 안 되는데 그 놀라운 약속의 실체가 무엇이었는지, 우리의 진노를 대신 받아줄 자가 인간 중에는 아무도 없는데 과연 누가 우리의 구원이 될 것인가! 이사야서 53장이 말하는 것처럼, 우리가 전한 것을 누가 믿었는가. 여호와의 구원이 누구에게 나타났는가. 어느 누가 영원히 심판과 저주 아래서 하나님과 분리된 채로 저주받을 지옥 운명을 가로막고 우리로 하나님과 함께할 수 있는 길을 열어줄 것인가.

여기서 말씀한 대로 우리는 다 양 같아서 그릇 행하여 각각 제 길로 갔는데 우리의 모든 죄악을 그분에게 담당시켰다. 구약성경 내내 하나님 앞에 나아갈 수 없는 죄인들에게 하나님이 허락한 화목제물, 하나님의 진노를 막아서기 위해 끊임없이 죽임을 당하는 수많은 제물들의 피, 끊임없는 제사들이 과연 누구를 가리킨 것인가!

이사야가 분명히 말한다. 상상할 수 없는 얘기다. 영원히 진멸당해야 할 우리의 옛사람과 저주받은 옛 운명에 대한 하나님의 심판을 대신 받아 끝을 내시고 우리를 구원할 분이 오셨다. 어느 누구도 하나님의 의로운 기준에 해당될 수 없는데 그 기준을 만족시킨 오직 한 분 예수 그리스도가 사람이 되어 이 땅에 오셨다. 그분은 연한 순 같고, 마른 땅에서 나오는 뿌리 같고, 고운 모양도 없이 비천한 갈릴리 나사렛에서 유대인 청년으로 자라났다. 우리의 죄악을 지고 내 이름표 달고 내가 되어 갈보리 언덕에서 죽임을 당하신 어린양이신 예수 그리스도가 우리의 진노의 모든 쓴 잔을 받으셨다. 하나님으로부터 영원히 버림받아 마땅한 우리가 받아야 할 저주를 끝내시고 부활하셔서 그분의 생명을 우리에게 주심으로 하나님과 영원히 함께하는 이 복된 복음의 길로 인도해주셨다.

우리의 고엘 되시고 구원 언약의 실현이 되신 주 예수 그리스도! 복음을 목마름으로 기다리지만 아담의 저주 이래로 하나님과 영원히 갈린 우리를 길과 진리와 생명이 되셔서 우리로 영원히 주님과 함께하는 임마누엘 축복을 감당할 수 있는 길을 열어주신 예수 그리스도! 죽임을 당한 어린양이 구약의 해답이었다.

주님은 길고 긴 시간을 통해 하나님의 영광을 이 땅에 실현시키려고 준비하셨다. 어찌할 바를 몰라 아골 골짜기에서 통곡하던 이스라엘 백성들, 아간의 예표적인 비극이 이스라엘의 역사 속에 나타나며 소망 없이 끝나가던 기가 막힌 절망의 터에서, 구약의 선지자들은 모두 주님을 바라보며 죽었다. 언젠가, 이 땅에 오셔서 하나님에게도 의롭고 우리에게도 부끄러움이 없을 가장 완전한 구원의 주님이 되실 그 누군가가 누구인지는 아무도 짐작할 수 없었다.

하나님이 아담의 범죄 이후에 여자의 후손을 보낼 거라고 말씀하신 후로도 우리를 위해 속죄의 죽음을 대신했던 속죄양들의 마르지 않는 핏줄기와 수없이 드려진 제물들. 우리에게 언약했던 하나님과 우리 사이를 화목케 하는 화목제물이요, 속죄제물이 된 그가 누구인지 알 수 없었던 그때에도 모든 선지자들이 붙들고 죽어갔던 복음. 우리는 다 저주받아 갈 길을 갔을 뿐인데 우리의 저주를 대신 받고 내가 되어 채찍 맞고 창에 찔리고 버림을 받아 죽임을 당해서 하나님의 진노의 쓴 잔을 다 받아내시고 우리를 구원하여 하나님 앞에 온전한 제물로 서게 되실 그 어린양. 그 속죄의 주님이 누구이신가를 모든 선지자들이 꿈꾸었다. 절망적인 상황에서도 돌이키지 않는 이스라엘 백성의 멸망을 보며 눈물 가운데 죽으시면서도 그들이 비참함으로 죽지 않고 오직 한 소망 가운데 죽을 수 있었던 것. 그 이유가 바로 우리를 구원하러 오시는 예수 그리스도이신 것이다!

지금 우리는 역사의 마지막 시간표를 이어가는 시대에 서 있다. 너무도 혼돈스러운 세대, 말세에 고통할 때가 이를 것이라고 하던 주님의 말씀처럼 모든 것을 다 가진 것 같고, 모든 것을 다 이는 것 같은 시대, 역사 이래로 가장 풍요한 시대, 가장 밝은 시대라고 말하는 지금. 이 시대는 물질의 부요함, 지식의 홍수로 지성의 바벨탑을 쌓고 하나님 없이도 살 것처럼 오만을 떠는 가장 풍요한 시대요, 밝은 시대이면서도 역사상 가장 사악한 인간 말종의 시대이다. 거침없이 세상을 더럽히고 탄식을 자아내는 참혹함과 탐욕과 방탕의 극치가 지금 우리가 살아가고 있는 시대의 현장이다.

그 앞에 교회의 모습은 너무 초라하고 무기력하다. 육적인 쾌락과 폭력과 황금만능과 파멸을 향해서 광속으로 내달리는 도도한 죄악의 쓰나미 앞에서 내 영성 하나 지켜내지 못하고 내가 아는 복음의 지식이 이 세상 거대한 물결 앞에서 맥없이 쓰러지는 모습을 보고 절망하고 낙담한 적이 한두 번이 아니다. '이래서 변하겠나, 이래서 무슨 일이 일어나겠나, 우리에게 무슨 희망과 기대가 있는가.' 점점 나아지기보다 절망스러운 모습을 보지 않을 수가 없고, 우리를 포함한 교회의 수많은 실족과 불안함과 무기력함을 들을 때마다 심령이 무너지는 것을 막을 길이 없다.

수많은 상황과 도전 앞에서, 모든 불가능 앞에서 털썩 주저앉을 것 같은 이때에도 희망을 노래할 수 있는가? 승리를 예견할 수 있는가? 하나님의 말씀의 성취를 담대히 말할 수 있는가? 이 세상을 향하여 뚜벅뚜벅 걸어나갈 수 있는가? 누가 우리의 억울한 울음을 그치게 하고, 누가 우리의 비틀거리는 걸음을 다시 한 번 세워주며, 두려움과 겁에 질려 떠는 우리에게 용기를 불어넣어주고, 세상을 향하여 담대하게 거룩한 싸움을 싸우며, 세상에 있으나 세상에 속하지 않은 자처럼 하나님의 진리를 결론으로 삼고 나아가게 할 수 있는가.

세상 음녀 바벨론이 펼쳐놓은 이 모든 거대한 장벽 앞에서 우리가 무엇을 할 수 있을지 잘 보이지 않는 것 같은 낙담이 찾아올 때가 많다. 이 세상에 가득한 악을 누가 선으로 바꿀 수 있는가. 한국 땅에서 자살자의 숫자가 테러로 죽는 사람보다, 전쟁터에서 죽는 사람보다 더 많은 기가 막힌 비극에 있다. 그중에도 대부분 젊은이들이 죽음으로 내몰리는 기가 막힌 상황이다. 교회가 5만 개가 넘고, 성도가 천 만 명이 있다지만 자살률 세계 상위권을 달리는 소망 없는 이 사회를 무겁게 내리누르는 이 구조적이고 전체적인 절망을 어떻게 희망으로 바꿀 수 있는가. 물리적, 정신적, 영적인 이 고통에서 누가 우리에게 진정한 위로를 줄 수 있으며, 미친듯이 지구촌을 달구는 이 기가 막힌 폭력과 전쟁의 위협에서 누가 감히 평화를 말할 수 있는가. 뺏길까 봐, 놓칠까 봐, 실패할까 봐, 버림당할까 봐 두려워하는 이 두려움에서 누가 진정한 안식을 줄 수 있단 말인가.

이 상황을 바꿀 힘이 우리에게는 없다. 이 상황을 역전시킬 방법이 없다. 어떤 종교도 지식도 철학도 권력도 희망과 가능성을 말해줄 것으로 보이지 않는다.

이곳에, 주님은 정말 초라해 보이는 교회와 나와 당신을 두셨다. 어쩌면 그렇게도 골라서 부르셨는지, 아무리 그렇다 해도 위로가 안 될 만큼, 질그릇도 질그릇 나름이지 어쩜 이렇게 못생긴 질그릇이 있는지, 연약해도 그렇게 연약할 수 없다. 하나님 앞에 고집을 부릴 때는 세상에 그렇게 강한 게 없는 것같이 버티면서 왜 그렇게 상처는 잘 받는지, 겁 없이 죄를 지을 때는 하나님도 두려워하지 않더니 무슨 두려움이 그렇게도 많은지, 쥐꼬리만큼의 자랑이나 자기 의가 있으면 온통 다른 이들을 판단하고, 정죄하며, 손가락질하고, 갈리고, 나뉘고, 쪼개지는 기가 막힌 모습을 보노라면 도대체 희망이 보이질 않는다.

구약시대에는 혼돈과 무질서의 어려움이 있었다면 지금은 가장 교활하고 가장 풍족한 때임에도 오히려 엄청나 보이는 도전 앞에 우리는 무기력하게 느껴질 수밖에 없다. 이때, '복음만으로는 안 된다, 예수만으로는 어렵다'라는 소리가 목구멍에서 치밀어 오르지만 어느 때보다도 애를 쓰고 더 많이 배우고 더 몸부림치는데도 무언가 부족하고 여전히 목마름이 남아 있는가.

무엇을 찾아야 이 방황이 끝나고 무엇을 붙잡으면 이 목마름이 끝날 것인가? 천만 번 물어보고 싶고 질문이 많은데 그 모든 질문 앞에서, 어떤 도전과 어떤 질문 앞에서도 우리가 대답할 말은 오직 하나밖에 없다. 왜냐하면 명제가 분명하기 때문이다. 아무리 고통이 크고, 두려움이 커도 살아 계신 하나님이 우리와 함께하신다고만 하면 주님보다 더 큰 두려움은 없다. 두려움이 있어도 주님이 함께하시면 이 모든 두려움을 이길 수 있다. 그 약속은 딱 한 가지이다. "두려워 말라! 내가 너를 도와주리라. 놀라지 말라. 내가 너와 함께하리라."

대답이 진짜 간단하다. "어렵니? 속상하니? 내가 너와 함께하리라." 힘들어도 함께한다니 할 말이 없다. 그런데 할 말이 없는 게 진짜 정답이다. 백문일답이다. 주님만 함께하시면 우리가 속상해하는 문제도 단번에 해결될 수 있다. 우리는 불가능해도 주님은 가능하시다. 우리는 절망해도 주님은 희망으로 바꾸실 수 있다. 아무리 세상의 죄악이 광풍처럼 불어온다 할지라도 주님께서 설명할 수 없는 능력으로 우리의 심령 안에 거룩한 바람을 불어넣기 시작하면 감당할 수 없는 부흥이 이 땅에 얼마든지 올 수 있다.

십자가의 예수 그리스도

주님께서 우리에게 오직 하나의 대답으로 주신 그 놀라운 대답은 결론적으로 주님이 함께하시면 된다는 것이다. 뒤집어 말하면, 거룩한 하나님이 우리와 함께한다는 이 일은 가장 불가능한 것이었다. 그런데 놀랍게도 하나님은 이렇게 가장 불가능한 우리의 생애의 명제를 해결하시려고, 영원히 불가능한 '하나님이 우리와 함께하시는 임마누엘'을 주시려고 주님의 가장 완전한 비밀이요, 지혜를 마련하셨다. 그게 바로 십자가의 그리스도인 것이다!

십자가의 도가 멸망하는 자들에게는 미련한 것이요 구원을 받는 우리에게는 하나님의 능력이라 기록된 바 내가 지혜 있는 자들의 지혜를 멸하고 총명한 자들의 총명을 폐하리라 하였으니 지혜 있는 자가 어디 있느냐 선비가 어디 있느냐 이 세대에 변론가가 어디 있느냐 하나님께서 이 세상의 지혜를 미련하게 하신 것이 아니냐 하나님의 지혜에 있어서는 이 세상이 자기 지혜로 하나님을 알지 못하므로 하나님께서 전도의 미련한 것으로 믿는 자들을 구원하시기를 기뻐하셨도다 유대인은 표적을 구하고 헬라인은 지혜를 찾으나 우리는 십자가에 못 박힌 그리스도를 전하니 유대인에게는 거리끼는 것이요 이방인에게는 미련한 것이로되 오직 부르심을 받은 자들에게는 유대인이나 헬라인이나 그리스도는 하나님의 능력이요 하나님의 지혜니라 고전 1:18-24

인류의 비극은 하나님을 잃어버린 것에서부터 시작되었다. 아담의 저주는 다른 게 아니라 하나님과 함께할 수 없는 것이었다. 포도나무 가지가 포도나무에서 잘려지는 순간 모양은 다 가지고 있어도 생명은 이미 끝난 것처럼 하나님을 떠나서 존재할 수 없는 하나님의 형상으로 지음 받은 인간에게 최고이자 최악의 비극은 하나님과 영원히 함께할 수 없는 것이다.

살펴본 대로 하나님이 없는 이방 세계는 아예 그 자체가 멸망할 수밖에 없는 게 인류 역사였다. 그중에 유일하게 하나님이 샘플처럼 뽑은 이스라엘에게는 '하나님을 알면 바로 살지 않겠나' 싶어서 율법도 주고, 할례도 주고, 표적과 기적도 주고, 하나님이 함께하시는 그 모든 특권을 주었다. 그렇지만 아간의 범죄 뿌리가 남았던 이 비참한 유대인의 운명처럼 우리의 존재는 하나님을 모를 때는 몰라서 망하고, 알아도 그대로 함께 살 수가 없어서 망하는 기가 막힌 절망 가운데 있다. 우리에게 가장 불가능한 화두, 어떻게 거룩하신 하나님이 죄로밖에는 설명되지 않는 나와 함께 영원토록 함께하실 수 있는가? 이 일을 해결하시려고 주님께서 선택하신 유일한 하나님의 지혜요, 능력이 바로 십자가의 예수 그리스도이셨다.

'사람으로서는 도저히 길이 없다. 그러나 하나님은 하실 수 있다!'

이 복음의 분수령이 성경의 중요한 역사다.

"모든 사람이 죄를 범하였으매 하나님의 영광에 이르지 못하더니 그리스도 예수 안에 있는 속량으로 말미암아 하나님의 은혜로 값없이 의롭다 하심을 얻은 자 되었느니라"(롬 3:23, 24).

모든 사람이 죄를 범하였으매 하나님의 영광에 이를 수 없어서, 영원히 주님과 함께할 수 없어서 결국은 멸망하고 심판으로 끝날 수밖에 없었다! 영생이고 축복이고 천국이고 말할 것 없이 백 년도 안 되는 인생

중에도 정말 비극적인 건 하나님 없는 인생이 홀로 살 수 없는지라 누군가를 의지하고 살아야 한다는 것이다. 나는 일찍 부모를 잃었다. 돈 잘 버는 아버지가 있을 때는 당신이 죄를 이길 수가 없어서 우리한테 끔찍한 아버지가 되시더니 나중에 그 아버지가 사라지니까 정말 보호자 없다는 게 무슨 말인지를 뼈저리게 경험했다. 의지할 데가 없고, 보호자가 없다는 건 참 기가 막힌다.

보호자가 있어도 아버지 자신의 삶을 이길 수가 없고, 돈은 있지만 진정한 아버지가 될 실력이 안 되니까 있어도 망할 일이고 없으면 없어서 망할 일이었다. 아무리 좋은 부모도 영원히 같이할 수는 없고, 언젠가 반드시 떠나가게 돼 있다. 무엇이 도대체 영원한가! 오래 같이 살 수 있다고 해도 능력이 없어서 도움이 안 되는 사람이 있는가 하면 능력은 있는데 오래 살지 못해 일찍 돌아가는 사람도 있다.

우리의 짧은 생애만 보아도 누구도 누구에게 진정한 복음이 될 수 없고 위로가 될 수 없다. 더군다나 지금부터 영원까지 무엇이 변치 않아서 우리에게 진정한 복음이 되고, 무엇이 완전해서 우리를 모든 상황에서 도와줄 수 있으며, 무엇이 모든 이에게 구별 없이 참된 복음이 될 수 있는가. 이 해답의 자격에 해당되는 건 아무것도 없다! 하나님의 영광에 이르지 못해서 주님과 동행할 수 없는 우리에게 사람으로서는 할 수 없는 이기가 막힌 저주를 주님이 해결하신다.

"그리스도 예수 안에 있는 속량으로 말미암아 하나님의 은혜로 값없이 의롭다 하심을 얻은 자 되었느니라"(롬 3:24).

영원히 하나님과 함께할 수 없는 우리와 함께하시려고 "세상을 이처럼 사랑하사" 하나님이 하실 수 있는 일을 우리에게 보여주신다.

이 예수를 하나님이 그의 피로써 믿음으로 말미암는 화목제물로 세우셨으니 이는 하나
님께서 길이 참으시는 중에 전에 지은 죄를 간과하심으로 자기의 의로우심을 나타내려
하심이니 곧 이때에 자기의 의로우심을 나타내사 자기도 의로우시며 또한 예수 믿는
자를 의롭다 하려 하심이라 롬 3:25,26

거룩하신 하나님이 죄 된 우리와 함께할 수 없으니 우리의 죄를 해결
하셔야 하는 기가 막힌 숙제가 있다. 진멸받아야 할 우리를 주님께서 심
판하고자 하니 우리가 끝장이 나겠고 우리를 살리자니 당신의 공의를
포기해야 되는 딜레마를 해결하시려고 주님이 선택하신 길은 역사에 누
구도 감히 상상할 수 없던 것이었다. 영원히 진노의 대상이 되어 하나님
과 원수 되었던 우리를 살리시려고 주님이 유일하게 선택할 수 있었던
방법, 가장 미련하고 어리석어 보이고 이해할 수 없고 받아들일 수 없는
하나님이 택한 오직 하나의 방법, 우리의 죄를 없애시고 우리를 영원히
당신과 함께 있게 하시려고 유일무이하게 선택하신 것이 바로 예수 그리
스도셨다.

하나님의 하나밖에 없는 아들이시면서 완전한 인간이 되어 오신 예수
그리스도! 우리의 죄를 지고 대신 죽으심으로 말미암아 대신 갚아준다
는, 속량이라는 제도를 만드시고 멈출 수 없는 우리를 향한 사랑과 열정
으로 당신 스스로가 심판을 짊어지시고 우리 대신 당신의 아들을 갈보
리 언덕에서 매달아 죽이시고 이제 그분을 부활케 하사 우리로 하여금

영원한 하나님의 아들의 생명을 함께 누리게 하시는 상상도 못할 일을 이루신, 그래서 비밀이라고밖에는 말할 수 없는 십자가 부활의 이 복음을 허락하신 주님! 그분이 바로 영원히 우리가 아버지라고 부르는 하나님이시다.

진리의 영을 따라 살라

울어도 애를 써도 몸부림쳐도 불가능했던 우리의 죄 문제를 해결하시고, 우리가 영원히 그분과 함께할 수 있는 유일한 길을 허락하시기 위하여 선택하신 이 십자가의 길이야말로 인간의 지성으로는 도저히 담을 수 없는 하나님의 비밀이었다.

요한복음 14장에서는 이렇게 말씀하신다.

내가 아버지께 구하겠으니 그가 또 다른 보혜사를 너희에게 주사 영원토록 너희와 함께 있게 하리니 그는 진리의 영이라 세상은 능히 그를 받지 못하나니 이는 그를 보지도 못하고 알지도 못함이라 그러나 너희는 그를 아나니 그는 너희와 함께 거하심이요 또 너희 속에 계시겠음이라 내가 너희를 고아와 같이 버려두지 아니하고 너희에게로 오리라

요 14:16-18

내가 주님을 위해 살려고 애를 쓰는 게 아니라 성령이 진리의 영으로 오셔서 내 영을 날마다 진리 가운데로 인도하시고, 깨닫게 하시고, 책망하시고, 교정하시고, 동행하시며, 세상 끝날까지 잘 때나 일어설 때나

누울 때나 상관없이 우리와 동행하신다! 이 거룩한 약속을 성취하시는 주님의 놀라운 열정으로 이뤄놓으신 그리스도 되시는 예수, 하나님의 아들, 그분께서 그 일을 이루셨다. 주님은 제자들이 십자가를 앞에 두고 황당해할 때, 그들에게 요한복음에서 말씀하셨다.

"도리어 내가 이 말을 하므로 너희 마음에 근심이 가득하였도다 그러나 내가 너희에게 실상을 말하노니 내가 떠나가는 것이 너희에게 유익이라 내가 떠나가지 아니하면 보혜사가 너희에게로 오시지 아니할 것이요 가면 내가 그를 너희에게로 보내리니"(요 16:6,7).

예수님은 이렇게 말씀하신다.

"내가 떠나가는 것, 내가 십자가에서 구속을 이루고 너희의 죄와 저주를 끝낸 다음 거룩한 하나님이 죄와 상관없이 너희 안에 영원히 오실 수 있는 이 일을 준비하기 위해서는 내가 너희를 떠나가야 한다. 그래야 성령이 너희에게 오실 것이다! 그래야 그토록 꿈꾸던 '내가 너와 영원히 함께하리라'는 약속을 이룰 수 있다."

주님은 이 말씀을 하시더니 끝내 그다음 날 십자가를 향하여 걸어가시고 죽으셨다. 주님은 이 일을 통해서 당신의 완전한 일을 나타내셨다. 로마서 8장은 이 진리에 대하여 종합적으로 말한다.

그러므로 이제 그리스도 예수 안에 있는 자에게는 결코 정죄함이 없나니 이는 그리스도 예수 안에 있는 생명의 성령의 법이 죄와 사망의 법에서 너를 해방하였음이라 율법이 육신으로 말미암아 연약하여 할 수 없는 그것을 하나님은 하시나니 곧 죄로 말미암아 자기 아들을 죄 있는 육신의 모양으로 보내어 육신에 죄를 정하사 육신을 따르지 않

결코 손대지 말아야 할 헤렘에 손을 대서 다 이겨놓은 전쟁을 하나님이 함께할 수 없는 저주 가운데 빠뜨렸던 아간의 비참한 운명처럼 우리는 삶에 허락된 복음을 누리지 못하는 기가 막힌 비극을 늘 경험하고 있다. 손대지 말아야 할 거 하나 건드렸을 뿐이다.

"나 금덩이 하나밖에 안 건드렸고, 외투 하나밖에 손 안 댔는데요!"

그런데 그걸로 충분하다. 에볼라균으로 죽은 시체의 손가락에 끼워진 다이아몬드 반지를 빼느라고 에볼라 환자를 만지면 그거 하나 만진 것으로 전염되어 죽기에 충분하다. 양이 많기 때문이 아니다. 옛 자아에 오염된 그 탐심 하나를 깨지 못하고 손을 대었던 아간이 결국 인생을 파멸로 끌고 갔던 것처럼 하나님의 완전한 복음, 이 세상의 모든 것에 대한 유일한 대답인 예수 그리스도, 그분이 주신 이 완전한 복음을 누리기 위하여 주님은 결론처럼 말씀하신다.

"육신을 따르지 않고 그 영을 따라 행하는 우리에게 율법의 요구가 이루어지게 하려 하심이니라"(4절).

복음이 우리에게 실제가 되고 생명이 되는 길은 육신을 따르지 않고 오직 성령을 따라 행하는 것이다. 이런 이들에게 하나님의 말씀이 이루어지도록 완전한 복음이 준비되었다고 하신다. 꿈꾸던 일이 드디어 역사 속에 이루어졌고 십자가 부활도 완성되었다. 다 이루었다고 말씀하신 예수 그리스도의 복음은 지금도, 영원히 복음이다. 그 복음은 변함이 없어서 요한계시록 마지막에 나오는 노래에서도 '항상 어린양 되신 예수 그리스도, 주님의 그 보혈로 거듭나 주의 생명을 얻은 주의 백성들이 그 복음의 증언으로 인하여 악한 음녀 바벨론을 이기고 악한 사탄의 세력을 이기고 승리할 것'을 말한다.

답은 아주 단순하다. '오직 예수 그리스도'면 오늘도 교회는 승리할 수 있다! '오직 예수 그리스도'면 우리의 삶에서 가장 불가능한 기적을 볼 수 있다. 내가 아닌 내 안에 두신 보배로운 주님으로 말미암아 승리의 행진을 할 수 있다! 그리고 '오직 예수 그리스도', 이 복음이 전부가 된 사람들을 통해서 우리의 모든 영역과 가정과 사회와 열방을 분명히 구원하실 수 있다.

하나님의 이 놀라운 능력이 우리에게 있다. 완전한 심판이 이루어진 여리고의 잿더미에서도 아직까지 우리의 마음을 끄는 헤렘에 손을 대려고 하는 옛 자아의 탐욕에 대해, 주님은 이 옛 자아에 오염된 어떤 것도 우리에게 여지를 남기지 말 것을 말씀하신다.

"그러므로 땅에 있는 지체를 죽이라 곧 음란과 부정과 사욕과 악한 정욕과 탐심이니 탐심은 우상 숭배니라"(골 3:5).

옛 자아에 오염된 단 하나에도 손대지 말고, 마음의 여지를 남기지 말고, 미련을 끊어야 한다. 오직 주의 영을 따라 살게 된 우리에게 영원히 내주하시는 하나님이 이루신 이 완전한 십자가 복음의 진리를 더는 의심하지 말고 온전한 믿음으로 온전히 영을 따라 살기로 결정하자. 이 믿음의 걸음을 내딛을 때 주님께서 우리 안에 그분의 놀라운 일을 이루시고, 성령이 우리를 충만히 사로잡으시며, 당신의 복음의 영광을 보게 하실 것이다.

나의 최선으로 이룬 신앙의 결말

내 삶의 여정 가운데서도 10여 년 만에, 주님 앞에서 나의 최선으로 사는 신앙의 한계를 보게 하셨다. 거의 다 승리했다고 생각했는데, 결정적인 순간을 넘어서지 못하는 옛 자아의 한계에 묶여 있던 삶의 벼랑, 신앙의 벼랑 끝에서 가장 두려워하던 나의 마지막 의지, 그게 선해 보이든 의로워 보이든 상관없이 주님을 향한 눈물겨운 자기 의라 할지라도 이게 옛 자아에 속한 것이면 단호하게 진멸하여 바치는 것에 미련을 두지 말아야 한다.

옛 자아에 속한 것에 대해서는 어느 때나 단번에 태울 뿐만 아니라 계속해서 그 태도로 다시는 옛 자아에 우리의 귀를 기울이지 않고 다시는 헤렘에 손대지 말아야 한다! 선택의 여지없이 오직 주를 따라가는 주님의 사람들이 되어야 한다. 요한계시록 14장 4,5절에 보면, 이 사람들은 이 세상 음녀와 섞이지 않고, 음녀와 함께 간음하지 않으며, 오직 어린양이 어디로 인도하든지 따라가는 자들이라고 한다.

이제 애매모호한 경계선이 없는 우리의 태도로 '오직 예수 그리스도'라는 주제 앞에서 다시 한 번 우리의 옷깃을 여미자. 주님의 이 완전하고 거룩한 메시지 앞에 우물쭈물하던 우리의 태도를 버리자. 복음을 따른다고 하면서도 여전히 경계가 무너져 있던 바로 그 자리에서 주님을 따라 분명히 일어서야 할 때다. 주님이 죽음과 부활의 연합을 통해 그분이 우리의 모든 질문에 대한 해답이 되실 수 있는 유일무이하신 주님이라는 사실을 성경은 선언한다.

이제 나의 전부가 되신 예수 그리스도. 그분은 과연 믿을 만한 분이신가? 과연 그분은 우리의 삶을 책임질 만한 분이신가? 그분은 과연 우리의 모든 삶에 대한 대답이 되실 수 있는 분인가? 골로새서 1장에서 그 답을 말해주고 있다.

> 그가 우리를 흑암의 권세에서 건져내사 그의 사랑의 아들의 나라로 옮기셨으니 그 아들 안에서 우리가 속량 곧 죄 사함을 얻었도다 그는 보이지 아니하는 하나님의 형상이시요 모든 피조물보다 먼저 나신 이시니 만물이 그에게서 창조되되 하늘과 땅에서 보이는 것들과 보이지 않는 것들과 혹은 왕권들이나 주권들이나 통치자들이나 권세들이나 만물이 다 그로 말미암고 그를 위하여 창조되었고 또한 그가 만물보다 먼저 계시고 만물이 그 안에 함께 섰느니라 그는 몸인 교회의 머리시라 그가 근본이시요 죽은 자들 가운데서 먼저 나신 이시니 이는 친히 만물의 으뜸이 되려 하심이요 아버지께서는 모든 충만으로 예수 안에 거하게 하시고 그의 십자가의 피로 화평을 이루사 만물 곧 땅에 있는 것들이나 하늘에 있는 것들이 그로 말미암아 자기와 화목하게 되기를 기뻐하심이라 전에 악한 행실로 멀리 떠나 마음으로 원수가 되었던 너희를 이제는 그의 육체의 죽음으로 말미암아 화목하게 하사 너희를 거룩하고 흠 없고 책망할 것이 없는 자로 그 앞에 세우고자 하셨으니 만일 너희가 믿음에 거하고 터 위에 굳게 서서 너희 들은 바 복음의 소망에서 흔들리지 아니하면 그리하리라 이 복음은 천하 만민에게 전파된 바요 나 바울은 이 복음의 일꾼이 되었노라 골 1:13-23

히브리서 13장 8절에 선포한 대로 예수 그리스도는 어제나 오늘이나 영원토록 동일하시다! 구약에서 죽임당한 어린양이었다면 지금도 변함없이 우리의 유일한 해답이자 영원한 미래에 가서도 주님은 여전히 우리의 주님이시다. 주님은 우리를 흑암의 권세에서 건져내실 뿐만 아니라 사랑의 아들의 나라로 옮기셔서 우리의 전부가 되어주시고 나와 한 운명이 되어주셨다.

예수 그리스도는 만물을 창조하신 분이시요, 모든 권세 위에 뛰어난 만왕의 왕이시요, 모든 걸 다스리시는 능력이 충만한 분이시다! 그분은 완전하시며 우리에게 진정한 복음이 되시기 위하여 나와 함께 완전한 십자가로 하나되어 한 운명이 되사 주님의 충만을 나의 충만으로 삼아주시고 주님의 거룩을 나의 거룩이 되게 하셨다. 주님은 우리가 영원히 유일하게 믿을 구원자이시며, 주님이시다! 우리가 믿고, 우리의 전부를 맡기기에 충분한 예수 그리스도이시다.

예수님이면 충분하다! 그분만 함께하시면 충분하다! 그분이 이루신 그 일에 나를 온전히 맡기기만 한다면 주님 앞에서 완전하게 하나님의 영광을 보게 될 것이다. "믿으면 영광을 보리라!"

결단하지 않으면 결단 당한다

우리의 마음 가운데 한 가지 분명한 사실을 짚고 가야 한다. 그것은 다름이 아니라 우리의 태도다. 우유부단하고 여전히 마음 가운데 여지를 둔 채로 주님과 세상 사이에 양다리를 걸치고 사는 걸 균형이라 말하고, 그걸 지혜롭다고 여기며, 예수 그리스도가 전부라고 말하면 극단이라고 말하는 태도다.

물론 좋은 의미에서 걱정해주는 건 알겠지만, 진리 되시고 완전하신 예수 그리스도를 더는 의심하거나 주저하는 마음으로 따라갈 수 없다. 주님이 이루신 십자가의 복음에 발을 들여놓지 못하는 우유부단하고 불신앙적인 태도를 끝내야 한다. 헤렘을 향한 아간의 탐욕은, 방향만 틀면 언제나 내 옆에 다가와 있는 무서운 우리의 옛 자아의 모습이다. 십자가의 죽음이라는 말은 경계선을 몇 미터 넘어서는 것이 아니라 죽고 사는 것이다. 죽음과 생명은 공존할 수 없다. 죽어야만 통과되는 것이다!

복음을 고민한다고 복음이 될 수 없다! 아무리 결단해도 여전히 여지를 남긴 결단이란 말 그대로 결단일 수가 없다. 십자가의 결단은 죽고 다시 사는 것이다. 시간이 흐르면 흐를수록 우리는 결단을 강요당하게 된다. 내가 결단 안 하면 결단 당한다! 그리스도인이 다시는 '절대'라는 말을 못하는 세상이 되었다. 다원주의, 포스트모던 등 진리를 거부하는 세상 한복판에서 가장 용납하기 어려운 존재들로 남게 되었다.

마지막 세대에 무릇 경건하게 살고자 하는 자, 살아 계신 하나님을 인정하고 복음을 전부로 받아들인 사람은 이 세대가 가장 싫어하는 사람들이다. 절대란 말을 가장 싫어하고, 진리라는 말을 가장 싫어하는 것이 이 세대의 특징이다. 이때에 올곧게 복음을 선택해간다면, 내가 특별하게 말하지 않아도 세상이 왕따시킨다. 그러나 기억하자. 짐승의 표를 받지 않는 자들에게 주님은 그냥 떠밀리는 존재가 되지 않게 하신다. 주님은 먼저 하나님의 백성들의 이마에 어린양의 이름으로, 하나님의 이름으로 인을 치신 다음 주님의 심판이 이루어지는 곳에 두신다. 어떤 오차도 없게 하시려고 라합의 집에 붉은 줄을 매달아 어떤 실수도 일어나지 않도록 확실하게 표시해놓는 것처럼 주님은 우리가 그리스도의 것임을 확실하게 세상 가운데 드러내실 것이다.

두려워하지 말라. 주님 편에 속하는 게 천하의 어떤 편에 속하는 것보다 훨씬 더 안전하다. 비교할 가치가 없이 안전하다. 예수면 충분하다! 오직 예수 그리스도의 것이 되기를 기꺼이 '아멘' 하겠는가. 어린양이 어디로 이끌든 고민의 여지를 두지 않고 운명으로 받아들이고 주님과 함께 일어나 그리스도와 함께 걸어갈 준비가 되었는가.

다시 복음 앞에! 오직 예수 그리스도!

이제 우물쭈물하는 연습은 그만하면 됐다. 복음 가지고 고민하는 것도 그만큼이면 충분하다. 언제까지 결단을 유보하려 하는가? 언제까지 경계를 넘나들며 복음의 구경꾼처럼 살아가겠는가? 수많은 핑계도 그만하면 됐다. 검증도 충분하다. 더는 검증할 것도, 알아볼 것도 없다. 세상은 그 속내를 드러냈고, 이미 인간 양심으로도 견딜 수 없는 지경에 이르렀다. 이제는 어느 편에 속할 것인지 분명히 택해야 한다!

그리스도를 따를 것인가? 그분은 믿기에 충분하다. 역사 걱정, 이 민족 걱정할 것 없이 주님은 만왕의 왕, 만주의 주이시다. 온 땅의 모든 이름 위에 뛰어난 주님이시기에 당신의 영광을 당신의 권능으로 이루어주실 것이다. 모든 걸 다 믿어도 마지막까지 믿기 어려운 것은 나 같은 죄인 놈, 어떤 때에는 너무 기가 막혀서 냄새나고 정말 실망스러워 나도 나를 포기하고 싶을 때도 있는 나와 끝까지 함께하신다는 것이다.

누가 나 같은 인간을 끝까지 도와주시겠는가?

누가 나 같은 인간을 믿고 일을 맡겨주겠는가?

누가 나같이 망가진 인생을 고쳐주겠는가?

누가 나같이 더딘 인간을 기다려주겠는가?

누가 나같이 짜증스러운 존재를 기뻐해주시고 맞이해주시겠는가?

이 무가치한 나 같은 인생을 누가 소중하게 여겨주시겠는가?

이런 나를 답답해하지 않고 끝까지 함께 걸어가주실 분이 누구신가?

미련하고 못 알아듣는 나를 지치지 않고 가르쳐주실 분이 누구신가?

생명까지 줄 만한 사랑으로 나를 사랑해주시는 분이 누구신가?

기가 막힌 나의 죄의 문제를 해결해줄 분이 누구신가?

내게 최고의 영광의 자리를 내주실 만한 그분은 누구신가?

하나님의 거룩함 앞에 부끄럼 없도록 도와주시는 분이 누구신가?

이 모든 질문에 대한 답은, 오직 예수 그리스도다!

예수 그리스도가 나와 당신을 이처럼 사랑하사 다른 걱정을 하지 않도록 완전하게 이루어주셨다. 이제 다시는 헤렘에 손댈 여지를 두지 말고 우리를 그 죽음의 자리에, 진멸의 자리에 내어 던져야 한다. 그것이 바로 십자가의 자리다! 죽어야 다시 산다! 우리의 갈등을 끝낼 시간이 됐다.

주님을 사랑한다는 말이 오늘 우리에게 실제로 나타나야 한다. 주님 앞에서 진멸당해야 될, 옛 병든 자아에 속한 어떤 것도 버려야 한다. 땅의 지체에 속한 지체, 나의 옛사람에 속하는 것이라면 크든 작든 어떤 것도 다시는 돌아보지 않고, 헤렘을 주물럭거렸던 저주받은 운명에 대하여 더는 기다리지 말고 오늘 주님 앞에 회개하자. 회개란, 떼어 내버리는 것이다. 그리고 주님에게로 온전히 돌아서는 것이다. 그리고 이제는 오직 주님이 아무것도 남지 않는 나에게 전부가 되시도록, 그분을 전부로 받자!

에 필 로 그

나의 사랑 나의 신부여!

| 김용의 |

죽음보다 강하고 끈질긴 사랑

자신의 아들을 굉장히 사랑하는 부모가 있었다. 그래서 재정적으로 넉넉하지 않은 상황에서도 아들의 미래를 위해 미국으로 유학을 보냈다. 하루는 아들이 엄마한테 심각한 목소리로 전화를 했다.

"엄마, 저 고민이 있어서 전화했어요. 다름이 아니라 제가 너무 사랑하는 친구 이야긴데요, 그 친구가 유학 왔다가 그만 나쁜 친구들하고 어울려서 마약중독에 빠졌어요. 마약을 한 채로 운전을 하다가 큰 사고가 난 모양이에요. 죽지는 않았는데 몸이 다 부서져서 회복된다고 해도 평생 하반신 마비로 살아가게 됐대요. 너무 마음이 아파요. 그런데 엄마는 어떻게 생각하세요? 그 친구가 이렇게라도 살아야 되는 이유가 있을까요?"

엄마도 남의 자식 이야기지만 너무 안타까워서 그냥 마음에 있는 대로 대답을 했다.

"아이고, 어떡하니. 글쎄, 뭐 안쓰럽긴 하지만 그렇게 살아서 뭐하니."

며칠 뒤에 미국에서 연락이 왔다. 급히 오라고 해서 비행기를 타고 가 보니 아들이 자살을 했다. 아들이 했던 이야기는 바로 자신의 이야기였던 것이다. 엄마의 기대를 채우지 못하고 어떡하다 마약중독에 빠졌는데 사고가 났고, 병원에서 의식이 돌아오자 남의 얘기인 것처럼 가장하여 엄마의 의견을 물은 것이었다. 그리고 엄마의 말을 마지막 선고로 받고 목숨을 끊었다. 실제 있었던 얘기다.

비슷한 이야기가 에스겔서 16장에 있다. 누가 사생아를 버렸다. 원치 않는 임신으로 생긴 아이를 낳아서 피도 닦지 못하고 탯줄도 끊지 못한 채 갖다버린 것이다. 피투성이인 채 발짓하던 아이를 한 사람이 지나면서 보고 "너는 피투성이로라도 살아라"고 말하면서 그를 데려다가 씻기고 잘 양육해서 자라게 했다. 그런데 나중에 아이가 자라서 자기 모습에 스스로 교만해져서 가진 자들과 함께 온갖 음란한 짓을 다하다가 온몸이 썩어 문드러져가는 병으로 말미암아 모든 이에게 버림을 받고 쓰레기통에 던져졌다. 그러니까 옛날 사생아로 탯줄을 못 끊은 채 버려진 것과 똑같은 처지로 돌아간 것이다.

구약 이스라엘의 모습을 주님이 의인화해서 그렇게 이야기를 하시다가 나중에 하나님을 음란하게 떠나고 포로로 끌려가고 다 끝장난 이스라엘을 향해서 주님이 스스로 사랑의 고백을 하신다.

"원래 피투성인 채 발짓하던 너, 쓰레기통에 어미에게서 버려진 채로 발짓하던 근원도 없는 불쌍한 너를 내가 보고 언약을 했다. 내가 한 언약을 기억하고 내가 다시 너에게 말하노니 너는 피투성이로라도 죽지 말아라."

그리고 주님이 배신당한 신랑의 모습으로, 주님을 떠나면서 영원히 버림받게 될 이스라엘을 사랑하시는 하나님의 놀라운 사랑을 의인화해서 설명해주셨다.

"하나님이 세상을 이…처럼 사랑하사."

'오직 예수 그리스도'라는 주제를 가지고 구약에서부터 요한계시록에 이르기까지 여러 부분, 여러 모양으로 펼쳐주셨던 하나님의 위대한 사랑 이야기다. 도대체 사랑할 수 없고 사랑해서도 안 될 존재적 죄인이요, 주님의 반역자이던 우리를 주님은 그 위대한 사랑의 이야기를 담아서 여러 부분, 여러 모양으로 말씀해오셨다. 하늘과 땅, 우주를 배경으로 펼쳐진 보이지 않는 영적 세력과 보이는 현실 세계 전체를 배경으로 펼쳐진 하나님의 놀라운 사랑 이야기다. 이는 끈질긴 사랑, 치열한 사랑, 지독한 사랑, 슬프도록 아름다운 사랑, 죽음보다 더 강한 사랑이다.

하나님의 지혜와 권능이 하나로 드러나다

기억상실증에 걸린 것 같아서 내가 어디서 왔는지도 잊어버린 채, 저주를 안고 태어난 이 운명이 전부인 줄 알고 하나님도 없이, 영원한 소망도 없이 죄악의 덫, 자아의 감옥에서 벗어날 수 없는 비참한 삶을 살다가, 그 두려움에 종노릇하다가 죽어 영원히 멸망당할 나를 하나님이 일방적으로 사랑하셨다. 끝까지 사랑하시다가 이 모든 날 마지막에는 그 아들 예수 그리스도를 통해서 우리에게 말씀하셨다.

진리의 말씀과 또 사랑하는 증인들과 하나님의 놀라우신 사랑의 마음을 담아서 우리에게 보여주신 사랑의 클라이맥스에는 하늘과 땅보다 더 멀고 천국과 지옥보다 더 불가능하게 하나 되기 힘들었던 하나님과 우리 사이를 화목하게 하신 하나님의 모든 지혜와 권능과 능력이 드러나 있다. 그 하나님의 비밀이 바로 십자가다. 주님의 놀라운 사랑이 완전하게 이루어진 게 십자가다. 십자가에서 주님은 우리에게 당신의 모든 아름다움을 계시해주셨다.

왜 오직 예수 그리스도여야 하는가? 왜 예수 그리스도가 전부여야 하는가? 왜 예수 그리스도가 결론이어야 하는가? 왜 예수 그리스도면 충분한가?

하나님은 우리에게 예수님을 완전한 해답으로 주셨다. 더 혼돈할 것 없이 우리가 그토록 목마르게 찾고 더듬고 부르짖었던 우리의 갈망을 단번에 해결하시고 영원히 하나님과 우리를 연합시키셨다. 그렇게 주님과 원수 되었던 우리를 하나로 만드신 그 놀라운 일을 이루시고 나서 예수 그리스도가 우리에게 전부가 되기 위하여 그분이 우리에게 계시해주신 것이 있다.

우리가 내 죄를 용서해주신 고마운 분 정도로 만났던 주님이 알고 봤더니 하나님의 아들이시며, 알파와 오메가, 처음과 나중이라는 것이다. 우리의 시작도 그분으로부터 말미암았고 우리의 완성도 그분으로 말미암았기 때문에 그분을 벗어난 우리는 있을 수가 없다. 그분은 멀리 계신 분이 아니라 이 땅에 주님의 몸 된 교회를 두시고 그 교회와 운명을 같이 하시는, 일곱 금 촛대 사이를 왕래하는 주님이시다. 그리고 일곱 교회의 사자들을 붙드시는 분이다. 당신이 신부로 삼는 교회와 운명을 같이하시는 분, 역사의 순교를 같이하시고 심장의 박동을 같이 누리시며 우리와 성령으로 영원히 함께하시는 주님으로 우리에게 오셨다.

그분은 신실한 증인이셨고 다윗의 뿌리, 유다 지파의 사자이자, 죽임을 당한 어린양이셨다. 그리고 부활하셔서 지금도 살아 계시며, 모든 죽음의 권세를 무찌르시고 영원히 죽음이 두렵지 않은 완전한 부활의 생명을 우리에게 주셨다.

그분은 만왕의 왕이셨다. 초라한 나사렛 예수인 줄 알았더니 온 땅의 만물과 하늘의 천군천사들과 모든 이름들과 통치자들과 모든 권세와 보좌가 그 앞에 무릎을 꿇고 경배해야 할 만왕의 왕, 만주의 주님이셨다.

그분은 우리의 목자이시다. 그분은 우리의 신랑이 되셨다. 아마도 우리는 영원토록 그분을 알아가게 될 것이다. 이 짧은 인생을 마치고 주님 나라에 가면 우리는 날마다 놀랍고 경이로운 주님의 새로운 모습 때문에 옛 노래를 부를 틈도 없이 계속해서 새 노래로 영원히 주님을 찬양하고 자랑하며 감탄할 것이다. 주님을 알아가는 복을 누리게 될 것이다.

사랑의 초대

알파와 오메가가 되시는 주님께서 놀라운 사랑의 초대를 하시는 신랑의 모습으로 우리에게 말씀하신다.

나의 사랑하는 자가 내게 말하여 이르기를 나의 사랑, 내 어여쁜 자야 일어나서 함께 가자 겨울도 지나고 비도 그쳤고 지면에는 꽃이 피고 새가 노래할 때가 이르렀는데 비둘기의 소리가 우리 땅에 들리는구나 무화과나무에는 푸른 열매가 익었고 포도나무는 꽃을 피워 향기를 토하는구나 나의 사랑, 나의 어여쁜 자야 일어나서 함께 가자 바위 틈 낭떠러지 은밀한 곳에 있는 나의 비둘기야 내가 네 얼굴을 보게 하라 네 소리를 듣게 하라 네 소리는 부드럽고 네 얼굴은 아름답구나 아 2:10-14

주님의 그 완전하신 사랑의 초대를 받았다. 두렵고 무섭고 떨리지만 주님의 상상할 수 없는 놀라운 사랑의 초대를 받았다. 역사상 가장 위대한 자비의 초대인 십자가로의 초대를 받았다. 긍휼이 풍성하신 하나님의 수준으로 우리를 사랑하시는, 상상 못할 사랑을 입어서 오늘 그 주님의 복음 앞에 초대를 받았다.

하나님이 이제 우리를 당신의 거룩한 복음 앞에 다시 한 번 세워주셨다. 그리스도 외에 우리의 마음을 빼앗았던 많은 것들을 정리하고 일어나서 주님의 완전한 사랑의 초대를 받고 주님과 사랑으로 하나 되어 연합의 비밀을 누리며 살아가는 자들로 세워주신 주님께 다시 한 번 마음을 다하여 사랑의 고백을 드리자.

"주님, 사랑합니다."

이처럼 '일어나 함께 가자'라며 아가서의 연인에게 하시는 환희의 초청이 있는가 하면, 우리 모두에게 동일하게 주시는 주님의 초청 말씀이 한마디 더 필요하다고 생각한다.

주님 앞에 부름 받고 누구보다 열정적으로 주님을 따랐던 열두 사도

중에 베드로를 기억할 것이다. 열정이 조절되지 않아 대표로 망신을 당해서 우리 가슴을 따뜻하게 해주시는 분. 그 순수함만큼은 인정할 것이다. 3년 동안 예수님과 가장 가까운 거리에서 함께 먹고 마시고 울고 웃고 보낸 시간들은 부족함이 없었다.

그는 예수님을 신학적으로 배우지 않았다. 말씀이 육신이 되어 오신 그분을 직접 만났다. 그분과 함께 부딪히고 함께 뒹굴면서 주님을 알았다. 복음이 만약 관념이고 지식일 뿐이라면 그건 얼마든지 지식적인 탐구를 통해 알 수 있다. 그러나 알다시피 복음은 예수 그리스도시요, 인격이시다. 인격은 절대 교제 없이 알아질 수 없다. 복음은 그렇게 알 수 있는 게 아니다.

그래서 복음 되신 주님이 이 땅에 교회의 터가 되고 기둥이 될 만한, 열두 사도들을 세우셨다. 함께 살며 3년의 세월을 보내셨다. 그들은 주님의 입에서 나온 그 주옥같은 진리의 말씀을 직접 들었다. 어떤 뛰어난 신학교에서 몇 십 년을 배운들 그게 가능하겠는가. 모세에 관해 얘기하는 것과 그 실체를 직접 보여주는 것은 차원이 다르다.

'신의 한 수'라고 할 만큼 핵심을 딱 보여주고 정답을 가르쳐주신 주님과 보낸 3년은 세상 어떤 시간과도 비교할 수 없었을 것이다. 주님을 통해서 진리의 말씀을 보았고, 그분을 통해 보여주신 하늘의 표적과 기적을 경험했다. 그리고 주님의 삶을 통해 나타났던 놀라운 그분의 인격을 보았다. 다른 것 다 그만두고, 넋을 잃을 만큼 충격이었겠지만, 주님의 십자가를 직접 보았다. 그리고 믿어지는 데 참 어려운 시간을 겪었지만 부활까지 봤다. 그러면 예수님에 관한 모든 진리의 계시는 다 해주신 것이다. 더 필요한 게 없을 것만 같다.

디베랴의 계시가 필요한 이들

말씀과 표적, 그리고 삶으로 보여주시고 십자가와 부활을 직접 보게 해주신 것을 통해서 진리의 계시를 해주심이 부족함 없이 충분했다. 그런데 한 가지 계시가 더 필요하다고 생각한다. 나는 그것을 '디베랴의 계시'라고 표현한다. 베드로가 부활을 부인할 수 없을 만큼 모든 걸 다 경험하고서도 다시 3년 반 전, 주님께 부름 받기 전으로 돌아가는 장면이 요한복음 21장에 나와 있다.

21장은 꼭 요한복음의 부록 같다. 사실 요한복음 20장 마지막 절에 보면 성경을 기록한 목적과 함께 요한복음이 끝나는 분위기다. 그런데 이상하게도 부록처럼 하나 붙어 있는 게 21장이다. 그 사건이 다름 아닌, 부활 후 세 번째(무슨 기준인지는 모르겠지만) 주님이 나타나신 일이다.

베드로는 처음에는 주님의 부활이 당혹스러웠지만 나중에는 부인할 수 없이 너무 확실하게 부활이 믿어졌다. 믿음이 없고 뭘 몰라서 방황을 했다면 이해할 수 있다. 하지만 베드로는 열두 사도 중에서도 특별하고 결정적인 사건에 모두 참여한 인물이다. 그러니까 열두 사도들 중에서도 가장 예수님에 관한 계시가 부족함이 없이 온전히 주어졌다고 할 수 있다.

그런데 그가 주님이 부활하신 게 분명해지고 난 다음 낙담하는 모습으로 그의 형제들과도 같은 다른 제자들에게 "여보게들, 나는 물고기나

잡으러 가야겠네" 하고는 부스스 일어나서 디베랴로 갔다. 제자들 여섯 명이 같이 따라나섰다. 무슨 말이 오갔는지는 모르겠다. 하지만 주님은 갈릴리로 올라가라고 말하셨지, 물고기를 잡으러 가라고 하진 않으셨다. 물고기 낚는 어부였던 그를 3년 전에 부르실 때 분명 사람 낚는 어부가 되게 하겠다고 하셨기 때문이다. 제자들은 모든 걸 다 버려두고 주님을 따르지 않았는가. 다시 돌아갈 만한 여지를 두고 따라간 사람들이 아니었다. 그런데 낙담한 채로 고기 잡으러 가서 밤새도록 그물질을 했다. 그야말로 배신의 그물질이었다.

사도라고 불러 3년 반을 특별히 모아 세워놓은 열두 제자들 중 하나는 배신해서 예수님을 팔아먹고는 자살하고, 하나는 예수님 지척에서 예수님을 모른다고 세 번이나 부인한 후 패배감에 주저앉고, 또 하나는 믿어지지 않아서 몸부림을 치며 "내가 직접 손가락을 못 자국에 넣어보지 않고는 못 믿겠다"고 하고, 또 어떤 이는 주님이 부활했다는 얘기를 듣고도 믿어지질 않아서 낙심하여 엠마오로 흩어져갔다. 한 마디로 제자 그룹은 풍비박산이 났다.

예수님이 심혈을 기울여 세운 제자들 중에 도대체 써먹을 인간이 하나도 안 보인다. 다른 사람은 그렇다 치더라도 베드로는 더욱 그렇다. 왜냐하면 베드로에게 어떤 제자보다도 특별한 기회를 많이 주셨지 않았던가. 그런 그가 앞장서서 "난 고기나 잡으러 가야 되겠어" 하고 가서 밤새도록 디베랴 바다에서 그물질하는데 고기가 한 마리도 안 잡힌다. 동이 터오를 무렵인데 바닷가에 서신 어떤 분이, 지친 제자들에게 많이 잡았느냐고 묻는다. 한 마리도 못 잡았다고 하니, 그럼 그물을 배 오른편에 던져보라고 한다. 동네 사람인 줄 알고 인사치레로 그저 말 대접이라도 해주자 혹은 그물 씻는 마음으로 그냥 생각 없이 툭 던졌다가 그물이 찢어지게 물고기가 잡히는 경험을 하게 된다. 이때 요한과 베드로의 반응이 참 특별하다.

요한은 그물이 찢어지게 물고기가 걸린 걸 보자마자 '예수님이구나!' 깨달았다. 하지만 자기가 직접 예수님에게 반응하지 않고 베드로 옆구리를 툭 치면서 "형! 예수님이야" 하고 사인을 보낸다. 반가우면 자기가 "아, 예수님이세요? 반갑습니다!" 이러면 될 텐데 이상하게도 베드로한테 예수님이라고 얘기하는 것이다.

그때 놀랍게도, 밤새도록 그물질을 한 베드로가 그가 고기를 기다린 게 아니라는 사실을 알게 해주는 단서가 나타난다. 고기가 잡힌 그물을 자기도 모르게 놓고 꼭 신들린 것처럼 겉옷을 걸쳐 입고 물로 풍덩 뛰어든다. 꼭 자석에 끌려가듯이….

밤새도록 베드로의 마음이 어땠을지 가장 잘 아는 요한도 이심전심인 것이다. 그들이 무슨 마음으로 이 밤을 보냈을지를 짐작하게 해주는 장면이다. 그들은 물고기를 기다렸던 사람들이 아니다. 정말 주님이 부활하신 게 분명해지니까 주님을 따라갈 수 없는 기가 막힌 자신에 대한 절망이 덮쳤다. '나 같은 게 무슨 사도야.' 훌륭하신 분이라고만 생각해도 따라가기 불가능했는데, 부활하신 게 분명해지면서 그분은 나 같은 놈이 따라갈 수 있는 수준이 아니라는 것도 분명해졌다.

'나 같은 게 무슨 제자야' 하고 낙심하며 '난 원래 고기 잡았던 어부잖아'라고 다시 바닷가로 가서 그물질을 한다. 하지만 그 바다가 무슨 바다인가. 지난 3년이 어떤 시간이었는가. 밤새도록 3년 동안 주님과의 추억들이 얼마나 생생하게 떠올랐겠는가. 주님이 말씀하신 주옥같은 진리들, 통곡이 터지듯 회개하던 죄인들의 통곡소리, 하늘이 임한 것 같은 감격들, 이 땅 누구에게서도 경험해보지 못했던 하늘의 향취를 맛보게 해주셨던 분과의 시간을 어떻게 잊을 수 있겠는가. 그런데 자신들의 모습은 지금 이 꼴이 되어 있다. 3년 동안 실컷 주님을 따라다니고, 알 것 다 알았고, 계시도 다 보았고, 부활까지도 봤는데…. 그런데 자기 꼴은 아닌 것이다. 주님이 위대하고 높고 완전하신 하나님이신 건 알겠지만 자신은 거기 어울리지 않는 것이다.

그물질이 거듭될수록, 텅 빈 그물이 꼭 자신들의 영혼의 모습처럼 비참한 것이다. 털썩 주저앉을 것 같은 그때 깜짝 놀라게도 자신들이 지금 도망쳐온 그 자리에 주님이 와 계셨다. 물이 뚝뚝 떨어지는 모습으로 나가보니 배신한 제자들을 위해서 주님이 모닥불을 지펴놓고 떡과 고기를 구워놓고 기다리고 계셨다. 나중에 그물을 끌고 온 제자들과 함께 둘러앉아 아무런 대화가 기록되지 않는 아침식사가 진행되었다.

밤새 허기지고 지친 그들, 그것도 배신하고 떠나간 배신자들에게 예수님이 찾아오셔서 직접 떡과 고기를 주시며 섬기신다. 그리고 허기진 배를 채우기 위해 우걱우걱 먹는데 그게 단순한 아침식사였을 리가 없다. 목구멍이 먹먹하도록 가슴이 벅차오르며 설명할 수 없는 마음이었을 것이다. 3년 반의 주님의 모습이 어떤지 아는 그들, 자신들이 어떻게 비참하게 실패했는지 아는 그들.

그런 자신들에게 주님이 찾아오셔서 차라리 야단을 치시면 괜찮겠는데 아침식사를 차려주셨다. 그걸 먹고 몸이 따뜻해져 오는데 그때 가장 마음이 어려웠을 베드로에게 주님이 물으신다.

"요한의 아들 시몬아, 네가 이 사람들보다 나를 더 사랑하느냐?"

아시겠지만 세 번이나 연거푸 물으셨다. "네가 나를 이 사람들보다도 사랑하느냐?"라고 물을 만한 때, 분위기가 될 때 물으시면 당연히 앞장 서서 "저는 그 누구보다 주님을 사랑합니다"라고 대답했을 사람이 바로 베드로다. 그런데 주님의 질문 앞에 베드로가 '사랑한다, 안 한다'를 자기의 말로 하지 않고 "제가 주님을 사랑하는 줄은 주께서 아시나이다"라고 한다. 이 말을 어떤 의미로 사용했는지 잘은 모르겠으나 한번 베드로의 심정에 대해 생각해보자.

베드로를 가장 못 견디게 괴롭힌 건 무엇일까? 분명 베드로는 주님의 용서를 믿고 알고 있다. 그런데도 자신을 생각하면 괴로웠을 것이다. 언제든 주님을 죽는 데까지 따라가고 싶었던 그의 간절한 열망이 사실이었음에도, 결국 주님이 가야바 법정에서 비참하게 무릎 꿇고 기가 막힌 모욕과 조롱을 받으시며 심판받으시던 그 자리까지 따라갔다가 갑작스런 계집종의 물음에 화들짝 놀란 그는 밀려오는 두려움에 주님을 모른다고 저주하고 맹세하며 부인했다. 그러고는 주님의 말씀이 생각나고, 그때 마침 닭이 울고, 그 새벽 한기 스미듯 비참하게 무너졌던 자신의 모습이 생각났다.

3년을 따라왔던 주님이 초라하기 짝이 없게 붙들려가서 죽임당하는 모습과 그 앞에서 주님을 부인했던 자신의 모습이 겹쳐지면서 대성통곡을 한다. 그 고통스러운, 평생 결코 있어서는 안 될, 잊어지지 않는 바로 그 새벽, 주님을 모른다고 세 번이나 부인한 흔적이 낙인처럼 베드로의 가슴에 새겨졌을 것이다. 그 주님께서 오셔서 다른 것도 아니고 "네가 나를 사랑하느냐"고 물으시는 것이다.

바로 십자가를 지기 전날 밤에도 "너희가 나를 버릴 거다"라고 말씀하시는 주님께 베드로는 "다른 사람은 다 버려도 저는 주님을 버릴 수 없습니다. 주님 아시잖아요. 저는 주님을 못 버립니다. 죽는 데까지 따라가겠습니다"라고 했다. 이것은 그의 진심이었다.

그러나 그의 진심이, 그의 최선이 계집종의 말 한 마디에 그냥 무너져 버리고 말았다. 다시 되돌릴 수도 없었다. 그리고 주님은 말씀대로 부활하셨고, 이 디베랴 바닷가에 찾아오신 것이다. 그러니 무슨 대답을 하겠는가. "네가 나를 사랑하느냐" 하고 물으시는데.

그 사랑이란 얼마나 초라한지! 죽는 데까지도 주님을 따라가고 싶었던 게 사실이지만 그 조그마한 두려움도 넘어서지 못하는 비참한 현실 앞에 서 있다. 이 모습이 꼭 내 꼬라지를 보는 것 같다.

자학증에 시달리던 소망 없고 불쌍한, 망한 술집의 아들놈. 나도 나를 버리고 모두가 나를 버렸다고 생각하는 나의 삶에 생각도 못했던 한 분이 개입하셨다. 그리고 생전에 연습으로도 들어보지 못한 말 "하나님이 세상을 이처럼 사랑하사"라는 말을 듣게 된다. 나같이 실패한 놈, 나같이 찌그러진 놈, 나같이 쓸모없고 망한 놈을 주님께서 사랑하다 미쳐서 나를 사랑하고 구원할 길이 당신의 아들을 잡는 것밖에 없다면 기꺼이 하나밖에 없는 아들을 죽이시기까지 날 사랑했다는 말에 무슨 설명이 필요하고 무슨 이해가 필요하겠는가. 태어나 생전 처음 들어보는 스토리가 나에게 실제가 되던 날이었다. 주님이 증인이시지만 나는 죽음보다도 비참한 삶을 경험한 놈이다. 죽음이 분명 두렵지만 죽음보다도 더 비참한 삶이 있다는 걸 안다.

그런데 주님의 그 사랑이 믿어지던 날, 그 하나님이 나한테 개인적으로 '내가 너를 사랑한다'고, '내가 사랑한 세상이 바로 너다'라는 말이 믿어지게 하시던 날, 그날 이후로 나는 평생에 주님을 부인하는 것은 말할 것도 없고 평생 무소유로 살겠다고, 다 몰라도 나는 예수님이면 충분하다고 고백했다. 그리고 어떡하면 이 사랑을 갚을까 몸부림을 치면서 조그마한 시골 교회에서 이것저것 해프닝을 벌이면서 주님을 좇아오다가 나의 마지막 한 벽에 걸린 건 내가 주님을 닮아가지 않는다는 거였다.

주님을 사랑하지만 주님을 닮을 수 없는, 주님이 가장 싫어하는 모습이 내 속사람이라는 걸 10여 년 만에 깨닫고 나의 절망 앞에 부딪혀 서게 됐다. 그 기가 막힌 절망에 섰을 때 비참한 모습, 다른 생각 없이 주님을 사랑해서 최선을 다해 따라왔는데 그게 주님께 전혀 기쁨이 될 수 없다는 나의 최선의 한계에 부딪혔다. 할 말이 없었다.

사랑하는 자여, 함께 가자

베드로가 최선을 다해 주님을 따라가려다가 부딪혔던 자기 최선의 절망을 보고 '나 이제 끝났구나. 내가 무슨 사도야. 아무리 놀라운 복음이신 주님이지만 나 같은 놈한테는 안 돼'라는 속엣말을 주님이 툭 건드리셨다. "네가 이 사람들보다 나를 더 사랑하느냐?" 그때 베드로가 자기도 모르게 신음처럼 대답했다. "예, 주님. 제가 주님을 사랑하는 줄은 주께서 아시나이다." 그 말의 의미는 '저는 철모르고 제 최선으로 주님을 따라갈 수 있는 줄 알고 따라가다가 계집종의 말 한 마디에 주님을 세 번이나 모른다고 부인할 수밖에 없는 놈이에요. 저 그거밖에 못 돼요. 전 주님을 죽는 데까지 따라갈 수 있다고 생각했어요. 그런데 저는 그거밖에 안 되는 놈이에요'였다. 주님을 눈앞에 두고 배신한 그런 일이 내게도 너무 많았던 것이다.

'난 틀렸어, 난 아니야. 주님은 분명히 믿어져. 놀라운 하나님의 아들이시고 전능자시고 완전하시고 거룩하시고 부활하신 주님인 거 알겠어. 그런데 나에게는 그분이 어울리지 않아. 따라갈 수 없어.'

이 절망을 통해 다시 내 꼴을 알고 바닷가로 돌아왔다. 주님을 내 힘으로 따라갈 수 없는 걸 알고 바다로 와서 밤새도록 그물질해보니까 또 다른 사실을 알게 됐다. 이 밤을 지나는 동안 한 가지 더 분명해진 것이 있었다. 주님을 내 힘으로 따라갈 수 없는 놈이 어느덧 주님밖에는 남는 게 없어서 주님 없이는 아무것도 할 수 없게 됐다는 사실이다. 주님을 따라갈 수도 없고, 그렇다고 주님 없이 살 수도 없게 돼버렸다.

"주님, 제가 주님을 사랑하는 줄은….'

이게 전부이다. 이 고백밖에 없다.

"그러나 이까짓 게 주님께 무슨 도움이 되겠습니까? 이 초라한 제가."

나는 베드로의 말이 아마도 이런 의미였을 거라고 이해된다. 주님은 "주님을 사랑하는 줄 주께서 아십니다"라고 하는 비참한 베드로의 고백을 받으시고는 이렇게 말씀하신다.

"내 어린양을 너에게 다시 부탁한다."

베드로가 버리고 온 사도의 직분을 다시 재위임해주신다. 그것도 세 번을 연거푸 하신다. 혹시 흔들릴지 모를 그에게 세 번째 물으시니 베드로가 근심이 됐다. 주님이 아시지 않냐고. "그래, 내 어린양을 먹이라." 그러시고는 놀랍게도 주님이 바로 그 대화가 끝나자마자 이런 말씀을 하신다. "젊어서는 네 마음대로 다녔지만 늙어서는 사람들이 너를 원치 않는 곳으로 팔을 벌리고 너를 데리고 갈 것이다." 이 말은 "너, 나 때문에 순교할 거야"라는 뜻이다. 예수님과 함께 걷는 걸음의 자리 끝에서 주님과 똑같이 순교하게 될 거라고 하는데, 놀랍게도 그 겁쟁이 베드로가 일어나서 주님을 따라가는 것으로 요한복음이 마무리된다.

주님이 완전하신 거 알고 부활까지 다 알겠는데 한 가지 메시지가 더 필요하다고 생각한다. 바로 이 디베랴의 계시다.

"예수께서 … 자기 사람들을 사랑하시되 끝까지 사랑하시니라"(요 13:1).

그리고 주님이 우리를 세상으로 보내셨는데 그냥 보내지 않으신다. 겁에 질려 두려워서 내 힘으로 살 수 없어 지쳐서 죄의 종노릇하며 끌려다니던, 실패했던 흔적이 남아 있는 그 세상으로 우리를 보내시는데 나는 여전히 질그릇이고 불가능하다. 그런데 한 가지 바뀐 게 있다. 복음을 만나고 바뀐 게 있다. "네가 나를 이 사람들보다 더 사랑하느냐"라는 질문에 자신 있게, 확실하게 약속을 할 순 없지만 운명이 된 이러한 고백을 하게 된다.

"제가 주님을 사랑하는 줄은 주께서 아시나이다."

주님을 따라갈 수 있는 힘도 없는데, 그렇다고 주님 없이는 아무것도 남는 게 없는, 주님이 전부가 된 사람들. 이 사람들은 반드시 주님과 함께 끝까지 갈 수 있다.

주님은 두려워 떠는 우리를 등 떠밀어서 내보내시지 않는다. 주님은 '나의 사랑 나의 어여쁜 자야 일어나 나와 '함께 가자'라고 말씀하신다. '너만 가라'고 하지 않으신다. 함께 가자고 하신다. 두려움을 이기는 방법이 딱 하나 있다. 온전한 사랑이다. 유혹을 이기는 한 가지 비결이 있다. 그것은 사랑이다. 죽음보다 강하고, 많은 재산을 다 주며 유혹할지라도 오히려 부끄러움을 당할 만큼 큰 주님의 사랑에 푹 빠지는 것이다. 오직 예수 그리스도, 우리의 신랑 되신 그리스도의 완전한 사랑. 아도나이 되시는 우리 주님이 우리를 사랑하신 완전한 사랑에 아무리 초라한 모습의 교회라고 해도 이 세상 누구도 그 교회를 주님의 사랑에서 떼어놓을 수가 없다. 그 교회는 실패할 수 없다.

그리고 주님이 세상으로 보내시는데 우리를 홀로 보내지 않으시고 나와 영원히 뗄 수 없도록 연합되신 주님이 우리와 함께 가신다. "무슨 말씀을 하시든지 그대로 하라." 그 말은 십자가의 자리가 아니면 절대 불가능하다. 그런데 그 일을 가능케 하셨다. 나는 할 수 없으나 진리가 결론되게 하시고 그 길로 일어나 걸어갈 수 있도록 우리를 만드신 오직 예수 그리스도로 가능하다. 이 주님과 함께 세상을 향해 나아갈 텐데 이 발걸음은 주님과 진한 사랑의 동행이 될 것이다. "사랑하는 자야, 일어나 나와 함께 가자."

주님만 남은 사람, 주님밖에 없는 사람, 오직 주님으로만 사는 사람!

주님은 나를 끈질기게 사랑하시고, 지독하게 사랑하시며, 고멜처럼 주님을 배신하고 떠날 때에도 호세아의 심장 터지는 사랑으로 우리를 끝내 사랑하신다. 사랑할 게 아무것도 없는 술람미 여인을 향해 화려하고 놀라운 사랑의 고백을 하시며 우리를 사랑하시는, 천하의 가장 아름다우신, 그 누구와도 비교할 수 없는, 나의 사랑, 나의 신랑, 나의 주님.

그분과 우리를 영원히 뗄 수 없는, 변개할 수 없는 진리가 바로 십자가이다. 주님과 나는 둘이 아니며 하나이다. 그분이 '나와 함께 가자'고 하신다. 생명 다한 사랑으로 날 사랑하신 주님이 당신 수준의 부르심으로 우리를 초청하신다. 우리가 가는 모든 곳이 이제 주님이 가시는 곳이 될 것이다. 우리가 이르는 그곳에는 주님의 향기가 드러날 것이다. 우리의 질그릇은 바꾸지 않으실 것이다. 초라한 그대로 두셔야 한다. 우리는 연약한 대로 그냥 있어야 한다. 그래야만 주님의 거룩함과 전능함, 아름다움이 드러날 수 있기 때문이다.

주님이 우리에게 주님 이름 가지고 성공하라고 말하지 않으셨다. 한 알의 밀알이 죽어야 그 안에 있는 아름다운 생명이 터져 나와 열매를 맺는다고 하셨다. '오직 예수 그리스도'라는 고백이 우리의 고백이 되게 하신 주님이 우리를 세상으로 보내실 때 가서 죽으라고 하신다. 죽으면 우리 안에 계신 주님이 피어나신다. 다른 사람과 비교하지 말고 삐치지 말자. 어떻게 하면 내가 낮아지고 주님이 높아지실까 생각하라. 또 주님은 그분의 생명을 우리에게 주셔서 하나 되게 하신 연합을 보여주셨다. 그리고 우리에게 성만찬을 통해 "내 살을 먹고 내 피를 마시며 나로 말미암아 살라"고 하시며 우리에게 사랑하는 방법을 가르쳐주셨다. 성만찬의 삶을 살라고 말이다.

내가 죽으면 우리 가족이 산다. 내가 죽으면 우리 교회가 산다. 내가 죽으면 우리 민족이 산다. 내가 죽고 순종하면 열방이 주님을 보게 될 것이다. 이제 다른 능력을 구하지 말자. 다른 지혜를 구하지 말자. 예수님이 내 지혜고 예수님이 내 능력이다. 고린도전서 1장 30절 말씀처럼, 우리는 하나님께로부터 나서 그리스도 예수 안에 있고 예수는 하나님께로부터 나와서 우리에게 지혜와 의로움과 거룩함과 구속함이 되셨다.

예수로 살다가 예수로 죽을 수 있는 기회를 주며 우리를 불러주신 주님을 찬양한다. 우리의 무릎은 이제는 연약한 무릎이 아닌 주님의 거룩한 중보의 무릎이 될 것이다. 나와 당신의 순종으로 이 땅이 오직 예수 그리스도를 외치게 될 것이다. 교회는 주님의 영광을 보게 될 것이다. 사랑하는 이웃들이 나를 통해 주님을 보게 될 것이다.

순종하여 이 십자가의 길을 갈 준비가 되었는가? 이제 떠날 시간이다. 언젠가 머지않은 날 우리는 본향에서 만나게 될 것이다. 나의 아들에게 남겼던 나의 고백을 함께 나누고 싶다.

"사랑하는 아들아, 우리 땅 끝에서 죽어 하늘 복판에서 만나자."

우리 함께 순종의 부르심의 끝자리에서 죽어 저 하늘나라 본향에서 만나자. 자랑스럽게. 어떤 처지와 환경에서도 최고의 경배를 올려드리자. 주님이면 충분함을 노래하자. 실패의 자리에서도, 넘어진 자리에서도 기가 막히게 외로운 자리에서도 주님과 영원히 하나 될 우리가 할 수 있는 최고의 경배를 드리자.

오직 예수 그리스도

초판 1쇄 발행   2016년 7월 18일
초판 6쇄 발행   2019년 10월 24일

지은이   유기성 • 김용의 외

펴낸이   여진구
편집   이영주 김윤향 최현수 안수경 김아진
책임디자인   마영애 | 노지현 조아라 조은혜
기획·홍보   김영하   해외저작권   기은혜
마케팅   김상순 강성민 허병용   마케팅지원   최영배 정나영
제작   조영석 정도봉   경영지원   김혜경 김정희

이슬비전도학교   최경식   303비전성경암송학교   박정숙
303비전장학회 & 303비전꿈나무장학회   여운학

펴낸곳   규장

주소   06770 서울시 서초구 매헌로 16길 20(양재2동) 규장선교센터
전화   02)578-0003   팩스   02)578-7332
이메일   kyujang0691@gmail.com
페이스북   facebook.com/kyujangbook   홈페이지   www.kyujang.com
카카오스토리   story.kakao.com/kyujangbook   인스타그램   instagram.com/kyujang_com
등록일   1978.8.14. 제1-22

책값   뒤표지에 있습니다.
ISBN 978-89-6097-458-6   03230

이 도서의 국립중앙도서관 출판시도서목록(CIP)은 서지정보유통지원시스템 홈페이지(http://seoji.nl.go.kr)와
국가자료종합목록구축시스템(http://www.nl.go.kr/kolisnet)에서 이용하실 수 있습니다.
(CIP제어번호 : CIP2016017057)

규 | 장 | 수 | 칙

1. 기도로 기획하고 기도로 제작한다.
2. 오직 그리스도의 성품을 사모하는 독자가 원하고 필요로 하는 책만을 출판한다.
3. 한 활자 한 문장에 온 정성을 쏟는다.
4. 성실과 정확을 생명으로 삼고 일한다.
5. 긍정적이며 적극적인 신앙과 신행일치에의 안내자의 사명을 다한다.
6. 충고와 조언을 항상 감사로 경청한다.
7. 지상목표는 문서선교에 있다

하나님을 사랑하는 자 곧 그의 뜻대로 부르심을 입은 자들에게는 모든 것이 合力하여 善을 이루느니라(롬 8:28)

Member of the Evangelical Christian Publishers Association

규장은 문서를 통해 복음전파와 신앙교육에 주력하는 국제적 출판사들의
협의체인 복음주의출판협회(E.C.P.A:Evangelical Christian Publishers
Association)의 출판정신에 동참하는 회원(Associate Member)입니다.